История любовная

История любовная

История любовная Иван Сергеевич Шмелев

ISBN 978-5-699-17-04

Иван Сергеевич Шмелев

ИСТОРИЯ ЛЮБОВНАЯ

I

Была весна, шестнадцатая в моей жизни, но для меня это была первая весна: прежние все смешались. Голубое сиянье в небе, за голыми еще тополями сада, сыплющееся сверканье капель, бульканье в обледенелых ямках, золотистые лужи на дворе с плещущимися утками, первая травка у забора, на которую смотришь-смотришь, проталинка в саду, радующая новым — черной землей и крестиками куриных лапок, — ослепительное блистанье стекол и трепетанье "зайчиков", радостный перезвон на Пасхе, красные-синие шары, тукающиеся друг о дружку на ветерке, сквозь тонкую кожицу которых видятся красные и синие деревья и множество солнц пылающих... — все смешалось в чудесном и звонком блеске.

А в эту весну все как будто остановилось и дало на себя глядеть, и сама весна заглянула в мои глаза. И я увидал и почувствовал всю ее, будто она моя, для меня одного такая. Для меня — голубые и золотые лужи, и плещется в них весна; и сквозистый снежок в саду, рассыпающийся на крупки, в бисер; и ласкающий нежный голос, от которого замирает сердце, призывающий кошечку в голубом бантике, отлучившуюся в наш садик; и светлая кофточка на галерее, волнующая своим мельканием, и воздух, необыкновенно легкий, с теплом и холодочком. Я впервые почувствовал — вот весна, и куда-то она зовет, и в ней чудесное для меня, и я — живу.

Необыкновенно свежи во мне запахи той весны — распускавшихся тополей, почек черной смородины, взрытой земли на клумбах и золотистых душков в тонкой стеклянной уточке, пахнувших монпансье, которые я украдкой, трепетно подарил на Пасхе нашей красивой Паше. Ветерок от ее накрахмаленного платья, белого с незабудками, и удивительно свежий запах, который приносила она с собою в комнаты со двора, — будто запах сырых орехов и крымских яблок, — крепко живут во мне. Помню весенний воздух, вливавшийся вечерами в окна, жемчужный ободок месяца, зацепившийся в тополях, небо, зеленовато-голубое, и звезды такие ясные, мерцающие счастьем. Помню тревожное ожидание чего-то, неизъяснимо радостного, и непонятную грусть, тоску...

На ослепительно-белом подоконнике золотая полоска

1

солнца. За раскрытым окном — первые яркие листочки на тополях, остренькие и сочные. В комнату мягко веет свежей, душистой горечью. На раскрытой книге Тургенева — яркое радужное пятно от хрустального стакана с туго насованными подснежниками, густыми, синими. Праздничное сиянье льется от этого радостного пятна, от хрусталя и подснежников, и от этих двух слов на книге, таких для меня живых и чудесно-новых.

Я только что прочитал "Первую любовь".

После чудесного Жюля Верна, Эмара и романов Загоскина начало показалось неинтересным, и, не поспорь мои сестры — кому читать, и не скажи лохматый библиотекарь, прищурив глаз, — "ага, уж про "первую любовь" хотите?", — я бы на первой странице бросил и взялся бы за "Скалу Чаек". Но эти два обстоятельства и удивительно нежный голос, призывавший недавно кошечку, так меня растревожили, что я дочитал до флигелька против Нескучного, — в наших местах как раз! — до высокой и стройной девушки в розовом платье с полосками, как она щелкала хлопунцами по лбу кавалеров, стоявших перед нею на коленях, — и тут меня подхватило и унесло...

Дочитав до конца без передышки, я как оглушенный ходил по нашему садику и словно искал чего-то. Было невыносимо скучно и ужасно чего-то стыдно. Садик, который я так любил, показался мне жалким-жалким, с драными яб-лоньками и прутиками малины, с кучками сора и навоза, по которым бродили куры. Какая бедность! Если бы поглядела Зинаида...

Там, где я только что побывал, тянулся старинный, вековой парк с благородными липами и кленами, как в Нескучном, сверкали оранжереи с ароматными персиками и шпанской вишней, прогуливались изящные молодые люди с тросточками, и почтенный лакей в перчатках важно разносил кушанья. И она, неуловимо прекрасная, легкая, как зефир, увлекала своей улыбкой...

Я смотрел на серые сараи и навесы с рыжими крышами, с убранными до зимы санями, на разбитые ящики и бочки в углу двора, на свою измызганную гимназическую курточку, и мне было до слез противно. Какая серость! На мостовой, за садом, старик-разносчик кричал любимое — "и-ех-и груш-ки-дульки варе-ны!..." — и от осипшего его крика было еще противней. Грушки-дульки! Хотелось совсем другого, чего-то необыкновенного, праздничного, как там, чего-то нового. Лучезарная Зинаида была со мной, выступала из прошлого сладкой грезой. Это она дремала в зеленоватой воде, за стеклами, в чем-то большом хрустальном, в бриллиантовой чешуе, в огнях, привлекала жемчужными руками, воздыхала атласной грудью, небывалая рыба-женщина, "чудо моря", на которую мы смотрели где-то. Это она блистала, летала под крышей цирка, звенела хрустальным платьем, посылала воздушные поцелуи — мне. Выпархивала в театре феей, скользила на носочках, дрожала ножкой, тянулась прекрасными руками. Теперь — выглядывала из-за забора в садик, мелькала в сумерках светлой тенью, нежно манила кошечку — "Мика, Мика!" — белелась на галерее кофточкой.

Милая!... — призывал я в мечтах кого-то.

За обедом я думал о старееньком лакее во фраке и перчатках, который нес там тарелку с хребтом селедки, и мне казалось невероятным, чтобы чудесная Зинаида эту селедку ела. Это ее мать, конечно, похожая на молдаванку, обгладывала селедку, а ей подавали крылышко цыпленка и розанчики с вареньем. Я оглядывал стол и думал, что ей не понравилось бы у нас, показалось бы грязно, грубо; что Паша, хоть и красива, все же не так прилична, как почтенный лакей в перчатках, и квас, конечно, у них не ставят, а ланинскую воду. Вышитая бисером картина — "Свадьба Петра Великого": в золотой раме, пожалуй бы, ей понравилась, но страшный диван в передней и надоевшие фуксии на окнах — ужасно неблагородно. А ящик с зеленым луком на подоконнике — ужас, ужас! Если бы Зинаида увидала, презрительно бы швырнула — лавочники!

Я старался себе представить, какое у ней лицо? Княжна, красавица... Тонкое, восковое, гордое? И оно выступало благородно-гордым, чуть-чуть высокомерным, как у Марии Вечера, с полумесяцем в волосах, которую я видел недавно в "Ниве"; то плутовато-милым, как у Паши, но только гораздо благородней; то — загадочно-интересным, неуловимым, как у соседки с удивительно нежным голосом.

За обедом я ел рассеянно. Мать сказала:

— Чего ты все мух считаешь?

— Заучились очень, екзаменты все учут... — вмешалась Паша.

Меня ужаснуло ее неблагородство, и я ответил:

— Во-первых, "екзаменты" не у-чут, а сдают! И... пора бы научиться по-человечески!...

— Какие человеки, подумаешь! — сгрубила Паша и стукнула мне тарелкой.

Все глупо засмеялись, и это меня озлило. Я сказал — голова болит! — вышел из-за стола, ушел в свою комнату и бухнулся головой в подушку. Хотелось плакать. "Боже, какая у нас грубость! — повторял я в тоске, вспоминая, как было там. —

3

"Мух считаешь", "екзаменты"... Ведь есть же люди, совсем другие... тонкие, благородные, нежные... а у нас только гадости! Там прислуге говорят — вы, лакей не вмешивается в разговор, приносит на серебряном блюде визитную карточку... — "Прикажете принять?" — "Проси в гостиную!" — Какая деликатность! Если бы совсем одному, на необитаемом острове где-нибудь... чтобы только одна благородная природа, дыхание безбрежного океана... и..."

И опять выступала Зинаида. Не совсем та, а похожая на нее, собранная во мне всесюду, нежная, как мечта, прекрасная...

Где-то она была, где-то ждала меня.

...Будто мы в океане, на корабле. Она гордо стоит на палубе, не замечая меня. Она высока, стройна. Тонкие, благородные черты сообщают ее лицу что-то небесно-ангельское. На ней голубое платье и широкая легкая "сомбреро" из золотой соломки. Легкий, но свежий бриз шаловливо играет ее пышными локонами пепельного оттенка, красиво обрамляющими ее наивно-девственное лицо, на котором еще ни одна жизненная невзгода не проложила своего удручающего следа. Я одет, как охотник прерий, со своим неразлучным карабином, в низко надвинутой широкополой шляпе, какие обыкновенно носят мексиканцы. Возле нее увиваются нарядные кавалеры с тросточками. Небесная синева чиста, как глаза младенца, и необозримый океан покойно и ровно дышит. Но барометр давно упал. Капитан, старый морской бродяга, опускает на мое плечо грубую свою руку. "Что скажешь, старина?" — показывает он бровью на едва различимое пятнышко на горизонте, и его открытое честное лицо выражает суровую озабоченность. "Господам придется потанцевать!" — лаконически отзываюсь я, окидывая презрением увивающихся кавалеров с тросточками. "Ты прав, дружище... — сурово говорит капитан, и по его обветренному, просоленному океанами лицу пробегает тревожной тенью. — Но ты со мной. Само Провидение... — и его голос дрогнул. — Предчувствие не обманывает меня: это последний рейс!... Нет, дружище... твои утешения напрасны. Или ты не знаешь старого бродягу Джима?... Но эта прекрасная сеньорита... — показал он взглядом к тому месту под тентом, откуда доносился безмятежный смех молодой девушки, шаловливо игравшей веером, — поручена мне благородным графом д'Алонзо, из Буэнос-Айреса, старинным другом нашей семьи. Пусть все погибнут, но... — и на его глаза навернулась предательская слеза. — Поручаю ее тебе, дружище. Поклянись же священной

4

памятью твоей матери, а моей молочной сестры доставить ее целой и невредимой к ее благородному отцу и сказать, что последним предсмертным вздохом старого Джима... был прощальный привет друзьям!" Я без слов крепко пожимаю честную руку морского волка, и непокорные слезы закипают в моих глазах. "Теперь я спокоен!" — с облегчением шепчет капитан, направляясь к своему мостику, но по его торопливым шагам я вижу, как он взволнован. Пятнышко на горизонте уже превратилось в тучу, ветер крепчает, начинает свистеть в снастях, налетает порывами и переходит в бурю. Налетевшим внезапно шквалом швыряет корабль, как щепку. Подкравшаяся чудовищная волна смывает кавалеров с тросточками, и рухнувшею на моих глазах грот-мачтой увлекает капитана в бушующую бездну. "Тонем! Идем ко дну!!..." — дикими голосами ревут матросы и рубят "концы" на шлюпках. Она, с развевающимися дивными волосами, простирает с немою мольбою руки. Но она неописуемо прекрасна. Я подхожу спокойно и говорю: "Сеньорита, перед вами друг! Само Провидение..." — и волнение прерывает мои сло-ва. "Ах, это вы?!." — восклицает она с мольбою, и ее глаза, наполненные слезами, делают ее еще прекрасней, похожей на существо из другого мира! "Вы не ошиблись, сеньорита... перед вами тот самый незнакомец, который уже однажды, когда бандиты дона Санто д Аррогаццо, этого презренного негодяя... Но не стоит говорить об этом. Мужайтесь! Само Провидение..."

— Блинчиков-то покушайте... — услыхал я знакомый шепот.

Это — Паша. Она сунула на кровать тарелку и убежала, перебила мои мечты.

Без особого удовольствия я поел блинчиков. Навалившаяся тоска не проходила. Я принялся опять перечитывать "Первую любовь", но меня послали в библиотеку менять книги. Сестра сказала:

— Спроси продолжение Тургенева, два тома.

Мне показалось, что будет продолжение, и я весело побежал в библиотеку. С "Первой любовью" я уже не хотел расстаться и вместо нее понес еще не читанную "Скалу Чаек".

Стыдясь посмотреть в глаза, я спросил у лохматого:

— Пожалуйста, продолжение Тургенева... два тома! Лохматый понюхал книги, ткнувшись очками в каждую взглянул на меня насмешливо, — показалось мне, — и, напевая под нос — "прродолжение... прродолжение!" — отметил и выдал книги.

— Не задерживайте, все спрашивают "Первую любовь"! —

5

сказал он строго из-под волос, и показалось, что он посмеивается. Я спустился в Александровский сад, присел на лавочку и стал отыскивать "продолжение". Но продолжения не было.

На обратном пути я зашел, как всегда, в часовню и приложился ко всем иконам, "чтобы все было хорошо". И тут была мысль о Зинаиде. Старичок в скуфейке потрепал меня по плечу:

— Пошлет тебе Угодник-Батюшка за твое рвение!

Я так растрогался, что положил на тарелочку копейку, и у меня не хватило на верхушку конки. Дорогой я сокрушенно думал, что Бог, пожалуй, накажет за такие мысли. Вот и иду пешком, — может быть, в наказание? И стало жутко: не провалиться бы на экзаменах!

Дома я взялся опять за книгу. Дочитав, как Володя прыгнул с высокой оранжереи к ее ногам и как она осыпала его поцелуями, я почувствовал такое волнение, что заструились буквы и страшно забилось сердце. Я испугался, что сейчас будет разрыв сердца, как у нашего булочника под Пасху, и стал креститься, призывая Великомученицу Варвару. "Может быть, это предупреждение, за дурные мысли? Господи, отпусти мне грехи мои!" Мне стало легче. Я намочил лоб квасом и пошел прохладиться в садик.

Я обежал его раза три, но мысли меня не оставляли. "Милая!..." — говорил я в небо, лаская словом. И то, что вчера случилось, казалось теперь чудесным.

Вчера я ходил по садику, разбивал каблуками лед. Самая-то последняя полоска, и вот — весна. На сарае сидел наш "Рыжий", кошачью весну правил, как говорила Паша. И вдруг я услышал возглас: "Боже мой, они раздерут Мику! Ми-ка! Мика!" От этого я вздрогнул. Это был нежный голос, небесный голос! Он потянулся к сердцу, и сердце мое заколотилось. "Ради Бога, молодой человек... пугните оттуда Мику... забегите сзади и пугните!" Я вертел головой и ничего не видел. Какая Мика? Откуда голос?! "Ах!... — услыхал я капризный шепот, — какой вы... право! Да она же на столбике, в голубом бантике! Ну, кошечка!" И я наконец-то понял: кричали от соседей, за забором.

"Рыжий" уже поднялся и шел по крыше. На беседке, разинув пасть, горбился и водил хвостом незнакомый мне черный кот, встрепанный и колючий, злобный. А между ними, на столбушке забора, вылизывала грудку Мика, в голубом бантике. Я сразу сообразил — в чем дело. Я выбежал из сада, пугнул со стороны двора Мику, запустил в черного кота

6

картечью и заработал "браво"! "Мика, Микочка... глупышка! Иди, Мика!... Пожалуйста, еще пугните!..." Мика еще сидела на заборе, откуда разливался голос. Я наскоком пугнул ее, и она пропала за забором. "О, как же я вам благодарна, молодой человек! — услыхал я ласкающий, нежный голос. — Вы сберегли мне Мику, мою радость! Она еще совершенная девочка, а эти коты ужасны... Они бы ее разодрали! Ах, как я вам благодарна, милый! Нам мешает забор, а то, кажется, я бы вас расцеловала! Ах ты, глупенок ты этакий, Микушка!" И я слышал, как целовали Мику. "Спасибо и... до свиданья!" — услыхал я сочный, прелестный голос, словно меня самого поцеловали. Я что-то пробормотал, не помню. Когда я прильнул к забору, было поздно: мелькнула синяя юбка, и застучали каблучки на галерее. А в ушах ласково играло — "до свиданья!".

Это показалось теперь чудесным.

Щелястый забор к соседям представлялся совсем — как там. И казалось, что тут судьба, что у нас такой же забор, и флигелек за забором, и появляется иногда она. Чудилось радостно и жутко, что если сейчас взгляну, — увижу стройную девушку, и вот — начнется...

И в томительном ожидании и страхе я прикладывался к щелям в заборе.

Там был дворик одного вихрастого, странного человека. Вихрастый с утра до вечера громыхал опорками по двору, гоняясь за петухом с метелкой, и кричал на жильцов за беспорядки. Иногда ему отзывалась с галереи новая жиличка, толстуха в бородавках, что они с дочкой самые благородные и выносят помои всегда в необходимое место, "а не середь двора, прости Господи!". Вихрастый расшаркивался с метелкой, возя опорками, прижимал руку к сердцу и уверял, что это не к ним относится, а к этим свиньям-бахромщицам, с нижнего этажа. Гришка недавно назвал его — "дурак истошный", и последнее время я с интересом к нему приглядывался. А после одного разговора даже возненавидел.

Еще до Мики, только что переехали жильцы, я удивился, каким тоненьким голоском заговорил вдруг вихрастый.

— Я их, будьте покойны, уж допеку! — услыхал я дурацкий голос. Вихрастый стоял под галереей, как генерал, и яростно потрясал метелкой. Толстуха смотрела с галереи. — Свиньи необразованные! Воздух такой роскошный... самый весенний климат, приятно на воле чайку попить... и портят всякими нечистотами! Ну, скажите, пожалуйста?!.

— Да как же можно! Самая гигиена начинается... — поддакивала ему толстуха.

— А льют и льют! А у благородных людей и помоев не может быть!...

— Какие у нас помои. Дочка у меня образованная, доктора бывают... самые умные разговоры всегда у нас...

— Да я же... Ради Бога, не принимайте же на ваш счет... умоляю вас!... — расшаркивался вихрастый, возя опорками. — Все мы, как благородные люди, и примите извиняющий поклон за неприятность, и... если вашей барышне какое беспокойство, и за платой не погонюсь, сгоню свиней! Моя мечта... в моем доме, чтобы только благородные, как семья! А перед женской красотой я всегда преклоняюсь. Имейте в виду... я человек решительный!

Меня возмутила его дерзость. Говорить так о барышне!... Дурак истошный!

Фамилия его была Карих, и я одно время думал, что это немец, пока этот Карих не сдернул меня с забора. Но это случилось раньше. Он так меня дернул за ногу, что полетел вместе с сапогом, и так ругался, что я сразу понял, какой он немец.

На карихином дворе и жила она, еще до "Первой любви" и до истории с кошечкой привлекавшая мои взгляды роскошными каштановыми волосами, распущенными по всей спине, и вязаной белой кофточкой, чудесно ее обтягивавшей. Лицо же ее оставалось для меня неуловимым. Но кофточка- Кофточку я давно приметил. Такие кофточки назывались у нас — "жерсей", и это таинственное словечко меня почему-то волновало. Такую же кофточку купила себе на Пасху Паша, только синенькую с полосками, — "синенькое-то к блондинке лучше!" — и я из-за двери видел, как она вертелась перед зеркалами в зале, обтягивала бока и все хихикала:

— Ба-тюшки, груди-то как видать... ма-тушки, страм глядеть!...

Она увидала, что я подглядываю, — а в доме никого не было, — и стала вертеться пуще и охорашиваться, как глупая.

— А что, хорошенькая я стала, правда?... Блондиночка какая!... — сказала она, вертясь, и выпятилась, как пьяная.

Я смутился и убежал, а Паша запрыгала и засмеялась. Она мне очень понравилась, но было чего-то стыдно.

Дворник Гришка, открывший мне много в жизни, сказал как-то, что это "все для приману любви, особенные штуко- винки... шибко их бабы любят, чтобы все свои потроха выказывать".

8

Была у ней еще вишневая бархатная шапочка, как у студентов в "Фаусте", с бантиком на бочку, и придавала ей такой разудалый вид, что мне иногда казалось, будто это хорошенький ряженый мальчишка.

В тот вечер "Первой любви" я долго слонялся у забора, где лежала еще стеклянная полоска снега, но уже зеленел крыжовник, и Гришка справился, не потерял ли я пятака для игры об стенку. Я сказал, что потерял гривенник, и он поискал со мною. Самое это место казалось мне необыкновенным. Здесь говорила она со мной! "О, как я благодарна вам, молодой человек!" — сладко дрожало в моей душе. Какой голос, манящий лаской! Неужели она красавица? Мне казалось по голосу, что она истинная красавица, что у ней синие-синие глаза, розовый ротик и благородное выражение лица аристократки. Как она удивительно сказала: "ах, какой вы... право!" Капризно-гордо. Я досадовал, что не разглядел ее. Показал свою невоспитанность и дикость. Она подумает — какой же неразвитой мальчишка! Но, должно быть, я ей понравился, она удивительно сказала: "Нам мешает забор, а то бы я вас расцеловала!" Надо бы мне сказать: "Позвольте представиться... ваш сосед... мне так приятно оказать вам эту маленькую услугу, и я счастлив..." Всегда начинается с пустяков, и эта кошечка, прямо случай... Расцеловать! Я бы должен сказать на это: "О, я счастлив, что слышу вас... этот музыкальный голос!" Ну, что бы она сказала на комплимент? Сразу бы поняла, что нравится. А теперь и не познакомишься...

Мне было и очень грустно, что никогда не случится со мной чего-то необыкновенного, о чем я даже боялся думать, то радостно замирало сердце: а вдруг случится?... Но что же могло случиться?! Боялся себе представить: так это было жутко, чудесно-жутко! Но какое у ней лицо? Похожа она на Зинаиду? Но какое лицо у Зинаиды? Не мог представить. Прелестное, нежное лицо... Я восторженно рисовал себе, как она склоняется надо мной и осыпает безумными поцелуями, как в "Первой любви" с Володей, и замирал от счастья. С каким бы восторгом бросился бы и я с самой высокой оранжереи к ее ногам. Но у нас не было оранжереи, а с сарая — совсем не то, ужасное безобразие, и какие-то ящики и бочки... и еще этот дурацкий Карих в своих опорках. Все казалось таким противным, что было стыдно и хотелось плакать. Так, бывало, вернешься из театра после волшебного балета, а заспанная кухарка сердито сует тарелку с остатками поросенка с кашей:

— Нате вот, доедайте... а лапша прокисла.

Я прождал у забора до темноты, но она так и не появилась.

II

Что-то веселое мне приснилось...

Я смеялся еще впросонках, лицом в подушку, — так меня разбирало, до щекотки.

Проснулся — и тут же вспомнил: новое у меня, какая-то большая радость! Она дрожала во мне восторгом, сияла в глазах — утром. Колокола звонили. Новые колокола звонили!

Я увидал голубое утро на изразцах, совсем другое, чем было вчера и раньше, — новый какой-то отблеск, живой и свежий, — вспомнил, что печку топить уже не будут, что вчера выставили рамы, а сегодня весна и воскресенье, — и радость моя стала еще больше.

Я смотрел на чудесный отблеск и радостно-затаенно думал, как ходил вчера по нашему садику, где уже пропала последняя полоска снега и начинала показываться травка, и в томлении, радостном и жутком, сторожил у щелей в заборе.

Не ее ли во сне я видел?

Я зажмурил глаза от блеска. Она тянулась ко мне из утра. Она — близко, за нашим садом. Какое счастье, что она так близко, что сейчас я ее увижу... — и случится необычайно-радостное, должно случиться! Я смотрел с восхищением на образ, на розовый веночек, на сахарное яичко под лампадкой, и молитвенно говорил глазами, что так хорошо на свете, благодарил за открывшееся мне новое, за то, что пришла весна, что солнечное такое утро и на окошке стоят подснежники.

Кто же поставил их?...

Я смотрел на подснежники и вспоминал в восторге:

Голубенький, чистый
Подснежник-цветок,
А подле — сквозистый,
Последний снежок...

Какая от них нежность, свежесть! Весною пахнут, снежком и ветром. Синие они, от неба.

Постукивает щеткой Паша, метет у моей двери. Не Паша ли принесла подснежники?...

— Паша, который час?

— Во-семь било! — словно издалека поет Паша, — такой у нее сегодня певучий голос.

— Паша... кто поставил ко мне подснежники?...

10

Приятно переговариваться за дверью. Можно представить, что там не Паша, а совсем другая, только у ней Пашин голос.

Я жду, но она все постукивает щеткой.

— Ну что пристали?... Сами прибежали! — смеется Паша. "Она, она", — думаю я, счастливый. Стараюсь вспомнить ее лицо, но оно почему-то ускользает. "Она же на Богородицу похожа!" — стараюсь представить я. Вспоминаю ее розовые губки, ямочку на круглом подбородке, скромное, милое лицо, когда она о чем-то думает или шьет, и "незабудковые глаза", — так я писал в стишках. Вспоминаю свои стишки, сочиненные вчера только. Они не первые у меня, но "Старая мельница" совсем другое, — мертвое описание и тоска:

> Как тихо, мрачно здесь,
> На мельнице забытой!
> Нет прежнего здесь шума,
> Нет забот,
> Ничто не борется здесь с тишиной великой,
> Здесь не живет никто десятый год...

Когда я прочел "Русалку", — и написалось. Я прочитал Женьке, и он сказал, что никуда не годится и пахнет Пушкиным. Но эти стихи, "про глазки", совсем другие:

> О, незабудковые глазки!
> В вас столько нежности и ласки!
> А губки — розовый арбуз!
> Тебе, прекрасная из Муз!

Мне нравится, но — четыре восклицательных знака! Но это потому, что восторг! Восклицательный знак употребляется для выражения удивления, восхищения, призыва... Женьке не покажу. Стихи прекрасны. Кому я написал их? Паше или... ей? Вышли они легко. Можно еще и Паше, и ей, и всем. Напишу про "Утро", про "Ожидание"...

А щетка постукивает дальше.

— Паша, да поди же сюда!...

Мне хочется ей продекламировать, но стыдно. Что-то она подумает? Я читал ей из Лермонтова "Маскарад". Она сказала, что очень много людей, и все поют. Она не понимает, но очень любит. Говорит — "слушать весело"! А мои сразу угадает, про кого...

— Ау-у!... — отзывается звонко Паша и подбегает на

11

цыпочках. — Ну, чего? То сердитесь, что вхожу без спросу, а то зовете? Ну, что еще?...

Она шушукается, боится, что ее услышат. Это меня волнует и мне приятно. Если застанут, что девушка входит к молодому человеку в комнату, когда он еще в постели, могут подумать все! Конечно, она боится.

— Да некогда же мне... — шепчет она нетерпеливо, поскрипывая ручкой двери.

— Вот что... Ты, пожалуйста, не входи. Кто поставил подснежники?...

— А, баловники... время мне с вами!... Сенька Попов принес!

"Она, она. Это она за "уточку"!..."

Я подарил ей душки на Пасхе, в тонкой стеклянной уточке, сунул стыдливо в руку и убежал. А вечером Паша столкнулась со мною в коридоре, неловко сунула свою руку в мою и сказала серьезным шепотом: "Ну, давайте... Христос Воскресе!" И протянула губы. Мы поцеловались наскоро, будто по делу это. И лицо у Паши было совсем другое, серьезное, как в церкви. Целуясь, я слышал, как пахнет от нее "уточкой". А в руке у меня оказалось голубенькое граненое яичко — лежит в троицком сундучке, где редкости. Если смотреть в него, все представляется праздничным и другим, и Паша — в незабудковой кофточке.

Дверь отворяется на щелку, и видно свежее розовое лицо, с русыми бровками, и светлые взбитые кудряшки.

— Да вставайте, девятый час. Открыть окошечко?... — ласково шепчет Паша, оглядываясь зачем-то на коридор. — Теплынь сегодня!...

— Нет, уходи... — говорю я в смущении, под одеялом.

— Ну, как хотите.

Она притворяет дверь. Позвать и прочесть стишки? Нет, стыдно. Но она принесла подснежники, а я ей могу — стихи. Они уже переписаны, лежат на столе. Позвать и сказать: "Это для тебя я, ты принесла подснежники"... А она вдруг покажет?!. Значит, она входила, когда я спал? Не раскрылся ли я во сне? А если она влюбилась? Прошлым летом она попросила у меня карточку, где я снят один, в лесу, на поваленной березе. "Да у тебя же есть, все мы сняты!" — сказал я ей. "А вы почему одну меня сняли на карточку, на альбом? — спросила она лукаво. — Я тоже хочу одного вас. Уйду от вас — буду вспоминать". Если мы влюбимся, что тогда?... Ей только семнадцать лет, и все называют ее девчонкой. Осенью мне шестнадцать. Недавно она принесла мне блинчиков, а сегодня подснежники... Если бы я не нравился, почему она так ко мне?... Цветы же подносят, когда любят...

И я счастлив, что Паша такая милая, умная, красивая, что она принесла подснежники.

Радостное поет во мне, — радостное и новое.

За очень светлым окном, будто совсем без стекол, шумело новым — первым весенним шумом. Такого — я никогда не слышал. Живое звенело в нем, полное сил живое. Такое призывно-радостное, бодрящее, что было щекотно сердцу. Я замотал ногами и стал похлопывать по ушам, как в детстве. Заквакало, затрещало, и все выходило — "здравствуй"! С дребезгом мчалась конка, лихо трезвонили к обедне, стучали по-новому пролетки. Прыгали голоса и стуки. Даже старьевщик-скука дудел о сапогах и мехе как будто совсем другое — "не надо старья, у всех обновки!" Даже метелка Гришки шуршала куда быстрее, словно дразнилась с пылью, — "ну-кась — ну-кась — ну-кась", — выходило. Покатывались под навесом куры, бойко отстукивал колодец, резались под забором в бабки, весело хлопало коврами, и, вскрикивая, чихал кто-то, а Гришка считал и нукал:

— А ну-ка, разок... ну-ка?...

Он метет под моим окошком, тычет метлой к кухарке:

> Здравствуй, Катенька-шельмовка,
> Я принес тебе обновку,
> Черны-бархатны сапожки,
> Бралиянтовы сережки,
> Мы поедем в машкарад,
> Мы наденем припарад!...

Я распахнул окошко, — и меня закружило шумом, пахнуло теплом и холодочком, чем-то неуловимо тонким, что бывает всегда весною, — весной только. Как будто — снегом... — таился еще он где-то! — дыханием деревьев, почек и первой чудесной травкой, зеленой преснотцою, — откуда-то доносило струйки. Пахло и двориком весенним — теплевшей пылью, сенцом и дегтем. В тополе расклеились почки, текли смолою. Первые, светлые, листочки совались копьецами, лепились в пачках, хотели распускаться. Я высунулся в тополь, и меня затопила свежесть, теплынь и зелень, и воробьиный щебет, и блеск, и солнце. Я потянул за ветку... Она подалась так мягко — и в комнате все зазеленело и стало новым. Нежные, клейкие листочки светились солнцем, свер кали изумрудно. Я любовался ими, ловил губами. Губы мои и щеки заклеились,

13

залились соком. Пустил на волю — и все закачалось в блеске, радостно закивало копьецами.

Я увидал все это — такого еще никогда не видел! — и весь задрожал от счастья.

Я радостно умылся — водой как пахло! — и стал утираться у окошка.

Галерея звенела солнцем, кололо глаза от стекол. Крыши, с танцующими голубками, ворковали. Сияла пролетка у колодца, сверкала голубая струйка. Голорукий дородный кучер брызгал на Пашу тряпкой, топтался в луже. Визгливая Паша изогнулась, отряхивая юбку, бойко кричала из-под локтя. Я смотрел на ее крахмальную юбку, на пляшущую ногу, и меня сладко-стыдливо волновало. Гришка подкрадывался сзади, но Паша увидала. Кучер тряхнул кудрями:

— Не подходи, бьет задом!...

Мальчишки сидели в холодочке, кусали ситный. Пузырились на них новые рубахи.

Я взглянул на подснежники в стакане и поцеловал их синюю густую свежесть.

Далекое, радостное утро!...

III

В это утро я собирался с Женькой на Воробьевы горы.

Первая весенняя прогулка! Снаряженная сумка поджидала еще с поста. Мы хотели исследовать овраги, ночевать под открытым небом, у костерка. Женька натолок даже "пеммикана", говяжьего порошка, "без чего не бывает экспедиций". Я добыл листового табаку — "бетеля".

Но в это утро желанная прогулка потускнела. Хотелось рассказать Женьке, и было стыдно. Но про книгу рассказать необходимо: что-то теперь он скажет?! Неужели опять все то же, — "сердечная дребедень!" — и сплюнет?

Я с нежностью посмотрел на книгу. Она лежала на подоконнике, как вчера, раскрытая на заглавии. Атласная белая бумага казалась разноцветной. Радужное пятно от солнца, через стакан, с отсветами подснежников, сияло на четких буквах. Я колыхнул стаканчик, и радужно заиграли буквы, забились зайчики. Было удивительно красиво.

"Неужели и "Первая любовь" не тронет?!" — раздумывал я о Женьке. — Ведь тут показана самая идеальная любовь, святое

14

святых любви! Только стальные души и каменные сердца... Отчасти он прав, конечно... нельзя отдаваться любви безумно, предаваться изнеживающим наслаждениям, как Ганнибал в Италии... но надо же различать, если она идеально влечет к себе! Ведь даже князь Гремин, суровый полководец, весь изувеченный в боях, и тот страстно полюбил Татьяну и поет: "Любви все возрасты покорны, ее порывы благотворны!" Благотворны! А Женька уверяет, что любовь — чепуха и дребедень!..."

Любви Женька не признавал и на женщин смотрел с презрением. "Бабье в жизни мужчины, — говорил он решительно, — как пушечное ядро на ноге у каторжника! Если хочешь совершить подвиги, не поддавайся чарам! Яркий пример — Самсон! Я читал в одной редкой книге... гм!... что к Наполеону перед решительным сражением под Аустерлицем привели такую красавицу немку, что даже старые маршалы почувствовали расслабление сил, и был момент, когда Наполеон задумался глубоко и... хотел поставить на карту все свое героическое прошлое, настоящее и будущее! Но... его Гений шепнул ему: "сырое мясо!" — "Обыскать ее тряпки и вывести за черту лагеря!" — крикнул Наполеон. И грянул бой. После победы Наполеон съел две порции бифштекса и сказал маршалам: "Не правда ли, друзья мои, что это прожаренное мясо не так опасно для славы и желудка, как сырое?" Никто ничего не понял, и только потом уже догадались!"

Помню, на меня этот рассказ подействовал. Женька предлагал поклясться, что мы отныне никогда не предадимся изнеживающим наслаждениям, как Ганнибал в Италии, а примем за образец железный характер Цезаря. "Но ведь Цезаря называли... ты знаешь как!" — смущенно возражал я. "Да, называли "мужем чужих жен"! Знаю. Но это объясняется ухищрениями врагов!" — "Но его еще называли... "старый развратник"!" — "Может быть, к старости он и развратился и потому утратил славу и любовь народа! А я знаю... гм!... из одной книги, что Цезарь ненавидел женщин, и с ним делались корчи, и он страшно скрипел зубами, если приходилось встречаться с женщиной". И, подражая великим полководцам, Женька боялся встречаться с дамами. Когда попадались навстречу гимназистки, он задирал голову, подымал плечи и переходил на другую сторону мостовой — прямой как палка.

Это был мой закадычный друг, года на полтора постарше. Он уже пробовал говорить баском, вжимая и раздувая шею, старался шагать "полковником" и настойчиво мял резину, вырабатывая "мертвую хватку" в пальцах. Я гордился его железной силой и независимостью в семье. Жутко бывало слушать, как он говорил при матери:

— Из гимназии выгонят?... Плевать. Махну в матросы!

А когда мрачные мысли начинали его давить, он встряхивался ретиво и вскрикивал из "Капитана Гаттераса":

— "А компас показывал на Север!"

Чтобы закалить тело и приучиться к жизни, полной опасностей и лишений, он пил из загнивших луж, сплевывая по-боцмански, ел на прогулках какие-то "питательные корни" и глотал пескарей живьем.

— Мало ли что случится! — говорил он мечтательно. — Дослужусь до полковника, попаду в военную экспедицию, в Корею куда-нибудь... придется всего хлебнуть! Были великие путешественники, и еще будут!... Надо готовиться.

Правда, он стал полковником. Был и в Корее, и на горах Карпатских, и пил из загнивших луж. И много хлебнул — всего...

Он уже "разговаривал" с учителями. Латинисту переводил с усмешкой — "Цезарь выстроил на холме три когорты... ветеринаров!" Историку начинал про обесчещенную Лукрецию с развалочкой: "Жила-была одна молодая жена одного мужа, по прозванию Лук-реция, соблазнившая своей красотой одного легкомысленного юношу..." А при попечителе рассказал, как "Пифия садилась на расселину, и из нее выходили одуряющие пары". Хрипевшего от удушья старичка-попечителя увели под руки, а не моргнувшего глазом Женьку посадили на воскресенье.

Словом, он был для меня авторитетом.

Прошлой осенью мы заключили с ним "союз крови". Мы сидели на нашей рябине и дружно читали "Дон-Кихота". Не помню, что нас растрогало. Было что-то в осеннем саду темневшем, в небе ли тихом, звездном, или в нашей душе притихшей: мы почувствовали любовь друг к другу, потребность ласки. Он обнял меня за шею, а я его.

— Тонька, — сказал он мне, — ты славный парень! У тебя дом, а у меня ни черта, но ты простяга. Потому и вожусь с тобой. И если когда-нибудь проживешься в пух и прах, рассчитывай на меня смело, я разделю с тобой последнюю корку хлеба! А если случится мне напасть на золотые россыпи, когда предприму экспедицию... твоя половина обеспечена. Вот моя рука, я не бросаю слова на ветер!

И на его глазах показались слезы. Навернулись и на моих. Я сказал:

— Для меня богатство на последнем плане, как для Дон-

16

Кихота. Мой дом и кров всегда для тебя. Располагай мною, как... Вот, на нас смотрят звезды, и я...

У меня захватило дух. Вздохнул и Женька и сделал — гм!... В волнении он всегда так делал, так всегда делают полковники.

— Дай руку... — сказал он глухо.

Он сдавил "мертвой хваткой", как всегда пожимают англичане, и произнес торжественно:

— Друг, предлагаю тебе "союз крови"! Так всегда поступают гренландские эскимосы, самый симпатичный народ на свете, ведущий борьбу с ледяными объятиями жизни и смерти!

Он сказал удивительно искренно, хотя я и уловил некоторую рисовку.

— Так было у Норденшильда, у Франклина, у... и у других. Тогда — навеки!

Мы спустились с рябины и заключили союз навеки. Он царапнул себя моим перочинным ножом повыше кисти и дал мне лизнуть крови. В сумерках она зачернелась струйкой. То же и я проделал.

— Менять ножи!

И отдал свой перламутровый.

— "Мои олени — твои олени, моя жена — твоя жена, мой огонь — твой огонь, моя жизнь — твоя жизнь!"

То же сказал и я.

— Теперь — потремся носами!

Мы потерлись носами, как всегда делают гренландские эскимосы, самый симпатичный народ на свете, и пожали друг другу руки.

Чудесный это был вечер под рябиной, в осеннем саду, при звездах. Пахло сухими листьями тополей, острой осенней горечью, растерзанными подсолнухами — последнею красотою сада, размятою горькою рябинкой, которую мы жевали, осенним холодочком. Но в сердце было тепло и сладко. Чудесное было впереди — вся жизнь. Такая же голубая даль, как небо над нашим садом.

И вот в то утро я ждал его.

IV

Он заявился франтом. Шинелька его была все та же, выгоревшая и в пятнах, накинута на одно плечо, но крахмальный воротничок, недавно столь презираемый,

17

подпирал его оттопыренные уши, а на фуражке, с примятыми бочками, сияли начищенные лавры с выломанными буковками — для шику. От воротничка, должно быть, он показался мне еще длиннее и худее, остренькая черная головка — еще чернее, а вихры еще в большем беспорядке. Совсем недавно он считал лучшими духами в мире запах порохового дыма и смоляных канатов, — я добавлял к ним дымок бивуачного костра и соленую свежесть океана, — а сегодня он надушился какими-то кислыми духами, — сестра плеснула! — "ландышевым одеколоном", напоминавшим уксус.

— "Здоро-во, милый друг... здоро-во, ме-э-льник!..." — выкрикнул он с порога, и я сразу почувствовал, что у него что-то радостное.

Недавно мы видели "Русалку", и Женька стал величать меня "мельником", когда был в духе. А в это утро он прямо сиял от счастья, и веяло от него отвагой. Пропев "мельника", он сунулся в окошко, потянул и ноздрями, и губами и потащил ветки в комнату.

> Ната-ша, ангел мой,
> Как счастлив я-а-а-а...!

Он дергал ветки, словно звонил на колокольне, задел и свалил подснежники.

— Что это ты такой?... — удивился я его резвости. — Денег дали?

— Так, хорошее настроение... — улыбнулся чему-то он, и его остренькое лицо стало глупым. — А ты все зубришь... — увидал он книгу и заглянул. — А, "Первая любовь"... Знаю, чепуха!

Я только хотел спросить, почему он такой парадный, мы же идем на "Воробьевку", но его восклицание потрясло меня.

— Как чепуха?! По-моему, это... прелесть! Я прямо... влюбился в героиню!... — Никакой и героини нет, а... размазано, больше ничего! — презрительно сказал Женька, отталкивая книгу. — Терпеть не могу сентиментальностей!

— Но она же страдала... от любви?!. — растерявшись, пробовал я отстаивать. — Ты нарочно...?

— Чушь. Почитай-ка про физиологию, узнаешь! — сказал он басом, напруживая горло.

Я был обескуражен. А он бухнулся на кровать, закинул ноги и стал насвистывать.

— А на "Воробьевку" как же?... Мы же условились... — говорил я растерянно, чувствуя, что случилось что-то.

18

— Сегодня не придется. Разные обстоятельства...

— Какие обстоятельства?

— Домашние...

Меня кольнуло. Я хотел упрекнуть его, но он перебил меня:

— На любовь, брат, надо смотреть проще. Как вдумаешься хладнокровно, с точки зрения... физиологии... — с важностью сказал он, словно читал по книжке, — просто... физическая потребность! Мужчина... гм!... — продолжал он басом, разглядывая Пржевальского на стене, — чувствуя прилив... гм... физической потребности, берет женщину, как добычу! Это совершенно просто. И с ней бы не так надо, как размазано у Тургенева твоего, а... иди навстречу физическому влечению!...

Когда он сказал — "берет женщину" и "физическая потребность", по мне пробежало искрой, и я смутился.

— Но... почему с ней не так бы надо?... — спрашивал я растерянно, избегая глядеть в глаза. — Как же надо?... Я тебя не понимаю. У героя такая чистая, возвышенная любовь... к женщине... — с усилием выговорил я это, зазвучавшее новым словом, и сердце мое заликовало, — к прекрасной Зинаиде...

— "Во-звышенная"! — передразнил Женька. — Сама навязывалась, а этот слюнтяй Володька не сумел ее взять под жабры! Вон, Македонов-шестиклассник, влюбился — сразу и овладел. Теперь и живет с шикарной дамой, с бельфам! Так и с ней бы. Если бы со мной было...

Зинаида светилась передо мной, но сладость греха манила. Мне было жутко, и подмывало слушать.

— Но это же идеальная любовь! И тут... поэзия! — с восхищением спорил я. — Она, в своей ослепительной красоте... женщины... — выговорил я смущенно, чувствуя, что грешу, — была для него как небо, как... богиня, как идеал?!

Я смотрел в изумрудные листочки, и новое — открывшееся мне счастье — переполняло душу. Милая! — отзывалось в сердце.

— Хо-о!... — засмеялся Женька каким-то бесстыжим смехом. — Да она самая настоящая гете-ра! сколько хочешь!... Сама лезет — и хватай под жабры! — сделал он пальцами, словно помял резину. — Подарил бы ей там душков, прокатил бы на лихаче в Сокольники... а он со стенки прыгнул, дурак! Отец его понимал, в чем штука, хлыстом ошпарил! С женщинами надо всегда решительно!... И он затянул песенку про "Анету":

Рраз Анета,
Без корсета,

19

Вышла в залу,
Неодета...

Я не узнавал Женьку! У него даже голос изменился, стал каким-то расслабленным и наглым, и манеры стали нахальные, словно его испортили.

— Женька!... — кинулся я к нему, — услышат!! Это же... Мы же дали слово не оскверняться такими мыслями, грязными разговорами...! Помнишь, как у Сергия-Троицы с старцем Варнавой говорили!...

— В каждом индивидууме должна происходить ломка... убеждений! Прогресс идет вперед. В последнее время я много узнал из споров с очень развитыми людьми! К нам, к сестрам, приходят студенты-медики и даже приват-доцент! Спорим... Есть идеализм и реализм! И есть две дороги — жизнь со всеми... гм... страстями и наслаждениями, и монастырь! Я выбираю дорогу наслаждений и борьбы за право на счастье, чтобы все страсти и потребности... находили полное удовлетворение естественным путем!... — сказал он бесстыжим тоном, распирая кровать ногами. — Быть жертвой женских капризов недостойно мужчины! Иначе он будет влачить жалкое состояние раба и... не совершит подвигов!

— А знаешь, и я бы прыгнул к ее ногам! — вырвалось у меня в восторге, и закололо в носу от счастья.

Она, чистая и прекрасная, представилась мне так ярко, склонилась ко мне так нежно... И я закричал на Женьку:

— Ты оскорбляешь идеалы! Женщина — это... божество!

И виденное во сне сегодня, чего я совсем не помнил, — как будто мелькнуло мне.

— Да, я непременно бы прыгнул к ногам ее! Пусть я сломал бы ногу, но... чувство выше ноги!...

— Ты уж блоха известная! — сказал Женька, сплюнув уголком рта, как всегда делают бандиты, и встал с кровати. — "И-эх, да на последнюю да на пятер-рку... наймем с ми-лай ло-ша-де-эй!..." — затянул он разнузданно и вытащил розовую коробочку с "Голубкой"... — Не трусь, я в окошко буду... Все чепуха... Почитай-ка физиологию... Лью-иса!... — сказал он, расставив ноги и выпуская в ноздри густыми струями дым, как всегда делают матросы. — В сущности любовь происходит от раздражения... нервов, факт! Доказано на лягушке! Поговори с медиками... Например, Базаров у Тургенева... такой же взгляд. У нас спорили, и я согласен с медиками, а не с сестрами. Только приват-доцент колеблется. Доказано, что если мышам давать только воду, они могут жить, а любви и потомства у них не

20

будет! Факт!... Даже и поэзия прямо смотрит. Декамерона как-нибудь притащу... тогда увидишь!...

— Ах, гости у вас!... — хихикнула в дверь Паша и убежала. Должно быть, хотела убирать комнату. На Женьку она всегда смеялась, а он напускал суровость. Так и теперь случилось: Женька насупил брови.

— Недурна девчонка! Только не советую тебе, рано. Лучше занимайся гимнастикой. Впрочем, она для тебя... богиня, не опасно.

Мне стало стыдно, что я написал стишки, и я сказал, стараясь прикрыть смущение:

— Да, я признаю только идеальную любовь!

— А если она вдруг сама придет к тебе ночью, с распущенными волосами?...

— Как же она... может ко мне прийти?! — изумился я искренно и тут же вспомнил, — "а она ведь ко мне входила, когда принесла подснежники!" — Неужели сама женщина... может прийти к мужчине?! Это же неприлично... — ужаснулся я, сознавая, как мне приятно, что Паша ко мне входила.

— Это бывает часто, потому что... физи-оло-гия! — сказал Женька уверенно. — Когда мужчина нравится женщине... Со мной раз было, когда гостил на даче у Соколова... гм!... Там была одна дама... очень эффектная...

— Да?!. — задохнулся я от волнения, — что же было?...

— Что... Понятно, пал!... — небрежно ответил он, отводя глаза.

— Ты... пал?! — ужаснулся я, чувствуя жгучее любопытство услышать все. — Но ты же мне не рассказывал... Неужели ты...?

— Об этом не говорят. Лучше заниматься гимнастикой. Он проделал несколько упражнений.

— Кровь приливает, отливает... В "Гигиене для молодых людей" про все есть. Я тебе притащу.

— Но почему же она, по-твоему, гетера? Она же терзалась от любви, а гетеры... только для услады пиров! — продолжал я волнующий разговор.

— Знаешь ты гетер! — усмехнулся Женька. — Вот тебе Клеопатра... или Аспазия... За одну ночь наслаждений они требовали платы... жизнью! — сказал он мрачно и пообещал притащить "про гетер" особенную редкую книгу. — Македонов сейчас читает! — И ты... уже пал?! — пробовал я дознаться.

— Не стоит... — уклончиво сказал он, — это одна из рискованных страниц моей жизни. Я находился на краю пропасти!...

— Но, Женька... Но мы же заключили...

21

— Она уже умерла... — сказал он глухо. — Не будем тревожить воспоминания.

Мы помолчали в трескучем щебете воробьев.

— Значит, не пойдем сегодня на "Воробьевку"?

— Сегодня не придется... — озабоченно сказал он, и его тощее, угловатое лицо стало строгим, как на геометрии у доски. — Свиданье у меня, с одной особой...

— У тебя свиданье?! — воскликнул я.

— Ну да... с одной особой! Что же тут удивительного?!. В его тоне слышалось торжество, и меня уколола ревность.

— С какой... особой? — спросил я его с укором.

— Разумеется, с женщиной!

— С... женщиной?! — повторил я звучное это слово, какое-то странно-новое. — У тебя... с женщиной...?!

Это слово звучало во мне соблазном, нежностью Зинаиды, лаской. Вспомнилось — "Мика, Мика!..." — "ах, как бы я вас расцеловала, ми-лый!".

— Ну... может быть, я влюбился... — нерешительно выговорил Женька, словно и его смутило, и его тонкий и длинный нос — признак мужества, по его словам, — вытянулся еще больше.

— Ты врешь, Женька?... — недоверчиво сказал я.

— Что же, по-твоему... не могу я влюбиться?

— Ты... влюбился?! — воскликнул я, только сейчас заметив, что его хохолок в помаде, и стало ясно, что Женька действительно влюбился.

И меня охватило радостью, родившеюся во мне сегодня: да ведь и я влюбился! Эта радость сияла на синем небе, на подоконнике, в хрустале, на весенних подснежниках, в радужном озарении на книге. Звенела во мне: влюбился!...

— В кого... Женька?

— Ты ее не знаешь... — мечтательно сказал он в окно. — Скоро притащу карточку, увидишь!

— Но как же теперь... что же ты будешь делать?...

— Что делать... — как будто смутился Женька, — ухаживать! Будем прогуливаться, сближаться... как всегда делается! Сперва — общие разговоры, чтобы узнать друг друга, а потом... как-то получится! Жениться, понятно, я не буду, связывать себя! Македонов говорит — смелей! Написал письмо. С женщинами надо решительно...

И он взглянул на меня, словно искал поддержки.

— Женька, милый... — предостерег я его, — а если из гимназии выгонят? Помнишь, в прошлом году... Я напомнил про пятиклассника Смирнова, как мать одной гимназистки

22

показала инспектору записку, и Смирнова посадили на воскресенье. Но Смирнов был любимчик, а Женьку выгонят!

— Плевать, в юнкерское уеду. Моя не гимназистка, и я брюнет. Брюнеты всегда раньше...

— Она... не гимназистка?! Кто же она?...

— Она... акушерка! — сказал он важно.

— Акушерка?! — воскликнул я.

Это меня страшно поразило: акушерка! У нас была знакомая акушерка, стриженая, вертлявая старушка с саквояжем, пропахнувшая насквозь карболкой. Она закидывала ногу за ногу, сосала тонкие папироски и все черкалась, и у нас в доме говорили, что все эти акушерки — "сущие-то отрвы".

— Ну да, акушерка... — нерешительно сказал Женька — Но... они же по таким делам! — объяснил я в смущении, представляя себе старушку, — и воняют всегда карболкой!...

— Ну что ты понимаешь! — сказал Женька презрительно. — Моя, во-первых, самая настоящая бельфам и пахнет ландышами! Роскошная ж-женщина... — проговорил он бесстыжим тоном и потянулся в неге, и мне мелькнуло, что он хочет предаться изнеживающим наслаждениям, как Ганнибал в Италии. — Прямо, моя мечта!...

— Значит, она... красивая? — расспрашивал я смущенно, уже завидуя.

— Краса-вица, как античная Венера... все формы, поражающие глаза, дивные волосы... самая настоящая бельфам! Раз уже провожал! Поговорили, вообще... о развитии...! Очень интересовалась моим развитием, советовала прочитать этого... как его?... — Шпильгагена! Взял вчера "Один в поле не воин", — чушь. Скажу, что читал.

— Хорошо, но как же ты так... Как же вы познакомились? Ведь стыдно как-то...

— Чепуха. Сначала переглядывались, потом проводил от всенощной до крыльца и прямо отрекомендовался: "позвольте с вами познакомиться!" Вот и все.

— Так, сразу?! А она...?

— Сразу обернулась и... Женщины любят, когда решительно. Немножко удивилась... "Ах, это вы? Как вы меня испугали!" Вот ей — Богу! И засмеялась... Поражающие глаза!

— Так просто, сразу?! — не верил я.

— С акушерками всегда легко себя чувствуешь! — хвастливо говорил Женька, примасливая хохол и вытирая руку о коленку. — Македонов говорит... все акушерки очень легко смотрят на физиологические сношения, для них естественно! Прошлись к

23

Нескучному, поговорили про Шпильгагена... Оказалась ужасно развитая, массу читала.

— Она... очень молодая? — спрашивал я, не веря.

— Двадцать лет так... Недавно только акушерские курсы кончила. Уж не девица, видно!

— Почему видно?

— Сразу видно! По глазам. Сразу дала понять, глазами. — Как, глазами?!. — выпытывал я смущенно.

— Да это же сразу видно! Если движения такие... ну, как бельфам, и формы... Без ошибки могу узнать.

— А как же у вас... дальше?

— Дальше... увлекать надо! Попросил карточку и локон, обещала притащить. Синеватое пенсне носит, для красоты!

— Неужели и локон даже, так сразу?! Этого не бывает никогда, чтобы сразу...

— Зависит, как приступить! Надо знать психологию. Женщины любят, когда настойчиво! Наполеон всегда говорил: "Идешь к женщине — бери хлыст и розу!"

— Но ты же сам говорил, что Наполеон относился с презрением?...

— Это-то и выходит — презрение! Смотрел, как на... красивое мясо! Хлыст!... И я ей прямо: "Влюблен безумно и хочу ваш локон!" Сразу и пошло. Пожал руку — даже затрясла.

— Ты ей... неужели по-английски?!. — поразился я.

— Понятно, мертвой хваткой! Вот так...

Он так мне стиснул, что я зашипел от боли.

— Так и просияла! Женщины любят в мужчине силу. И сказала: "Боже, какой вы сильный!" Ясно, физиология... А когда попросил локон... — чудесные волосы, как шелк!... — так взглянула необыкновенно...! Сказала: "Боже, какой же вы романтист!"

— Такого слова нет "романтист!" Романист?

— Отлично помню, что "романтист!" Романист — это который романы пишет, а...

— Надо сказать — романтик! А не романтист!... Не понимаю, какое у ней развитие, если... романтист?!.

— А — гимна-зист?! Можно как угодно... Главное, замечательно красива, и все движения... Здорово в нее врезался!... Македонов говорит... пожалуй, клюнет! Пожалуй, может начаться... связь!... — шепотом сказал Женька, вытаращил глаза, и меня охватило жутью.

— Значит, ты будешь, Женька... семейной жизнью, с ней!... — спросил я его, жалея и стараясь себе представить, как это

24

может выйти. — Переедешь к ней? Мать, пожалуй, не согласится...

— Не семейная жизнь, а просто... связь! — посмотрел он на потолок растерянно, и мне показалось, что он боится. — Немножко жутковато, как это может получиться... А Македошка говорит — пустяки! Главное, не робей! Ну... все равно. Ничего не поделаешь...

Он прошелся по комнате, в волнении потирая руки, задумчиво посмотрел в окно, на воробьев, прыгавших и оравших в тополе, и, что-то решив, сказал:

— "А компас показывал на Север!"

Взглянул на истертые серебряные часики с ключиком, от отца, — и тревожно сказал: пора! Я понял, что у него свиданье, и сердце мое заныло ревностью.

— Теперь ты, пожалуй... и заходить не будешь! — сказал я в тополь, удерживая губы.

— Нет, почему же... — сказал он неопределенно, разглядывая себя в зеркальце, — все-таки буду заходить...

Он так раздувал шею, выпячивая кадык и так втискивал в плечи голову, что набежали под щеки складки и лицо стало — "как у полковника". Бросив рассеянно-небрежно: — "ну как, ничего морда?" — он даже не простился, а сказал только, что вечерком, может быть, забежит.

V

Эта история меня страшно взволновала.

Еще совсем недавно Женька доказывал, что если хочешь сделаться знаменитым — великим путешественником или полководцем, — надо вести самый что ни на есть суровый образ жизни и отнюдь не связываться с бабьем, а то — пропало! И приводил в пример Александра Македонского, Наполеона и Тараса Бульбу, которые никогда не предавались "изнеживающим наслаждениям" и сохранили великую силу духа. У запорожцев ни одна женщина не смела переступить за черту лагеря, а то — смерть! Александр Македонский умер даже бездетным, и на вопрос — кому же царство? — сурово сказал: "достойнейшему"! Подражая героям, Женька избегал даже разговоров с дамами и принимал неприступный вид. И вот — влюбился!

Очевидно, она необыкновенная красавица, если даже железный Женька не устоял.

И она рисовалась мне похожей на Зинаиду в "Первой любви", — стройная, высокая, в черной шелковой амазонке, с хлыстиком, с благородным, тонким лицом горделивой красавицы, одно мановение руки которой делает все возможным. То являлась таинственно-очаровательной соседкой, с каштановыми волосами и ласкающе-нежным голосом, от которого замирало сердце. То — Венерой, с роскошными формами, от которых пахнет ландышами. Я вспоминал "акушерку", и это меня смущало. Вспоминал, что "все акушерки — как гетеры", и мне становилось страшно: погубит его любовь! Я не раз слышал, как "погубила его любовь!" — и знал примеры. Максимка-лавочник с нашего двора спутался с арфисткой из трактира Бакастова, потерял голову и пропал. Я эту арфистку видел. Ее увозили на извозчике, простоволосую, в красной шали, а на подножках стояли городовой и дворник. Арфистка Гашка дрыгала ногами в голубых чулках, озиралась глазищами и проклинала всех подлецов, хватая дворника за свисток, а на пороге закрытой лавки сидел Максимка и умолял похоронить его на высокой горе в цветах. Все кругом хохотали, только Гришка один сочувствовал:

— Не плачь, гармонистом будешь! Вытрезвится в части, будете песни играть ходить! А с мясником она не уйдет, же-на-тый!

— Н-нет, прошла тройская жизнь! — рыдал Максимка, стуча кулаком в порог. — Пряники ели сладкие... привыкла она к роскошной жизни! Шабаш!... Погребите меня с ней вместе... на высокой горе, в цветах!

И вы меня туда заройте,
Игде я часто пи-и-ировал!...

— У Баскакова не зароешь! — смеялись люди.

А наутро нашли Максимку в сарае, на сахарной бечевке.

— Пропал через любовь! — сказал мне Гришка. — Не дай Бог с язвой с такой связаться. Вредная, дьявол, троих купцов заиграла!

Это воспоминание усилило мои опасения за Женьку: погибнет через любовь!.

Я размышлял об этом, когда Паша пришла убирать комнату. Приход ее очень меня встревожил. Я из-под локтя следил за ней, как она изгибалась, выметая под стульями, ловко переставляя ноги. Она уже приоделась и стала интересней. От разгоревшегося с работы лица ее, от гофреного нагрудничка, от русой ее головки с голубым бантиком и от высоких черных чулок из-под прихваченной пажом юбки шло на меня ласкающее, радостное очарование. Я смущенно следил за ней, и лаской во мне звучало новое слово "жен-щина". "Жен-щина... женщина..." — словно ласкал я Пашу, черные ее ножки в прюнелевых ботинках, пышные складки фартука, светлые бойкие кудряшки. И новое это слово делало Пашу — новой. Будут бранить за фартук — с утра оделась: "в голове мальчишки!" А у ней благородный профиль. "Что-то в ней благородное!" — говорили сестры. "Это у деревенских часто, от крепостного права". Мои взгляды словно передавались Паше: она иногда оглядывалась, переставляя вещи. Меня смущало, и хотелось, чтобы она заговорила. Я смотрел на подснежники и думал: стишки ей надо!...

О, незабудковые глазки!
В вас столько нежности и ласки!

Скажу, что за подснежники это я! Поэты всегда подносят и пишут — "К ней"... Или только таинственную букву и звездочки? "Тебе, прекрасная из Муз!" Если ее одеть в тунику и обвить цветами, она будет похожа на богиню весны Флору.

Я вспоминал — "физиологические отношения", "берет женщину, как добычу", — смотрел на Пашу, и мысли дразнили меня соблазном. А вдруг она придет ночью, с распущенными волосами? Я стыдливо закрылся локтем. "Господи, я грешу! Кто смотрит на женщину с вожделением, уже прелюбодействует с ней в сердце своем! Я прелюбодействую... Но я же слабый, грешный... Но для чего же тогда... красивые женщины? Мне уже скоро шестнадцать... Почему же грешно?" На Страстной спрашивал меня батюшка про дурные мысли, не заглядываюсь ли я на женский пол. Я смутился и сказал: "Не знаю". Батюшка посоветовал читать чаще — "Ослаби, остави, прости, Боже, прегрешения...". Но Паша ведь не лукавый и не соблазняет меня, она принесла подснежники... просто мне с ней приятно! Такая радость, как от цветов. Греки любили красоту, и Христос любовался лилиями. Паша — как лилия! "Ты, лилия полей... Ты — полевой цветок..." Полей, полей...? "Скорей, вина налей!..." Я схватил перышко и записал. Руки дрожали. Я напишу стихи, много стихов!... "Я уронил платок... Ты подняла так нежно... Взглянула на меня... небрежно?!" И так легко выходит! "Ты мне даешь намек... что полевой цветок... увянет под косой жестокой... И буду горевать... о деве

27

синеокой!" Я написал неожиданно дивные стихи! Паша, как Муза, посетила меня... И она этого не знает!...

Мне стало трудно дышать от счастья. Перед глазами лежала книга, раскрытая на заглавии — "Первая любовь". Радужное пятно пропало, солнце ушло за крышу. Я посмотрел на подснежники, на Пашу. Она возилась, выметала из-под стола. От нее пахло "уточкой" или душистым мыльцем. Ей подарили розовые яички, с ребрышками, душистые. Я косился на ее виляющую юбку, пристегнутую пажом, на бойкие ноги, ловко переступавшие. Мне стало трудно дышать, и в ногах побежали иглы.

— Ну, пускайте, читатели... — сказала Паша, цепляя меня щеткой. — Расселись не у места! Я уткнулся в книгу, будто ничего не слышу, напружил ногу. Она подергала...

— Да ну же, пускайте, всамделе, некогда... А то сдерну!... Щетка меня дразнила. В голове сладко замутилось.

— Попробуй, сдерни!...

— А вот и сдерну! — сказала она задорно, цепляя ногу. — Ишь, голенастые какие... Да ну, пускайте!

Я взглянул на нее задорно, увидал точки ее зрачков, остро в меня смотревшие, близкие розовые губы, похожие на цветок-бутончик, темную родинку на шее... Губы ее смеялись, глаза смеялись...

Она подергала ногу, и я подергал. Мы смотрели в глаза друг другу, и что-то у нас было... И щетка была живая — сама Паша. Я схватил щетку и потянул, и мы принялись возиться. Она ловко вертела щеткой, выкручивая из рук и упорно смотря в глаза, и толкнула меня коленкой. Я почувствовал ее ногу, и меня обожгло огнем. Я перехватил за кисти и стал тянуть. Разгоревшееся ее лицо приблизилось, и я чуть не поцеловал ее. Губы ее кривились, глаза смеялись... Вдруг она строго зашептала:

— Оставьте... услышат, возимся... Нехорошо, оставьте... От ее шепота мне стало приятно-жутко, будто мы знаем что-то, только одни мы знаем, чего другие не могут знать. Я отнял руки.

— Сама начала возиться...! — сказал я, задыхаясь.

Она запыхалась тоже, измяла фартук. Глаза ее блестели.

— Рано вам возиться!... — сказала она насмешливо, стуча под столом и взглядывая плутовато из-под локтя.

— Почему это рано?...

— Потому! Усы не выросли... Я не смог ничего ответить.

— Смотрите, не скажите! — погрозилась она от двери, разглаживая фартук. — Всю измяли, баловники...

28

Меня охватила радость, что она так сказала, что у нас с ней что-то, чего другие не могут знать.

Она ушла, а я долго ходил по комнате, вспоминая ее лицо и руки, и открытые пажом ноги.

Паша — женщина... и у меня с ней — что-то... Неужели мы с ней влюбились?! Она принесла подснежники...

Я стал разбирать каракули.

Как же дальше?... Боже, как это хорошо!... "Ты мне даешь намек... Что полевой цветок... Увянет под косой жестокой! И буду горевать о деве синеокой!" Конец, больше ничего! Все. Но почему — увянет под косой? Очень понятно, потому что...

В восторге я засновал по комнате. "Синеокая дева... ты, Паша! Ты дева, но ты — женщина, чудная женщина! Ты придешь ко мне и скажешь, стыдливо прошепчешь: "я — твоя"!"

У меня замутилось в голове. Я наклонился к подснежникам и поцеловал их свежесть. Пахли они так нежно, тонко, как будто хлебом. Я увидал — "Первая любовь"! И страстно поцеловал страницу — Зинаиду. В голубом платье, стройная, с алыми свежими губами, как у Паши, она улыбалась мне.

— Ми-лая! — зашептал я страстно, сжимая пальцы, — приди ко мне... покажись мне, какая ты?!.

Я зажмурил глаза до боли. И увидал ее, создал воображением. Увидал — и забыл сейчас же.

VI

А Паша уже на дворе, звала:

— Да Григорий!... И куда его шут унес?...

— В трактир с земляком пошел... — сказал от сарая кучер. — Хочешь подсолнушков, угощу?

Через тополь мне было видно. В начищенных сапогах с набором, в черной тройке на синей шерстяной рубахе и в картузе блином сидел в холодочке кучер и грыз подсолнуш-ки, клевал в горсть. Паша подошла и зачерпнула, а он опустил горсть в ноги и защемил ей руку.

— Во, птичка-то на семечки попалась!...

— Да ну тебя, пусти... хозяева увидят! — запищала она, смеясь.

Мне стало неприятно, что она и с кучером смеется, — и как он смеет! — и я сказал про себя — болван! Она сбила с него картуз и вырвалась.

29

— У, демон страшный, — крикнула она со смехом уже с парадного, — свою заведи и тискай!

— В деревне свою забыл, далече... — лениво отозвался кучер, грызя подсолнушки.

"Молодчина, Паша!" — подумал я.

Зашла шарманка. Два голоса — девчонка и мальчишка — крикливо затянули:

Кого-то нет, ко-го-то жа-аль...
К кому-то сердце рвется в да-аль...!

Я высунулся в окошко, слушал. В утреннем свежем воздухе было приятно слушать. Весь двор сбежался. Явилась Паша. Поднялся кучер. Слушал и грыз подсолнушки. В клетке, на ящике, птички вытаскивали билетики — на счастье. Читал конторщик, совсем мальчишка, в шляпе, при галстуке шнурочком, с голубыми шариками, в манишке. Читал и смеялся с Пашей. Вырвал даже у ней билетик! Я не утерпел и вышел. Загаженные снегирь и клест таскали носиками билетики.

— А ну-ка, чего вам вынется? — сказала задорно Паша.

— Глупости, поощрять суеверия! — сказал я.

— Собственно, конечно-с... — сказал конторщик, — шутки ради, для смеху только, а не из соображения!

Он был прыщавый, — "больной и ерник", — рассказывал мне Гришка. Несло от него помадой.

— Ну-у, ужасно антересно, чего вам выйдет! — юлила Паша.

— Судьба играет человеком! — засмеялся конторщик. — Прасковье Мироновне вышло очень деликатно.

— Будто все мне станут завидовать, вышло! — юлила Паша. — Через высокое положение! Ну, а вам чего?...

Меня очень тронуло, что она думает обо мне. Я дал семитку. Снегирь тыкался долго носом, выдернул, наконец. Вынулся розовый билетик.

— И мне розовый, ба-тюшки! — заплясала Паша. — А вам чего насказано? Мне 87 годов жить! Да путем никто не прочитает... Хоть бы вы меня грамоте поучили... "по-человечески"!

Она смеялась, а у меня играло сердце. Я вспомнил — "екзаменты все учут"! Какая же она умная!

Я взял у ней розовый билетик, чувствуя радостное волнение, что — "у нас с ней что-то ", что касаюсь ее руки, и прочитал, как старший, а она, усмехаясь, слушала. Было вроде

30

того, что — вам шибко покровительствует щастливая планида "Венера", и "козни врагов (конечно, это кучер и негодяй-конторщик!) минуют вас, вы в скором времени получите желаемое от любимой вами особы (как это верно!), но не возгордитесь вашим высоким положением! Все будут завидовать вам в щастьи..."

— Вот как хорошо насказано! — обрадовалась Паша и вырвала у меня билетик. — Может, замуж за князя выйду!

— С шурум-бурум-то ходит! — сказал конторщик.

— По-шел ты, с шурум-бурум! — толкнула его Паша. — Не хочу татарина, а желаю барина!

И она подмигнула мне:

— А чего вам выходит?

От ее песенки и от того, как она подмигнула мне, я почувствовал, что краснею, сказал — "после" и побежал к себе. И сейчас же понял, что я влюблен, что и она, должно быть, в меня влюбилась, и мне без нее скучно. Хотелось, чтобы Паша пошла за мной, и я бы прочитал ей, одной. Но стыдно было сказать, а она почему-то не догадалась.

Я раскрыл розовый билетик — такой же достался Паше, а были всякие! — и прочитал с волненьем: "Меркур-планида благоволит к вам. Ваши пылкие чувства разделяет близкая вам особа, но укротите страсть вашу, чтобы не доставить огорчения прекрасному существу, которое вами интересуется. Не превозноситесь успехами, дабы изменчивая Фортуна не отвернулась от вас..."

Я перечитывал кривые строчки, вдумываясь в судьбу.

"Близкая вам особа..." — Паша? Разделяет мои пылкие чувства! Да, я... люблю ее, люблю! — повторял я молитвенно. И она принесла подснежники. Ясно, она влюблена в меня, разделяет мои чувства, заигрывала со мной и сейчас так смотрела! "Хочу за барина"! "Может быть, за князя выйду!" За образованного?! Но почему же — "старайтесь укротить страсть вашу, чтобы не причинить огорчения прекрасному существу, которое вами интересуется"? Кто же это прекрасное существо, которое мною интересуется? Неужели это — она? — подумал я про соседку с роскошными волосами и чудным голосом. — Если — она?... Вчера она выглядывала с галереи к садику... Если это она... Господи!...

На дворе все еще галдели. Я посмотрел в окошко. Высокий кучер стоял в толпе скорняков и сапожников и махал синим билетиком. Паша подпрыгивала, стараясь у него вырвать. Прыгали с ней мальчишки. Мне стало неприятно, что она рядом с кучером. Он, должно быть, ее дразнил: мотнет перед

31

носом и поднимет. "Болван!" — шептал я от... ревности? Противны были его черные, жирные усы, толстое бурое лицо и широкий крутой картуз. Противно было, что к нему забегала в конюшню Манька, уличная девка из трактира, которую дразнили все — "Манька, на пузо глянь-ка!". Противно было, что кучер был очень сильный, — мог поднимать пролетку. Женщины любят в мужчине силу! "Если бы его лягнула лошадь! — злорадно подумал я. — И чего к нему Пашка лезет?" А она так вот и вертелась! Тут же вертелся и конторщик.

Кучер мазнул Пашу бумажкой по носу и дал конторщику:

— Начисто вали все! Чего присказано?...

Я не мог расслышать, но, должно быть, было смешное что-то: все вдруг загоготали, а Паша запрыгала бесенком.

— Сразу четыре жены будет!... — донесся ее визгливый голос.

Она хлопала кучеру в ладоши под самыми усами — вела себя просто неприлично! Кучер долго отмахивался, крутил головой и, наконец, плюнул:

— Пускайте, жарко!

Расталкивая, он больно ущипнул Пашу, — так она завизжала!

"Ах, негодяй! — возмутился я. — И она... развращенная девчонка! И я посвятил стихи! — Мне стало стыдно. Прекрасная из Муз! Возится с кучером, как Манька!... "Ты мне даешь намек... Что полевой цветок... Увянет под косой жестокой... И буду горевать... О деве синеокой?..." Никогда! Никогда не буду горевать!... И не о ней это вовсе, а вообще... об идеале!"

Мысли летели роем.

...Если разбит идеал, я напишу эпитафию, вот и все. Мне никого не надо. Мир велик, уйду в дикую пустыню, зароюсь в книги, как старый Фауст. И вот, на склоне дней нежданно постучится гостья! В плаще, в сандалиях... "Ты меня искал... и я пришла!" Дрожащими руками я подвигаю обрубок дерева: "Вот вам кресло, отдохните..." Она снимает капюшон, и... Боже! Она!... Я простираю руки — и умираю. "Поздно, но я счастлив... я красоту увидел неземную! Дайте вашу руку... и прощайте!..."

Шарманка пустилась дальше. Скоро я услышал, как на карихином дворе запели:

Кого-то нет, ко-го-то жа-аль...

Я лег на подоконник и, выворачивая шею, стал смотреть, не видно ли ее на галерее. Но как я ни тянулся, и галереи не видно было. Может быть, спустится к шарманке? А может быть, ушла к обедне? Выбежали бахромщицы, но появился с метелкой Карих и погнал шарманщика со двора.

— У меня тебе не трактир, а приличный дом! — закричал он, как бешеный. — Порядочные люди спят, а тут содом подымают! Вон!!. Собаку заведу на вас, окаянных!...

Я понял, что она еще спит, что Карих так говорит — про "барышню". И вдруг я услышал ее голос, как музыка:

— Ну что вы, право... Степан Кондратьич! Это же так приятно, на свежем воздухе... Я ужасно люблю шарманку!...

Я весь высунулся в окошко, схватился за сучок тополя, но увидал только отблеск стекол. Белелось что-то.

— Пустая музыка-с. Самая дикая, орут очень, паршивцы! — раскланивался Карих. — На роялях когда возьмутся, это так. А тут побоялся, что вас обеспокоят... поздно вы вчера вернулись!...

— Боже, какой вы милый! — пропела она дивно. — Правда, вчера я немножко загуляла.

И я услыхал ее удаляющийся напев, нежный-нежный, как звуки флейты:

Кого-то не-эт... ко-го-то жа-аль...

Дверь на галерее захлопнулась. Карих, опершись на метлу, смотрел под крышу, а я на Кариха. И в сердце звенело грустью:

К кому-то сердце рвется в даль...

VII

В дальнем дворе тягуче вела шарманка, и доносило песню. И вдруг меня охватило дрожью, даже зазвенело в пальцах. В груди сдавило, чуть я не задохнулся от... восторга? Что со мной сделала шарманка! Вдруг захотелось мне излить ей свою любовь, высказать свои чувства...

Я решил написать стихами.

Вчерашние мне не нравились. "О, незабудковые глазки!" Это же написал я Паше... Она недостойна их, пусть ей напишет кучер или этот дурак конторщик! Они только и умеют, что "черная галка, чистая полянка" да "когда я был сло-бодный мальчик". И потом... у Паши глаза, как незабудки, а у нее?... Я

33

не знал — какие. Божественные, небесные? Ее мелодичный голос, похожий на звуки арфы, — "ах, Ми-ка... она еще со-всем де-вочка...!" — и как она царственно говорила Кариху — "Боже, какой вы милый!" — пропела будто, и таинственная ее неуловимость — я не мог рассмотреть ее! — делали ее для меня полной тайны и неземного очарования. Она таилась в чудесной дымке, как дивная Зинаида, лицо которой — неземная красавица! — было для меня неуловимо. Это я должен высказать, как сладкую муку сердца! И я решился.

Я исписал несколько листочков, но стихи все не получались. Вышло всего две строчки:

> Неуловимая, как тайна,
> Ты улетаешь от меня...

Рифму на — "тайна" я так и не мог найти. Я знал, что бывает "пафос", когда посещает Муза, и тогда только записывай! Вот как сегодня, Паше: "Ты — лилия полей... Ты — полевой цветок... Скорей, вина налей!..." Какая сила! И вот, улетела Муза. Она капризна. "Господи, помоги создать!" — шептал я, кусая ручку. "Тайна...? М-айна, л-айна, с-айна, к-айна... все чепуха выходит!" Если бы можно было сказать — "та-и-на", тогда можно бы — "Каина"! "Не любишь меня, как Каина!" Пришлось бросить, хотя первая строчка мне очень нравилась.

> Таинственная незнакомка,
> Ты улетаешь от меня!

"Улетаешь от меня!..." Ужасно! Представлялась летящая ворона... "Ускользаешь"? Лез в глаза полотер, мальчишки на мерзлых лужах, — казалось совсем противным. Надо что-то воздушное... И на "незнакомку" не удавалась рифма. Котомку — если?...

> Возьму я посох и котомку,
> Пойду отыскивать тебя!

И мне представился старичок, идущий на богомолье к Троице, — совсем никакой поэзии! Да и "отыскивать" — очень грубо! Молоток отыскивать можно, в словаре слово, а... ее?! Я напрягал все воображение, проглядывал стихи в хрестоматии, даже Пушкина у сестер достал... Прочитал "Буря мглою небо кроет". Я даже оглянулся: может быть, Пушкин видит, его душа, как какой-то стриженый гимназист... Я закрыл книгу с трепетом. "Прости, великий Пушкин! — прошептал я молитвенно, — я не... это, а только хочу учиться, благоговеть... Ты видишь мое сердце! Осени меня твоей светлой улыбкой Гения!" А в сердце пело:

> Спой мне песню, как синица
> Тихо за морем жила,
> Спой мне песню, как девица
> За водой поутру шла!

Я называл себя дураком, тупицей, — и чуть не плакал. Лермонтов с четырех лет начал писать стихи... или — Некрасов?... А мне осенью уже шестнадцать, и — не могу! Сочинения хорошо пишу, за "Летнее утро" получил пять с двумя плюсами, и Фед-Владимирыч сказал даже — "ну, молодчи-нища!"

И вдруг пошло:

> Неуловима, как зарница,
> Игрива, как лесная птица,
> Пропой мне, чудная девица...

Нет! Я чувствовал, что у меня остается только — "царица", "певица" и "синица"... Можно еще — "кошница"... Пугало и — ца-ца-ца... Я напрягся — и вот, пошло:

> Неуловима, как зарница,
> Игрива, как лесная ручей,
> Скажи мне, чудная певица...

Не давалось мне — на "ручей". Я перебрал — лучей, бичей, ночей, речей, мелькало — печей и кирпичей... "Лучей" — было бы хорошо, но трудно связать по смыслу. Мне хотелось шикнуть "лучами", манила картина "света"... И я таки отыскал:

> Скажи мне, чудная певица,
> Царевна солнечных лучей!

Но что же должна сказать? Стихи вышли бы длинные, а у меня не хватало сил. Но зачем же ей — говорить? Скажи! — это мольба поэта: скажи! ах, скажи!... Когда мужчина умоляет женщину — "скажи!" — всякая догадается — о чем. Значит, теперь только маленькое изложение и заключение. Вступление готово.

Я в восторге ходил по комнате и напевал. Какие удивительные стихи! Это меня сильно подбодрило, я почувствовал вдохновение и, помарав немножко, написал "изложение":

Тебе стихи я посвящаю,
Плоды мучительных ночей!
Люблю! и страстно обещаю
Принять укор твоих очей!...

Я мучительно представлял себе, как она с горделивым презрением и укором отвергает мою любовь, но я готов спокойно встретить даже укор очей ее, — это выходило очень тонко! — встретить любовью, — до того я ее люблю! Пусть отвергнет, пусть "дарит меня презрением холодным" или "улыбкой сострадания", но я готов нести любовь до гроба! Я изложил все это, по-моему, очень сильно, даже всплакнул от счастья, что такие хорошие стихи и такие большие стихи, а я написал так скоро, — и что безумно люблю ее.

Под конец я блеснул всей силой:

Скажи мне — нет! — и я исчезну,
Погасну в мраке дней моих!
Скажи мне — да! И — "бросься в бездну"! —
— Умру, как раб, у ног твоих!

Хотелось кому-нибудь прочитать, поразить этими стихами, но я боялся, что выдам тайну. Если у нас узнают, будет такой скандал!... Скажут — "нечего пустяками заниматься, лучше бы вот к экзаменам готовился!" Женьке читать не стоит: стихов он совсем не любит, скажет еще — сентиментальная чепуха! — и, пожалуй, начнет выпытывать, кто — она? А если узнает про соседку — начнет ухаживать. Сам же сказал сегодня, что выбрал дорогу наслаждений! На женщину смотрит, как на добычу. Примется развращать и вообще может оказать самое тлетворное влияние.

"Если прочесть их Паше?..." Но меня уколола гордость. Нет, может хохотать с кучером! Что-нибудь одно: пошлость — или восторг поэта! Лучше я буду одинок, никем не понят, но я не отдам на смех толпе холодной своих мечтаний! пусть я — погасну в мраке дней моих, но...

Вдруг прибежала Паша и затараторила:

— Ну что, что вам вышло? Обещали почитать... Она была еще лучше, чем давеча. Кудряшки ее рассыпались, губы вспухли и растрепались, горели жаром, словно хотели пить, голубой бантик съехал. Совсем забывшись, она подхватила платье и подтянула чулок, — я слышал, как щелкнула подвязка, — и как ни в чем не бывало торопила:

— Скорей только, а то на стол накрывать надо... Чего у вас написано?...

Я сразу не мог опомниться. Она до того мне нравилась, что я только смотрел и мямлил. Черная ее коленка с белой полоской тела и розовой подвязкой и теребившие фартук руки мешали думать. Я чувствовал, что влюблен безумно...

— Я думаю, что тебе вовсе неинтересно...

— Страшно, страшно антересно! — торопила она и прыгала. — Да ведь сами обещали?... Ну, какой вы...

— Тебе интересней там... — показал я в окошко, — смеяться с кучерами, с конторщиками!!.

Она не поняла как будто: так на меня взглянула! И вдруг — глаза ее засмеялись светло, словно она проснулась.

— А вы, что же...? — начала она и не сказала. — Миленькие, почитайте... С вами антересней... вы мне про "Золотую рыбку" читали! Ну, чего вам досталось?...

Она схватила мою руку, потянула... Я отдернул — чего-то испугался. Мне хотелось сказать ей что-то, держать и пожимать руку, сказать, что я так счастлив... Она не отставала. Она даже облокотилась рядом, шептала — торопилась:

— Ну, чего вы такой стали... А давеча какой веселый были!...

Она мне напомнила глазами, что между нами — что-то. Я взял ее руку под косточки у кисти и прошептал:

— Паша!...

Она помотала кистью.

— Ну, что?... — шепнула она с лаской.

Это было такое счастье! Она не шепнула даже, она — вздохнула.

— Паша... — повторил я.

Она молчала и тихо водила кистью, качая мою руку.

— Ну, читайте! — сказала она бойко и даже оттолкнула.

— Ну, слушай...

Я прочитал розовый билетик. Она сказала:

— Вот как хорошо вам вышло! Сразу две барышни антересуются. Это кто же?...

— Глупости, я ничего не знаю...

37

— Знаете, знаете... уж не врите! А чего все у забора стоите, заглядываете? Все я знаю!... — засмеялась Паша.

Должно быть, я покраснел. Она засмеялась пуще, запрыгала.

— Вон, вон, по глазам вижу... врете! — Ничего ты не видишь... — смутился я. — И если интересуются, я не знаю. Мне этого не нужно! А вот, послушай... я сочинил стихи... сам!...

— А ну, почитайте... Только скорей, бежать надо!... — даже и не удивилась Паша.

— Вот. Это я сочинил для одной особы... сам!

— Для какой особы? Для барышни?...

— А вот послушай...

Руки мои дрожали. Мне было стыдно и хорошо... и я ничего не помнил. Я прочитал "Незабудковые глазки". Когда я кончил — "Тебе, прекрасная из Муз!" — и протянул ей бумажку, промолвив: "возьми себе, на память!" — Паша посмотрела во все глаза — они стали у ней огромные, — осветила меня глазами и растерянно-глупо засмеялась:

— Вы... про меня это? Вот хорошо, складно как, и про губки, и про глазки... а "измус" что такое, а?

Я объяснил ей, что это богини-красавицы, как ангелы. Она прямо засияла.

— Это вы уж... так? Я ничего, хорошенькая девчонка, все говорят, а... богиня — это грешно! Это нарочно вы, для слова?...

— Ну, это только поэты так, выражают чувство! — старался я объяснить.

— А у меня, верно... губки красненькие, а глазки синенькие... вот хорошо! — восхищалась Паша.

— Только никому, смотри, не говори! Пусть это секрет. Ты спрячь на груди, за это место... — показал я себе под ложечкой. — Так всегда... И береги на память.

— Значит, будто любовные стишки? — шепнула она, смеясь, и вдруг посмотрела на меня ласково и грустно, словно хотела сказать: "шутите вы?..."

Она отколола нагрудник фартука, расстегнула пуговочку на кофточке и старательно спрятала бумажку.

— Никто и не достанет! — шепнула она, мигая. — Идет кто-то...? — Она насторожилась к коридору. — Нет... Если застанут, скажите... — посмотрела она по комнате, — будто чернилки пролили, а я и прибежала. Прольемте тогда чер-нилки?...

— Верно, — радостно сказал я, счастливый, что теперь у нас с Пашей что-то. — Я их на пол?...

— Да это тогда!... Только смотрите юбку мне не

забрызгайте с фартучком!... — прихватила она юбку и опустила, — словно я уже пролил.

Я смущенно скользнул глазами по стройным ее ножкам.

— Ну, что...? — шепнула она. — Пойду уж...

— Погоди... я еще написал стихи... — заторопился— я, жалея, что она уходит. — Ты послушай... — А энти кому?

— А вот... послушай.

Я прочитал ей с чувством. У меня даже выступили слезы, когда я читал последнее:

Умру, как раб, у ног твоих!

— Жалостно-то как! — вздохнула Паша. — И сами слаживаете?...

— Конечно, сам! Это я сочиняю...

— Для другой какой барышни? Знаю, знаю!...

— Вовсе нет, вовсе нет... — в замешательстве сказал я, — это так, в мечтах просто... Будто я... в кого-то влюблен, нарочно... и она решает мою судьбу! Даже в бездну готов за ней. Значит, любовь страстная, до гроба... Но все нарочно!

— А зачем нарочно, нехорошо! Вы и мне нарочно?

— Да нет, тебе я... отдал, на грудь!

— Да, на грудь... — заглянула она у фартучка. — А ведь нельзя двух любить! Ежели любовь до гроба, то всегда один предмет! А то баловство. Вон девчонки на улице, всех любят... Это не любовь.

— А ты... только одного любишь! — неожиданно спросил я, и мне стало и хорошо, и страшно.

— Ишь, вы чего знать хочете! — усмехнулась она и передернула фартучек. — А вот не скажу!...

Никого я не любила,
Ни к кому я не ходила, —

пропела она скороговоркой и ловко вильнула к двери, -

Только к милому хожу,
А к какому — не скажу!

И убежала, захлопнув дверь. В глазах у меня осталось, как она передернула плечами, и блеснули ее глаза. Новыми показались мне бойкость и что-то в ней, отчего захлебнулось сердце. "Паша!" — хотел я крикнуть. Новое в ней мелькнуло, с чем я проснулся.

Я мысленно повторял ей вслед:

"Паша, красавица, милая... женщина! Люблю, люблю!..."

Лег на постель и думал:

"Милый... конечно, я! "Только к милому хожу!"... Она приходит ко мне часто... входила утром, когда принесла подснежники, потом со щеткой, сейчас... качала мою руку и так хорошо вздохнула — "ну, что?" И такие у ней глаза, с такою лаской!" "А ведь нельзя двух любить!" Или — можно? Пашу же я люблю? И с каждым часом люблю все больше. И Зинаиду бы полюбил, стройную, в розовом платье с полосками или в серой, — нет, лучше в черной! — шелковой амазонке, с благородно-гордым лицом красавицы. И, должно быть, могу полюбить ее, неуловимую, которая сейчас пела...

С улицы, через залу, доносился цокот подков и громыхающий дребезг конок, кативших на "Воробьевку". Там теперь зеленеют рощи, шумят овраги. Я вспомнил Женьку...

"Пусть, у меня теперь тоже свое. Паша тоже красавица, и мы влюблены друг в друга. Но она не сказала мне, она только качала руку и так смотрела! Любит или не любит? Она же должна понять, что я ее воспеваю, глаза и губки? И ей приятно. Нарочно и прибежала, чтобы побыть со мной..."

Я старался вызвать ее воображением, вспоминал, как щелкнула подвязкой, как откалывала нагрудник, совала бумажку в лифчик... "Никто и не достанет!" Вспоминал, как она возилась.

"Будем любить друг друга, украдкой целоваться... Того не надо. Я не могу жениться, бесчестно ее обманывать..."

Представлялись жгучие картины. Но я боролся. Я обращался к Богу: "Помоги и не осуди меня, Господи! Я загрязняю свою душу... я хочу любить чисто! Только немного ласки... И зачем она так красива? Почему же грешно любить?... А если мы сильно влюбимся?..."

Я видел, как мы венчаемся.

...Пашу привозят в золотой карете, с лакеями. Приехали кондитеры и официанты, все сбежались и шепчутся: "красавица какая, не узнаешь!" Но все родные обескуражены. Злая тетка, которая вышла замуж за богача, сидит в углу и поводит носом, будто не видит нас. Даже перо на шляпе у ней колючее. Я слышу, как она шепчет в сторону: "Читать даже не умеет и говорит "екзаменты"! И он женился!" Паша слышит, и слезы дрожат на ее глазах. Я пожимаю ее руку и шепчу: "Мужайся, скоро все кончится!" После бала я говорю гостям: "Да, я вижу все ваши чувства, прощайте, мы уезжаем, но мы еще вернемся... И вы увидите!" Все поражены. Мы удаляемся в глухие места России, живем, как анахореты, но в нашем лесном доме все комнаты уставлены до потолка книгами. Через пять лет, глухого осенью, мы появляемся неожиданно на балу. Я приказал кондитеру "для свадеб и балов" устроить роскошный вечер и пригласить всех родных и знакомых. Залы блещут огнями и цветами. Все съехались. Никто не понимает, что такое? И вот, заиграли музыканты туш, и я вывожу под руку из гостиной — Пашу! Все поражаются красоте и уму ее. Она разговаривает по-французски, по-английски и даже полатыни. Все шепчут: "какое чудо!" Она подходит к роялю и поет арию из "Русалки", из "Демона", из "Фауста". Я читаю свою поэму — "Надменным". Все потрясены. Злая тетка прикусывает губы. Я говорю торжественно: "Моя жена — великая артистка! Она приглашена в Большой театр, у ней волшебное меццо-сопрано, как у Паи и у Коровиной... потом поедем по Европе. Сам Царь приедет ее слушать!" Все ахают. Злая тетка плачет, обнимает нас. Несут шампанское...

Мне стало жарко от волненья. Я пошел прохладиться в зал.

VIII

В белом прохладном зале мне всегда делалось покойно. Вечерами заглядывало сюда солнце, а днем было голубовато-бело. Огромный золотой образ "Всех Праздников" вызывал в памяти молитвы. Сюда приносили Иверскую и Великомученика-Целителя Пантелеймона, здесь славили Христа на Рождество и Пасху. В высоком круглом аквариуме сонно ходили золотые рыбки, плавали кругом грота, словно сторожили часовые. Я подолгу следил за ними: ходят, ходят... И на душе становилось сонно. Поглядишь на "Все Праздники", на Распятие посередке — давний был образ, староверский, — и запоешь-зашепчешь: "Кресту Твоему поклоняемся, Владыко..." А рыбки ходят, а стекла из дома, что напротив, наводят "зайчики" на обои, на потолок. Светлая зала к вечеру — свет вечерний.

И только вошел в залу, на душе стало строго и покойно. Прохладно белелись стены, пустынно смотрели стулья. Ходили рыбки.

"Кресту Твоему поклоняемся, Владыко..."

Я прошел чинно по "дорожке" и вспомнил детство, как красные и зеленые полоски уводили меня куда-то... Далеко-далеко тянулся коврик. Теперь — все видно.

Через фуксии в красных ветках и зеленые планки кактусов, с приставленными к пупырьям сочными алыми цветками, я с интересом глядел на улицу. Летние уже конки неслись к заставе, мотая полосатыми шторками. Синие, новые, извозчики неторопливо поспешали, шикуя вымытыми пролетками. С узелками валил народ — навестить в городских больницах, на "Воробьевку", в Нескучный сад. Шли, оборачиваясь, мороженщики, видные издалека по ушатам, опоясанные пестрыми полотенцами; приземистые грушники с лотками и квасными бочонками, с медными на задах тарелочками весов за поясом; мальчишки с пузатыми стеклянными кувшинами "малинового лимонада", лотки с апельсинами и "крымскими", решета с серым подсолнухом, тележки с пряниками-орешками, связки шаров воздушных. В лавочке напротив, у Пастухова дома, брали печеные яйца, жареную колбаску, ситнички — поесть на воле.

Все было весенне-ново. Но больше всего меня привлекали женщины. Бывало, не замечал их вовсе; теперь — отыскивал. И шляпки, и пестрые платочки. Какая — молодая? какая — стройная? какие у них ноги, юбки?... кофточки...? Вот — "жерсей"! Черненькая, блондинка... В фартуке пробежала — горничная. Я видел на шляпках перья, рябину, вишни, сирень и груши. Ехали парочки — влюбленные, мне казалось; у них — тайна. Напротив, из Пастухова дома, глазела из окошка "молодая". Она мне нравилась.

И вдруг я увидел Гашку, арфистку Гашку, в красно-зеленой шали. Она катилась на лихаче, вразвалку, с высокой арфой. Розовая нога, в туфельке, моталась. Должно быть, на "Воробьевку" тоже. За ней прокатили две гармоньи, блестя ладами. И вдруг я увидел... Женьку!...

Он шел по той стороне, шинель внакидку. Он лихо шагал, "полковником", подняв плечи. Втянув подбородок в грудь, вытягивая ноги и крепко ставя, он надвигался прямо и с таким видом, будто шел кому-нибудь "дать в зубы". Мне даже смешно стало: такой у него был вид вояки. Верно, — подумал я, — ловко его прозвали — "аршин проглотил, шагало"! Куда это он? в Нескучный? Должно быть, на свиданье!...

Я следил за его удалявшейся фигурой. Он дошел до железной решетки Мещанской богадельни, приостановился и поглядел в нашу сторону, словно поджидал кого-то.

"Конечно, — подумал я, — назначено здесь свиданье, поджидает!"

Я стал следить за проходившими барышнями и дамами, но проходили в платочках больше. Наконец, показалась очень пышная дама в шляпе с зеленой птицей — самая настоящая бельфам. Но была до того толста, что казалось невероятным, что в такую влюбился Женька. Она поравнялась с нашим домом, и я увидал, что это молодая булочница Лавриха. И тут же появился Женька. Он шагал медленно и поглядывал в нашу сторону. На Лавриху и не взглянул. Напротив, перед Пастуховым домом, он приостановился, почесал нос, вынул часики, посмотрел... "Ясно, у них свиданье", — подумал я. Шла стройная молодая дама в зеленом ватерпруфе, с белой птицей на высокой зеленой шляпке, с ней девочка. "Неужели это она? — тревожно подумал я. — Прямо, красавица! Но она ведь замужняя, если девочка..." Женька и не взглянул на даму, а она была удивительно красива, с высокомерным видом, с манерами аристократки. Такою могла быть Зинаида! Я не удержался и замахал в окошко, но Женька смотрел куда-то. Куда он смотрит? Он дошел до решетки богадельни, шагов сорок, и опять медленно вернулся. Теперь уже было совершенно ясно, что у них здесь свиданье. Он часто лазил за курточку, мялся и передергивал плечами. Я смотрел на него и думал: "Был железный, презирал женщин, хотел прославиться, и вот, как лакей или как нянька у пансиона, дожидается, когда выйдут! Безобразие! Всегда был гордый, и она его так унизила! Может быть, даже она смеется? Акушерки ведь — как гетеры! Максимка повесился, а арфистка опять играет! Вот, связался..."

Пробежала вертлявая портниха с нашего двора, которая "жила" с околоточным, как говорил мне Гришка, очень нарядная, в шляпке с маком. Протащился жилистый дурачок из Мещанской богадельни по прозванию — "Гроб-несут!" — зевая и озираясь, не несут ли и в самом деле? — он ужасно боялся гроба. Потом вразвалку последовал диакон от Казанской, страшенный голосина, с огромным пузом, размахивая кондитерским пирогом, — должно быть, на именины. А Женька чего-то все топтался. Перед ним остановился мороженщик и прокричал — "а-тличное морожено!" — приложив руку к уху. И тут Женька не обратил внимания, хоть и очень любил мороженое. Старушка-нищенка встала перед его носом и принялась кланяться. Женька и не пошевелился даже. Но она кланялась так долго, что он достал кошелек, долго перебирал в нем пальцами, словно у него денег невесть сколько, — а больше двугривенного никогда и не было, — и дал что-то. Нищенка головой даже закачала: не пуговицу ли дал-то?

И вдруг Женька шагнул на мостовую. Я загнул голову, чтобы лучше видеть.

43

— Кушать скорей идите... без обеда хотят оставить! — услыхал я Пашу.

— Да сейчас!... — сказал я нетерпеливо, следя за Женькой.

— Да сердются же! — приставала Паша. — Это чего вы... барышень, что ли, все глядите?... — добавила она потише, и я почувствовал, что у меня с ней что-то.

— Может, и барышень! — подзадорил я. — Она пройдет, а потом я выйду?...

— Ска-зывайте... — усмехнулась Паша, — это вы на Пастухову "молодую" загляделись! Ничего кралечка, далеко только целоваться!...

— Ну, на "молодую"... она мне нравится! — сказал я и почувствовал возбуждение.

— А, болтушка!... — тряхнула головой Паша, — оставят вот без обеда!

"А-а, ревнует!" — сладко подумал я и побежал за нею. Она шла полутемным коридором, оглядываясь и смеясь зубками. Мне захотелось догнать ее и повозиться, как было утром. Я слышал, как пахнет за ней духами, как монпансье, из моей "уточки".

— Паша!... — позвал я нежно. Она обернулась, усмехнулась.

— Ну, что?... — шепнула она и погрозилась. — Ах, какие баловники!...

Мы входили в столовую.

— Обдумывал геометрию! — сказал я важно, на выговор.

— По окнам трешься... какая тебе там геометрия! — сказала приживалка-тетка. — Баклуши бьешь, а екзаменты на носу...

Опять — екзаменты!

Я ел рассеянно. Не давал мне покоя Женька. Показалось смешно, как кланялась ему нищенка, как шагал с пирогом диакон.

— Что ты все ухмыляешься, как дурак? — сказала тетка, стараясь допечь меня.

— Во-первых, я не дурак!...

— Я говорю — ухмыляешься, как дурачок... — пугливо огляделась тетка, не забранятся ли. — А так-то ты, может, всех нас умнее... про гиметрию учишься!

Й засмеялась скрипом. Ее не поддержали.

— Видел о. диакона! — сказал я, чтобы замять неприятный разговор. — Большой пирог пронес, может быть, в три рубля!

— Ну, такого не бывает. За полтора...

— Нет, сразу видно, что за три! Высокий пирог...

— Не пирог, а кулич, должно быть... — сказала мать. — За рубль с четвертью. Он и нам за рубль с четвертью приносит. Это он к паркетчику Журавлеву шел, преподобного Феодо-ра-сикеота нынче...

— Да разве Федора нонче?! — всполошилась другая тетка, у которой был дом в Сущеве, за это ее сажали на лучшем месте. — Батюшки, пирог посылать надо Прогуловым, зять ведь у них Федор Никитыч! Совсем забыла... гордые они такие!...

— Да, у них большие капиталы... — вздохнула приживалка-тетка. — А только Варенька-то, говорят, мужу куры строит...

— Гм... гм!... — остановила тревожно мать. — Посылать пирог надо...

Я притворился, что не понял.

— "Куры строит"? Это, что же... курятник? — наивно заметил я.

И все захохотали. Я смотрел на Пашу. Она даже поперхнулась в фартук. Сегодня она была совсем другая. Она все на меня смотрела, подмигивала даже, словно хотела сказать глазами, что у нас с ней что-то. Стоя у двери, она весело бегала глазами и раз даже погрозилась и показала на нагрудник, где лежали мои стишки. Я забылся и застучал ногами.

— Ты что это, в конюшне?... — окрикнула меня мать.

— Ах, я... вспомнились мне стихи! — вырвалось у меня нечаянно, — я вчера сочинил стихи!

— Врешь! — сказала сестра, чтобы подзадорить.

Я посмотрел на Пашу. Она заморгала, отвернулась.

— А скажи, я сейчас узнаю, кто написал! — сказала сестра, которая "все романы в библиотеке прочитала".

— А вот, вчера сочинил...

Выставляются все рамы,
Открываются все храмы,
То — Христос Воскрес!
К нам сошел с небес!

— Матушки! — удивилась тетка, у которой был дом в Сущеве, — да как хорошо-то, как молитва!

— Да он у нас неглупый, только лентяй... вот скоро, пожалуй, на екзаментах провалится... — кольнула меня наша тетка.

Сестры смеялись, но и это меня не рассердило. Я был счастлив, что Паша смотрела на меня из двери, и как смотрела!

— Заснула? Давай телятину! — крикнула на нее тетка. Я посмотрел на тетку: "как ты смеешь?!"

— Не знаешь, кого слушать! — ловко сказала Паша.

Мне было так приятно, когда Паша касалась меня платьем,

когда я слышал, как ее юбка шуршит за моим стулом. Сегодня она была особенно проворна.

— Сколько раз тебе повторять... не трепать парадные фартуки, когда нет гостей! — выговорила ей мать. — Выдумала Франтить! Все женихи в голове?...

— Да ведь праздник сегодня, барыня!... — обидчиво отозвалась Паша. — Сама стираю...

— Сама стираю! И мыла сколько, и фартук трется... выдумала франтить! В голове все мальчишки...

— И вовсе нет!

— Ты мне не отвечай! Знаю, что мальчишки все в голове...

Я с радостью подумал — "я у ней в голове!" Мне стало ее Жалко: всегда бранят! Я смотрел на ее лицо, ставшее вдруг похожим на Богородицу, — и голову она преклонила набок, — и думал: если бы я был хозяин, она всегда бы носила фартучки с кружевцами и даже лучше, — голубые, розовые, с цветочками, а на плече бутоньерку роз. Я не мог удержаться и заступился:

— А вот... в аристократических домах, лакеи всегда в белых перчатках! Это красиво и благородно.

— А ты не лезь не в свое дело, молчи и ешь! — оборвала мать. — Аристократ нашелся! У аристократа лакей в перчатках, а на стол подать нечего...

— На брюхе-то шелк, а в брюхе-то — волк! — вмешалась тетка.

— У нас, в Сущеве, листократы-графья живут, на шесть человек фунт людской говядины берут, да и то мясник не верит! — сказала другая тетка. — И лакей рваный ходит. А как к столу подавать — кричат: надень перчатки!

Все так и закатились.

— Зато у них благородные манеры! — заспорил я. — У них визитные карточки на серебряной тарелочке!... И все красиво и благородно.

— Ты-то это откуда знаешь, перец! Всем дырам покрышка! — удивилась сущевка-тетка. — Правда, барышни у них субтильные, красивенькие... одна за полковника выходит... И карточки на блюдечке подает человек...

Я вспомнил Зинаиду, и сердце забилось-затомилось.

— Они далеко от вас? — спросил я тетку.

— Соседи наши, да дом заложен. Зато каждую субботу танцы, рояль напрокат берут. Люди ко всенощной, а они тра-ля-ля! То забирали у нашего Зайчикова закуски, а намедни назвали гостей, а им отказ: ни колбасы, ни мадеры не отпустил. Ну, ла-пинской воды уж сама старуха выпросила, две бутылки!

Мне стало больно за бедность их. "Барышни у них

красивые!" Но если красивые, к их ногам принесут все сокровища! Все миллионеры будут рады, да только их отвергнут, скажут — "не в деньгах счастье!" Недавно я смотрел у Корша "Не в деньгах счастье!" И я сказал, видя, что Паша слушает:

— Русская пословица говорит, что "не в деньгах счастье"! Были случаи, что и бедная девушка выходила замуж... даже за князя! Когда она достойна. А доктор Устриков женился на горничной... из Голицынской больницы!... "Счастье — в самом себе", у нас сочинение было...

Опять все захохотали. Я даже рассердился:

— И они выйдут замуж за миллионеров! А у Лощенова-мясника какие быки громадные и три дома, а сами, мамаша, говорили, что уроды очень и в девках засядут! А смеяться нечего над бедными, но благородными!...

Опять покатились все, а тетка подавилась телятиной. Все стали бить ее по горбу. Паша так старалась, что тетка стала ее ругать: — Обрадовалась, дура! Кулаки, как у хорошего мужика.

Наконец успокоились и стали хлебать миндальный кисель со сливками. Паша смотрела на меня от двери, держала у сердца руку. Там лежали мои стишки. Она благодарила меня чудесными синими глазами. Сегодня я будто впервые увидел их: они говорили мне! Смотрела из них другая Паша, тайная, с которой у меня что-то, которую никто не знает, которая так хорошо шептала — "ну... что?" — не обыкновенная Паша, а... же-нщина! Они были сегодня синей и больше, и напомнили мне — круглотою своей и блеском? — "девочку с синими глазами" в картинной галерее, рядом с нашей гимназией. В эту девочку был влюблен пятиклассник Букин и собирался даже ее стащить, и все называли эту картинку "Букина девчонка". Но живая Паша была красивей. Сенька Волокитин, заходивший, бывало, к нам, — его прогнали за книгу "Парижские камелии", которую он притащил раз сестрам, — сказал мне как-то: "А знаешь, ваша Паша похожа на одалиску из Индии! У ней глаза полны восточной неги!" И принес мне картинку из "Нивы", с "одалиской". Одалиска мне нравилась, но была толста и почти голая, а Паша худенькая, и... я ни разу ее не видал без платья. Сегодня только, когда она щелкнула подвязкой, я подумал, какая она будет...

Я вспомнил "одалиску" — это все равно, что "гетера"! — и посмотрел на Пашу. У Паши глаза смеются и сверкают, а у той сонные, усталые. И у Паши глаза что-то хотят сказать. И жалуются, будто... Да, словно хотят сказать:

47

"Только вы одни, Тоничка, любите меня и всегда заступаетесь!"

Мне хотелось показать ей, что я всегда готов заступиться, и ждал, когда забранят ее. Когда мать сказала, поймав у ней пятнышко на груди:

— Франтиха, а неряха!... Я не вытерпел и сказал:

— А вот на пирах у римлян рабы надевали даже венки из роз на свои головы, чтобы капли пота не стекали на кушанья... у Иловайского есть!...

— Ну и дураки! — сказала тетка.

Намека никто не понял, но Паша опять радостно на меня взглянула. И я подумал: если бы ей венок!...

IX

Когда я пил квас в передней, Паша сносила посуду в кухню. Она осторожно спускалась с лестницы, а я перегнулся через перила и кинул ей на тарелки крымское яблоко. Оно упало в соус из-под телятины и забрызгало ей лицо и фартук. Она вскрикнула от испуга, увидала, что это я, и так взглянула, что у меня повернулось в сердце.

— Всю загваздали... баловник!... Что теперь мне за это будет!...

А глаза ласково смотрели.

— Миленькая, прости!... — зашептал я растерянно, — сюрприз я тебе хотел...

— И что вы только со мною делаете, — шептала она с укором. — Еще увидят...

— Я тебе куплю новый фартук, у меня есть в копилке!... Но она уже сошла в кухню. А я убежал к себе и упал на кровать, не зная, куда мне деться. Что-то со мной творилось. Неужели я так влюбился?! Без Паши мне было нестерпимо. Я только о ней и думал. Вспоминал — с самого утра, как было. Нет, раньше, гораздо раньше! Вечером сочинил стихи. Она принесла подснежники, думала обо мне. Конечно, она влюблена в меня, с самой Пасхи. Первая потянулась целоваться. Нет, раньше, когда примеряла кофточку. Переговаривалась за дверью, нарочно стучала щеткой. Хотела меня увидеть, открыть окно. Сама зацепила за ногу... прибежала прочесть билетик! Ревнует даже! С каждым часом она милее. "А если придет к тебе ночью с распущенными волосами?" — вспомнились слова Женьки.

48

Темное, что я знал, стояло во мне соблазном тайны. Я вспомнил один случай.

...Первый весенний день. Слепит совсюду. Огромная лужа на дворе, плавают в ней овсинки, утиный пух. Под бревнами у сарая почернело, капает с крыш, сверкает. Падают хрустальные сосульки, звонко стучат о бревна и разлетаются в соль и блеск. На бревнах сидит кучер, расставив ноги, и что-то смотрит. Кругом скорняки смеются, гогочет Гришка. Все головы суются: что-то показывает кучер, прячет... Я прохожу из сада. Гришка загадочно моргает:

— Глядите, какого жучка поймали!

Кучер и скорняки смеются. Гришка что-то такое держит, ладони у него корытцем.

Я подбегаю, наклоняюсь. Гришка подносит к носу, и я вижу в грязной его пригоршни...

— Во, жучок-то!... Меня оглушает гогот.

Коричневая картонка, пятна, две фигурки... высокий клобук монаха, другая — с распущенными волосами... Мне стало тошно, словно пропало сердце. Стало невыразимо гадко, и я побежал по луже. А сзади гоготали:

— Во, жучок-то!...

— Он еще этого не зна-ет!... — сказал кучер. — Только, Тоня, смотрите не скажите, а то и вам попухнет... — Пороть будут! — смеялся Гришка. — Это только мужское дело...

Я обернулся и увидал Пашу. Она выбежала с коврами, чистить.

— Иди скорей! — закричал ей Гришка. — Гляди, мохнатенького жучка поймали!...

Крикнуть? Как онемелый, я наблюдал из лужи. Она с любопытством подбежала.

— А ну, покажьте?...

Гришка поднес ей в горсти, под самый подбородок.

— Тьфу вам, охальники!... Она отскочила, заплевалась.

Тогда эта "грязь греха" мутила меня весь день. Теперь — я томил себя. Паша манила тайной. Я слышал ее шаги, шелест вертлявой юбки, притихший шепот — "ну... что?"... Ласковые ее глаза манили.

...И вдруг я на ней женюсь? Можно так горячо влюбиться, как доктор Устриков, из Голицынской больницы. Он влюбился в сиделку, в простую девушку, у которой отец извозчик, а мать кухарка. Такая была красавица! Вот и Паша... А граф в Кускове! Это и Паша знает. Когда мы в Кускове жили... И песню знает: "Вечор поздно, поздно из лесочку я коров домой гнала... едет барин важный, две собачки впереди, два лакея позади!..." И он

49

в нее влюбился, страстно, женился на ней и сделал образованной. Графиней стала. Так и я: возьму и женюсь на Паше!...

...Кончу гимназию и женюсь, уедем... У ней, в Смоленской губернии, много лесов, буду лесничим, займусь охотой, а она будет вести хозяйство и воспитывать малюток. В лесах хорошо, раздольно. Вспашем небольшой клочок поля, выжжем лес, как переселенцы в Канаде. И зимними вечерами, когда кругом мертвая лесная глушь, будем сидеть у пылающего огня, обнявшись, совсем одни... и спокойное дыхание нашего малютки будет напоминать нам о нашем счастье. Всевышний благословит нашу дружную, полную любви и взаимного уважения жизнь... Это же самое благородное — жить своими трудами, в поте лица есть хлеб! К нам будут изредка заезжать гости — приедет Женька! — и будут удивляться нашей суровой жизни. Я, в охотничьих сапогах, с ружьем, поведу гостей на охоту за тетеревами и зайцами... — "хотите, и на медведя можно?" — а Паша, как лесная царица, в венке из лесных цветов, будет поджидать нас к обеду, простому, но сытному — глухарь на вертеле и "лесная" похлебка с грибами, — и покачивать колыбель младенца. И гости скажут: "Да, вы создали удивительную жизнь, полную удивительной поэзии, в дружественном единении с природой!" — "Да, — скажу я, — это простая жизнь, полная, может быть, лишений... но я, как говорит Лев Толстой, не променяю ее ни на какие богатства ваших душных городов, где люди утратили первобытное блаженство!" И Паша будет глядеть на меня благодарными глазами. Гости уедут, и мы сольемся с ней в дружном, святом объятии...

Так мечтая, я унесся в детство, и мне вспомнилась худенькая Таня, деревенская девочка лет восьми. Мне было тогда лет девять. Она мне нравилась до стыда, и на меня нападала робость, когда я встречался с ней. Слово — "Таня" — и все для меня светилось. Это была моя первая, детская любовь. Сладкое замиранье овладевало мною, когда я видел ее хотя бы издали. Я передарил ей все, что только у меня было: хрустальные шарики от солитера, египетскую марку, часовой ключик, яичко с панорамой, пушечку, павлинье перо, все редкости. Это было — благоговейное обожание, восторг. Когда я случайно ее касался, по мне пробегало, как сотрясение. И это, похожее на щекотку, мне очень нравилось. Как детям, — когда пугают! И ничего "грязного" я не знал.

Помню, лето только что начиналось. Мы ходили "на вырубку". Под березовыми пеньками, в поросли, земляника

50

уже поспевала. В самое это утро приехали из Москвы гости и привезли лубяную коробочку оранжерейной вишни. Она так ярко алела в зеленых листочках клена! Мне дали кисточку, и я захватил ее в кувшинчик. И там-то, на сушняке, выискивая под пеньками земляничку, я украдкой сунул в кувшинчик Тане диковинные вишни. Мне хотелось ее обрадовать, поразить чудесным. И вот когда голубые ее глазки — и у ней были голубые и синие! — заглянули в кувшинчик и увидали "чудо", ее худенькое лицо осветилось и удивлением, и страхом, и восторгом...

Я вспомнил ее лицо и испуганно-удивленные глаза, в которых мелькнул восторг, и вспомнились глаза Паши, когда она шла с посудой. Эта первая детская любовь снова отозвалась во мне, словно она и не кончалась, а неслышно таилась в сердце и вот — загорелась ярко. Таня сменилась Пашей, с веселыми, бойкими глазами, в которых что-то, прелесть какой-то тайны. И между нами — что-то, и мы это с ней знаем, и оба хотим чего-то... и боимся...

Вспомнив Таню, я вспомнил о деревне. Скоро на дачу едем, будем ходить с Пашей за грибами. Как чудесно! Можно уйти подальше, никто не увидит, и можно целоваться. Прошлым летом мы даже заблудились, зашли в самую глухую чащу, двое. Отдыхали, лежали рядом, и не было такого чувства. А если теперь случится?... Скорей бы лето!... Я вспомнил, как Паша продиралась в чаще, и у ней зацепилась юбка. Я увидал белую ее коленку... Она закричала: "Да отцепите же, не смотрите!" И смеялась. Мне стало стыдно. Я потянул за юбку, стараясь не смотреть на Пашу. А она только отряхнулась. А если теперь случится?...

Я даже задохнулся.

"Еще экзамены! — тревожно подумал я. — Поправляться по геометрии завтра надо..." Я посмотрел на образ, и стало страшно, что у меня такие мысли. "А вдруг меня Бог накажет?..." Я зашептал молитву и обещал, если перейду в шестой, сходить взад и вперед к Троице. И когда обещал, чувствовал, что думаю о Паше, как пойду с нею за грибами.

Я пробовал заняться, но ничего не вышло.

"Внешний угол треугольника равен двум прямым без внутреннего, с ним смежного". Что значит — двум прямым? Чушь какая! "Без внутреннего, с ним смежного?" Пустые были слова. Что это такое — "смежного"? Почему такие углы — прямые! Все они острые, как пики!... Я перебирал страницы и ужасался, как много надо. Все, что я знал, смешалось.

Кричали на дворе мальчишки, играли в бабки-салки.

51

Счастливые! У них никаких экзаменов. И скорняк Василий Васильич счастливый тоже: должно быть, пошел к вечерне. Скорнячиха за ним плетется, счастливая. И зачем забегает к нам конторщик? Кажется, есть свой двор... Вздумал выпрашивать газетку! Каждую субботу ему — про "Чуркина"! И почему-то через Пашу просит... И что ему здесь нужно, трется? У него тетка скорнячиха... С утра трется!

Я улегся на подоконник и наблюдал. У Кариха на дворе было совсем безлюдно, — должно быть, после обеда спали. Только один петух стоял у закрытого сарая, тихо. Давила скука. "Женька, должно быть, на свиданьи, — подумал я, вспомнив, как он мотался. — Провалится — в юнкерское уедет".

Я забрал геометрию и решил заниматься в садике.

Но и тут ничего не выходило. За забором мальчишки играли в бабки, били свинчатками об забор и орали, как сумасшедшие — "бей с одной да я со-с-пар!", "Петька не ставил, черт!", "Блохе бить!". Хотелось пойти сыграть — былые друзья играли, но было стыдно: пожалуй, она увидит. Я перешел от гама под рябину. Заглянул к Кариху во дворик. И петуха даже не было. Я исчертил дорожку, доказывая равенства треугольников, добрался до параллельных линий, но вдруг за забором зашумели. Стукала дверь сарайчика, слышалось — "у, поганка!" — и трепыханье крыльев. Это Карих возился с курами — должно быть, щупал. Я наклонился к Щелке и увидал, как Карих лупил петуха ладонью, держа за ножки. Шлепал и приговаривал: "Я тебя разожгу, стервец! Разожгу-у!!" Петух извивался крыльями и орал, наконец вырвался и умчался стрелой к воротам. Но там заложено было подворотней. — Будешь у меня, бу-дешь! — грозил ему кулаком Карих. Петух оправился, встряхнул своей ожерелкой и пропел необыкновенным басом, злым, показалось мне: "А вот не буду!" И сел на брюхо, — должно быть, притомился.

Это меня развеселило: уж очень смешон был Карих. По случаю весны и воскресенья он был в параде, в сюртуке без пуговок, надетом на красную рубаху, в нанковых панталонах канареечного цвета, в продавленном котелке и в резиновых ботиках на босу ногу. Густые рыжие усы его были чем-то намазаны и вытянуты в стороны, так что можно было подумать, что он держит в зубах смазанный лисий хвост, а бородка расправлена в две котелки, как любили ходить официанты. Он стоял за забором очень близко, и я хорошо слышал его сипловатый голос:

— Боже мой, Боже мой... оборотень какой-то, на мою голову! Ах, мерзавец... Думаешь, не дойму? Дойму! В святую воду окуну, а достигну! Или лучше зарезать, негодяя? Голова от него болит...

Он потер затылок и повернулся лицом к забору. Глаза у него были кровяные, словно он сильно выпил.

— Странное дело, а?... Его я купил под "Вербу", и в самый тот день изволила переехать ко мне она! И он оказался никуда! Какое роковое совпадение... Враги подсунули, что богатый домовладелец и имею желание... За рубль двадцать! Чтобы меня тревожить. И с тех пор голова болит... Пусть, воля Божия!

Мне казалось, что Карих пьяный. Про кого же он говорил — она? и при чем, наконец, петух? Я ничего не понял.

Пробормотав что-то о каком-то "мерзавце-фершале" и о краденом сале и портвейне в "семи кулечках", Карих вынес под бузину столик, накрыл его алой скатертью, притащил ведерный, шибко бурливший самовар и принялся пить чай с куличиком. Куличик был, видимо, от Пасхи, с бумажной розой. Отрезая ломтик за ломтиком, Карих поглядывал на галерею и раз даже поклонился, сняв котелок, и даже помахал им. Я старался увидеть, с кем это он раскланялся — не с ней ли? — но солнце светило в стекла. Выпив стакана три, Карих взялся за петуха и долго гонял его метелкой, а за стеклами весело смеялись. Смех был очаровательно-волшебный, и я сразу узнал его.

Потом села под бузину толстуха в бородавках, повитуха, как я узнал, — и Карих расшаркался и извинился:

— Уж извините за неспокойное состояние... не петух, а полено, Божие наказание, навет! Не прикажете ли чайку с куличиком? Куличик богатый, филипповский, с цукатцем, за два рубли! Хоть и на холостом положении, а не жалею для праздника. Мог бы и "бабу" на заказ... хе-хе... если бы была собственная!... И захохотали оба.

— А вот и заводите! — смеялась ему толстуха.

— Заводите... легко сказать! Потруднее, чем хорошего петуха купить. А что вы думаете! С петухом мучаюсь, скоро вот месяц будет... — тревожно сообщал Карих.

— То-то я все гляжу, с петушком-то у вас не ладится. Что такое, очень уж вы тревожитесь?

— Такой уж у меня характер, мнительный... Отлично знаю, что это враги завидуют... моему богатству! И подсунули петуха! У меня от него голова болит. Разве у него петуший голос, как ему полагается? Не поет, а мычит, как... буйвол! Вся у него сила в голосе, а на дело не остается. Купил на Трубе за рупь за двадцать в самый тот день, как вы переехали в мой дом... а к курчонкам полное хладнокровие! Вот и гоняю для моциону, для разгула. Ну, печальная самая история. Самая пора, а от десятка курчонок ни одного яичка! Желал преподнести от собственного завода, и лишен! Посоветовали бы чего, по вашей специальности...

— Да ведь петух-то не по моей специальности! — засмеялась ему толстуха.

— Это все одинаково на глаз природы! — вдумчиво сказал Карих. — Я вам скажу по секрету... в Боге сомневаться начинаю! Вот ученые доказали, что у всякого одно устройство! Все студенты доказывают... А ваше как понятие?...

— Природа, конечно... — сказала толстуха в небо. — Господь.

И посоветовала кормить петуха горошком с перцем.

Потом говорили о вреде холостой жизни. Карих объяснил, что он совсем как молодой человек, снял даже котелок и показал, нагнувшись: "Извольте поглядеть, никак не светится, даже и с грошик не найдете!" — но куда ни поглядишь — не видишь основательной девицы с симпатией, а домишка, сами видите, на плохой конец тысчонок двадцать... и в государственном банке, на случай семейной жизни...

— А одному... какое же основание семейной жизни? Одна, как говорится, тряска!

— Как же можно, — сочувствовала толстуха, — и за курочками поприглядеть, и чайку попить с человеком... как можно!

— Так что имейте в виду, очень приятно... если и Серафима Константиновна снизойдут на чашку чая, чайку попить на воле, под сень растительности...

И я увидел, как Карих посмотрел на галерею. "Серафима! Боже, какое имя! — в восторге подумал я. — Если бы снизошла!"

Что же, как-нибудь можно... скажу ей! — сказала толстуха гордо. — Ученая она у меня уж очень, сурьезная!... — Ученых я очень уважаю, и счастлив, что... Только я тогда, конечно, явлюсь при манишке, из уважения! — воскликнул Карих, запахивая на груди сюртук. — Пуговицы пришить некому! Но у меня еще сюртучок имеется, парадный. Папаша помер, один раз надевал всего. Они у вас, конечно, высокого образования! По ихней даже походке видно...

— Ученая у меня Симочка, уче-ная! — сказала толстуха в небо и головой даже закачала. — Недавно андендантский полковник сватался, и с некоторым капитальцем... да она только не желает!

— И правильно-с! — с жаром воскликнул Карих. — Что

такое анендантский полковник! Крыса — больше ничего! Такое уж им прозвание. А другой мещанин выше любого чиновника, дом собственный, если и еще капитал в государственном банке, на случай семейной жизни! Но главное для меня — любовь!

— Любовь... как можно, первое дело любовь! — сказала мечтательно толстуха. — Другой и урод, и... смеются все, а он такие чувства может показать... и разговор такой интимный... как можно! Любовь... это и...

Я навострил ухо. Было и смешно, и интересно.

— Это... мечта! — сказал Карих гробовым голосом и пропустил в кулаки усы, словно хотел их вырвать. — Я... если по любви сочетаюсь законным браком, так и решил — пустить пыль в глаза! К чему, например, беречь большие капиталы, если чувство горит огнем? А без любви... скончался человек — и что?! Теперь вот у нас поется: "Грудь накрыли полотном и послали за гробом!"

— Ка-ак можно! Кто любит, тот уж... все...

— Все! Медовый месяц приятно провести торжественно, в разных местах. Думаю первым делом посетить Тулу, самовар редкостный купить. Оттуда... на Кавказ! Смотреть кавказские горы и долины, арбузы там знаменитые... Мечтаю. Песня такая есть: "Куды ты, ангел мой, стремишься, на тот погибельный Кавказ?"

— Страшно там, небось, на Кавказе-то? — замотала головой толстуха. — Турки там с пиками на горах сидят, — рассказывают...

— Это все равно-с. Я человек решительный, имейте в виду! Вооружусь пистолетом... Я всегда защищу супругу!...

Они сидели совсем близко, под бузиной, и мне было хорошо все слышно. Я видел даже, как толстуха выбирала из кулича изюмины и складывала на блюдечко. Вдруг заскрипела воротная калитка и просунулась чья-то шляпа.

— Собачка бы как не укусила?... — спросил картаво писклявый голос. Вышло у него — "шобашка" и "укушила". — Входите, входите, Ксенофонтушка... очень рады! — обрадовалась старуха и, переваливаясь, поспешно пошла навстречу. — Давно, давно...

— Все собирался, да опять легкое воспаление лица... врачи не выпускали! А как рвался на Праздник к вам... Вот-с, в презент прошлого...

— Ах, транжир-транжир! ах, баловник!... — кокетничала толстуха, прижимая пачку кондитерских коробок.

— И ваша любимая пастила, рябиновая... и соломка от Абрикосова...

— Ах, транжир-транжир! ах, баловник вы... ребенок, право!

— Простите, Пелагея Ивановна... по... позвольте... Христос Воскресе!

И они стали целоваться.

Меня схватило оцепенение. Гость оказался... "Рожей"! Известной "Рожей"! Я его знал прекрасно. Ему было лет сорок, он разгуливал всегда франтом, в широкополой шляпе и перчатках, с тростью. Он был страшилой, и мальчишки кричали ему вдогонку: "Губошлеп"! и — "Рожа"! Он жил в больнице, в "хронической палате". Вместо лица была у него рожа с волдырями — синевато-красный кусище мяса. Не было ни глаз, ни носа, — одни губы.

Я смотрел с ужасом, как христосовалась с ним толстуха. А она даже и не утерлась!

— Пойдемте, дорогой Ксенофонтушка... пойдемте! — лебезила возле него толстуха, — как я рада! Ах, транжир... ах, баловник вы милый!... Ну, постойте!...

Она прыгала чуть ли не на одной ножке, как девчонка. "Рожа", коротенький и толстый, изогнулся и сделал рукой в перчатке: "ах, что вы!..." И они поднялись на галерею.

— Пфу-у... — сделал губами Карих, словно его проткнули, и начал перебирать посуду.

— Идите чай пить, давно сели! — крикнула, запыхавшись, Паша. — Опять все у забора!...

— Ах, очень интересно было! — сказал я Паше. — Ты знаешь, к этой старухе пришла "Рожа"! И они даже целовались!...

— Ну, знаю. Это всем известно... На Бабьем Городке они жили, сама видала. Старухин полюбовник... Эн, вы чего глядите, как полюбовники ходят! Тут и еще один ходит...

— Как?! Эта "Рожа"... — мне стыдно было выговорить перед Пашей — "полюбовник". — Он... старуха... и она его любит?!

— А вот и любит! Как говорят-то... "любовь зла, полюбишь и козла!" Все, что ли, хорошенькие и молоденькие... как вы?! Скорей идите! И она зашумела платьем.

Меня обожгло прямо: "хорошенькие и молоденькие, как вы!" Она влюблена в меня, и я люблю ее! какое счастье! Но эта радость смешалась во мне с другим, таким безобразным, грязным, как красная рожа гостя. Да неужели у них — любовь?! Какая гадость!...

Я забрал книжку и тетрадки, как вдруг услыхал крики. Карих опять гонял петуха метелкой. Он носился, как сумасшедший, потерял ботик и пустил в петуха поленом. Петух подпрыгнул и кинулся к воротам.

— Убью, проклятый! — неистово орал Карих, — достигну!... — совал он ногой в ботик, а ботик падал.

На галерее засмеялись. За пылавшими стеклами я видел смутно ее фигуру. Окно открылось, и высунулся чайник. Я видел маленькую ручку и белую манжетку. Ручка вытряхивала чайник. И тут же подбежал Карих и нежно подмел метелкой.

— Бо-же, какой вы ми-лый! — услыхал я небесный голос, и у меня заиграло в сердце.

— Я всегда с... с удовольствием для вас! — шаркнул ботинком Карих и споткнулся.

Вся галерея зазвенела, словно разбились стекла. Половинки окна раскрылись, и я увидал... виденье! Она была царственно прекрасна. Во всем белом, с двумя пышными темными косами, перекинутыми на грудь, она нежно склонилась из окошка. Косы ее качались, колыхались. На белом, как снег, лице ярко алели губы. Зинаида?...

— Как все зазелене-ло... — сказала она, мечтая. — В Нескучном теперь...!

— Знаменито теперь на "Воробьевке"-с! — вмешался Карих. — Видал, проехали гармонисты... А то хорошо на лодоч-ке-с!... "Вниз да по матушке по Волге-с!"

Окно закрылось. Я едва оторвался от забора.

X

Подходя к крыльцу, я увидал конторщика Сметкина, который утром читал "про счастье". Он раскланялся, мотнув на мои тетрадки:

— Жара вам теперь-с, с экзаменами! Сам, бывало, страдал ужасно, перед дипломом!...

Его усики и прыщи показались особенно противными, и я сказал:

— Наши экзамены не чета вашим, городским! Да ты и училища-то не кончил, выгнали тебя! Мне Василий Васильич говорил...

Он по-дурацки ухмыльнулся: — Выгнали... А в каком смысле выгнали? Надо знать. А дяденька в меховом деле понимает только. А я сорок рублей в месяц получаю! Вот вам и выгнали!

— И нечего здесь болтаться! — закричал я.

— Извините, я к тетеньке хожу! — нагло ответил он.

— Тетенька не на нашем крыльце! И потом... — вспомнил я слова Гришки, — ты гнилой... можешь нас заразить!

Он подскочил ко мне, так что я поднял книжку.

— А за это я... исколочу! — проговорил он злобно. — Ты, кишочки зеленые... смотри!...

И как раз появился Женька! Он подошел "полковником", налился кровью и пробасил:

— В-вон отсюда!!! Или я тебя... вышвырну!...

Он сказал так решительно, словно железным голосом, что Сметкин сейчас же сдал.

— Да они ко мне придираются, а я только... к тетке сюда хожу!

— Связываться со швалью... — сказал Женька, толкая плечом конторщика.

— Ноги ему поломать!... — послышался голос кучера. — Ты, гнилой черт, лучше не заявляйся! Знаю, чего ему надо! За Пашкой привдаряет, давно гляжу...

— Вот-дак ловко! — побледнел конторщик. — И не думал... Они мне "Листок" давали про "Чуркина", я и дожидался!...

"Листок" я ему давал, передавала Паша. Мне стало стыдно, и я сказал:

— Это верно, за "Листком" он ходит...

И мы ушли.

— Ну что, было? — спросил я Женьку. — Встретил ее на улице? Я из окошка видел.

— А, видел... Пока ничего... Посоветоваться к тебе...

Это мне польстило. Когда мы пришли в мою комнату, Женька насупил брови и сказал нехотя:

— Гм!... Хотел под дверь ей сунуть, да черт у ворот сидел!...

— Какой черт?! — удивился я.

— Домовой хозяин. А то девчонки...

Я ничего не понял. Какие девчонки, где?...

— Она же рядом, соседи ваши, Постойки...

У меня пошло перед глазами.

— Она?!. с роскошными волосами?!. — воскликнул я.

— Так вот... — сказал он мимо меня и кашлянул. — Чего ты так? Разве ты с ней знаком?...

Сердце мое сжималось, но я сдержался.

— Конечно... недавно... она познакомилась со мною... через забор... — Через забо-ор!... Какое же это...

— Она хотела даже... подарить мне поцелуй!

— Ого! — насмешливо сказал Женька, но губы его скривились.

— И я чувствую, что она... Ну, это... для тебя не интересно. Хочешь послать письмо? — насмешливо сказал я. — Попробуй...

— Нечего и пробовать! — заносчиво крикнул Женька. — Мы уже переговорили... раньше заборных комплиментов! Пожалуйста, не форси, что можешь стать на моей дороге! Глупо. Да и рано, только четырнадцать!...

— Во-первых, давно пятнадцать, а все дают шестнадцать! И я... произвожу впечатление на... же-нщин! Что у меня нет усов, это только... наивная девушка может!... И у Аполлона тоже нет усов, а все... признают! Женщины ценят глаза и... ум! Пушкин вовсе не был красив, а все с ума сходили! — сыпалось из меня. — Всякую женщину можно покорить... жаром души и сердца! И все поэты имеют миллион поклонниц!...

Женька слушал насмешливо и почесывал себе нос. Я боялся, что он скажет сейчас такое, что сразу меня убьет. Но он только сказал — "гм... гм!...", — но и это меня убило. Из этого "гм!" я понял, как он уверен.

— Ты всегда признавал только и-де-альную любовь! — насмехался он надо мной. — Можешь и-де-ально любить ее! Не запрещаю! Люби! А я смотрю реально, и она бу-дет моей!

Мне представились ее косы и царственно-бледное лицо, и я остро почувствовал — что теряю!

— А я по одному ее голосу чувствую, что она недоступна... ничему низменному и грязному! Да ты не в старуху ли влюбился? — пробовал посмеяться я. — Повивальная бабка, акушерка? Жирная старуха в бородавках? Но у ней уже есть любовник, "Рожа"!

— "Ро-жа"?! — поразился Женька. — Не может быть!...

Я ему рассказал про "Рожу". А сердце ныло. Я оглядел его длинный нос, выпуклые глаза, "рачьи", его долговязую фигуру. Не может такой понравиться! Ну, пококетничает... А у меня... И Паша в меня влюбилась, а над Женькой всегда смеется.

— Так ты в эту старуху врезался? — пробовал я дразнить.

— Нечего дурака ломать! — рассердился он. — Она — ученая акушерка, красавица... Читал на вывеске — "Акушерка, С. К. Постойко"? Она и есть.

А я думал, что это — повитуха!

— Конечно, я мог бы подождать до субботы и проводить из церкви, но надо ковать железо, пока горячо! И Македонов советует... Написал признание в любви и прошу свиданья... хотел под дверь сунуть, чтобы сегодня же приходила в

Нескучный... прошу решительного ответа. А этот черт... и девчонки торчат, увидят!

— Женька, я должен тебе сказать... Она... тоже мне нравится... Я ее давно заметил... она поразительно красива!...

— Да, недурна... — процедил он сквозь зубы. — Не запрещаю... пожалуйста! Я смотрю на нее просто как на красивую же-нщину! Не люблю рассысоливать! Не я, а она мной заинтересовалась? Ясно, что я ей нужен!... А ты еще слишком молод! Попробуй... — повел он плечом и сплюнул. — Только ничего не выйдет.

— Но почему ты воображаешь, что она так легко смотрит на... на любовь? Она же не такая...

— Есть данные! — сказал он нагло. — Видно сразу, что ищет приключений. И вот, написал письмо... Просмотришь?

Хоть и сосало сердце, но мне польстило, что Женька со мной советуется. В сочинениях он всегда просил просмотреть ошибки и, главное, знаки препинания.

— Если хочешь... — скромно ответил я.

Он достал "Учебный календарь М. О. Вольфа" и вынул письмецо на розовой бумажке. На уголке был голубь, с конвертиком, в веночке.

— Знаешь... катнул стихами! Я так и вспрыгнул.

— Ты... сти-хами?!.

— А что, не могу я, по-твоему, стихами? Чепуха! Ни черта наскоро не вышло, а то бы я... Сдул из Пушкина! Македонов тоже своей из Пушкина. Мелкие стишки, никто не знает...

— Пу-шкина-то не знают?!

— А ты, зубрила, всего Лермонтова знаешь? — спросил он хитро.

— Надеюсь, "Мцыри" даже наизусть могу. И почти весь "Маскарад"...

— А это откуда, помнишь?

> Вы съединить могли с холодностью сердечной
> Чудесный жар пленительных очей.

— Конечно, помню! Это... из "посмертных стихотворений"!

— На-ка вот, из "посмертных"! Это и есть из Пушкина!

— Как из Пушкина?!

— Так из Пушкина! Зубрила, и то не знаешь. А она и подавно. В пятницу ты отсутствовал... Я самого Фед-Владимирыча нарочно спросил, что вот, в одном журнале предложено угадать, какого знаменитого поэта стихотворение...

— "Вы съединить могли с холодностью сердечной..." и прочитал до конца! Не Лермонтова? Тот так и бухнул: "Понятно, Лермонтова. Сразу его дух сарказма виден!" Даже Фед-Владимирыч промазал!

— Ра-зве это из Пушкина?

— Разве? В книжке не ошибутся. Ну, слушай... "Посвящается — С. К. П."...!

> Вы съединить могли с холодностью сердечной
> Чудесный жар пленительных очей.

— Но, по-моему, тут надо знак восклицательный, а у него стоит точка? а?...

— Да, пожалуй, лучше знак восклицательный... — сказал я, считавшийся в этом деле специалистом, — пожалуй, лучше! Хотя можно и точку, как утверждение...?

— Никакого утверждения! Я же... что? Я ей с восторгом, как страсть! Обязательно знак восклицательный... Спроси хоть Фед-Владимирыча.

— А ошибок нет? — покосился я на письмо.

— У Пушкина списал, какие ошибки! Мое посмотришь. Дальше:

> Кто любит вас, тот очень глуп, конечно;
> Но кто не любит вас, тот во сто раз глупей!

— По-моему, очень хорошо! А дальше я сам, стихами:

> Ответьте мне, красавица, что да!
> И буду раб я ваш покорный навсегда! —

"Ученик 7-го кл., Московской... и т. д... Прошу назначить свиданье в Нескучном, день и час. Если можно, сегодня даже, так как день табельный".

— Ну, как находишь... сильно выражено?...

Он пытливо смотрел в глаза, правду ли я скажу.

— По-моему, очень сильно! — слукавил я, радуясь, что стихи смешные, а "из Пушкина" она, конечно, сейчас узнает: ведь она очень развитая. Мне даже показалось, что и я угадал, что "из Пушкина".

— Нарочно вкатил — "посвящается", чтобы она не подозревала?! — выпытывал меня Женька, упорно смотря в глаза. — А... размер выходит? Ничего такого?... шероховатостей?...

— Да ничего... Только, лучше бы... — "Скажите, небожи-тельница, да? Ваш друг покорный навсегда!" Размер, понимаешь, лучше... И потом, ты же не хочешь быть рабом ее?!.

— Почему это — "небожи-тельница"! Сентиментальности... А раб... это для... сильней подействовать. Размер?... Ну, не стоит переписывать, мысль выражена! — Как хочешь... Только вот — "красавица, что да!"? Вот это — что да?... Немножко режет ухо, как какофония...

— Какая там какофония! — рассердился Женька. — Не глупей тебя. Ты бы вот написал попробовал! Помню, как "мельницу" из "Русалки" хапнул!

У меня захватило дух. Я сказал:

— Да я и написал!

— Ей?! — смерил он меня взглядом.

— Пока... не ей, а другой! — гордо ответил я. — У меня есть любимое существо, которое меня любит... страстно!

— Уж не Пашка ли твоя — "любимое существо"? Ну, с горничными это не считается. Еще ни один поэт не посвящал горничным! — издевался Женька.

Это меня убило.

— Во-первых, я написал... "Мечте"! Я представляю себе любимую женщ... то есть существо, как идеальное существо! как Музу! Для нее я готов броситься в стремнину, в бездну!... погаснуть во мраке дней моих! испустить последний вздох у подошвы ее ног... не у подошвы, а... так сказать, под чарующим взглядом ее очей! Здесь выражена вся глубина, вся мучительная сила моей... волнующейся любви... моих идеальных стремлений, как, например, у Дон-Кихота или у... Фауста! Нет, не у Фауста, а у... у этого вот, у...

— У Демона? — спросил Женька. — Ради тебя... "все проклинаю, ненавижу"?...

— Нет, ничего ты не понимаешь! — кипела во мне досада. — Я весь в... истине, добре и красоте... как Фед-Владимирыч объяснял о "душе поэтических произведений"! Когда разбирали "Чуден Днепр при тихой погоде"! И я... переливаю чувство в стихи! Чту, как Богоматерь с Младенцем на руках, молюсь!...

— Врешь! — поддевал меня Женька, — ты просто в душе-то мечтаешь, знаю — о чем!...

— О чем? о чем?... Ты хочешь взять добычу и вступить в эту, в... физиологическую связь, я... я боготворю в ней неземной образ, все высокое и прекрасное... как в "Лесе" почтенный человек говорил помещице... и неуловимое, как... божество! Когда Лермонтов поет "Русалка плыла по реке голубой", разве он про русалку поет? Он поет про... чувство! И я тоже...

Женька махнул рукой.

— Ты не знаешь же-нщин! — сказал он басом. — А ну-ка, почитай про... чего ты написал! — и я по его глазам понял, что он боится, что я написал лучше.

Задыхаясь, я прочитал — "Неуловима, как зарница...", что написалось утром.

Я сразу понял, что зацепил его. Он потягивал себя за нос, моргал и морщился. — Вот дак... сочинил! — проговорил он раздумчиво, а я хорошо заметил, как натянулось его лицо. — Это ты просто под Пушкина! Сразу видно, что его дух! "Скажи мне, чудная девица!..."

— Во-первых, не "девица", а "певица"!

— Ну — певица... Это сразу видно. "Спой мне песню, как синица..." Девица, певица, синица...

В нем кипела досада, зависть — по глазам видно было. Это после его-то — "что да"! А у меня — "Погасну в мраке дней моих"! В "Ниве" даже напечатать можно! А у него — "что да"!

— Стихи — пустяки! — проговорил он, позевывая, и я сразу почувствовал, что и зевает-то он с досады. — Женщины ничего в стихах не смыслят! Женских поэтов нет?! Пушкин, Лермонтов, Кольцов, Вашков... Надсон! А ни одной бабы нет. Им не стихи, а они любят в мужчине силу и... упорство! У нас на дворе гимнаст из цирка живет, так какие красавицы к нему ездят, с буке-тами! Купчиха с Ордынки отравилась на крыльце, даже в газетах было... С Македоновым он приятель... И говорил всегда: "Если хотите успехов — развивайте мускулатуру!" Гляди... как сталь!

— Ну... а зачем ты сразу через два класса? Это же ложь! — зацепился я за последнее, лишь бы его притиснуть.

— Ну, а что тут особенного! — растерялся он и сейчас же полез наскоком. — Я и должен быть в седьмом! Это "Васька" меня несправедливо... А она все равно не знает. И по фигуре в седьмом как раз! Чтобы заинтересовалась. Все-таки солидней!...

— Обманом хочешь, а не своими достоинствами! — не знал я, чем бы его донять. — Но ты же... но она же может обидеться... Ты говоришь, погоди... глупо ее любить! Это же оскорбление?!

— Какая же ты дубина! — усмехнулся Женька. — Во-первых, я пускаю комплимент... Это сказал сам Пушкин! Ты пойми: кто вас не любит, тот... в сто раз глупей!! Значит, я весь в ее власти! Какая тонкость слов! Это же ка-кой комплимент! Только Пушкин мог так тонко...! Сейчас подсуну ей под дверь, и будем ждать в Нескучном.

В Нескучном, где "Первая любовь"!...

Он ушел торжествующий, а я терзался. Ну да, он сильнее меня и выше. И очень остроумен, а женщины это любят. Он станет ей врать и хвастаться. Пожалуй, скажет, что я горничной написал стихи?... Ну и пусть, и пусть!...

"Хорошенькие... как вы!" — радостно вспомнил я.

И вспомнилось со стыдом: "с горничными это не считается!"

XI

Радостное, с чем я проснулся и что сияло во мне весь день, сменилось тоской и болью. Я почувствовал пустоту в душе, словно покинут всеми. Лучезарная Зинаида, являвшаяся мне в ней, погибла.

...Неужели она — смеялась?... Заглядывала в садик, нежно ласкала Мику... И этот небесный голос! "А то бы я вас расцеловала!"... А сегодня! Напевала: "Кого-то нет, кого-то жаль..." Показывала косы, завлекала, а сама обещалась Женьке, прогуливалась с ним под ручку. Самая бессердечная кокетка!

...Женька прекрасно знает, как надо с ними. "Когда идешь к женщине, бери хлыст и розу!" И там, в "Первой любви", ударяли ее хлыстом, а она целовала руки! И это — Зинаида, самая дивная из женщин! А эти акушерки...

Я ненавидел Женьку, хотел, чтобы с ним что-нибудь случилось, чтобы наскочил извозчик... Теперь он уже подсунул письмо под дверь. Она уже прочитала, спешит в Нескучный... Может и не догадаться, что это Пушкин! Увлечется его "талантом", лестью... Женщины любят, чтобы льстили. "Но кто не любит вас, тот во сто раз глупей!" Какая тонкая лесть! Долгоносый и пучеглазый понравиться не может, так хочет лестью. Похвастается силой, женщины любят сильных... и уродов! Красавицы часто выходят за уродов. Мария и — Мазепа!...

...Посвятил стихи... горничной! Ни один поэт не посвящал прислуге... "Тебе, прекрасная из Муз!" Она даже не поняла, спросила: "А что такое "измус"?" Какая гадость! Всегда с тряпкой, возится с кучерами, говорит "екзаменты учут", спит в каморке на сундуке, неграмотная, и руки жесткие... И ей я поднес стихи!...

Я вспоминал с отвращением, как она сказала: "Ежели до гроба любят, так всегда бывает один предмет!" Предмет!...

64

Только портнихи говорят так: "Предмет"! "Ужли это вы сами насказали?!" Насказали! У Женьки поражающая красавица, с дивными волосами, развитая, была на курсах, а у меня неотес, прислуга! "Прекрасная... измус"! Боже, что я наделал!

Я услыхал Пашины шаги, и меня передернуло. Чего она ко мне все лезет? Вот нахалка!...

Не спросясь, она отворила дверь.

— Сердются, останетесь без чаю! Все отпили...

Я не оглянулся, крикнул:

— Не сметь входить в мою комнату без спросу!

— Ишь, строгие какие стали! — сказала она шутливо. — Чего надулись? Она так смеет! Не оглядываясь, я крикнул:

— Можете так говорить... конторщикам, с кучерами возиться... а не со мной! Не желаю чаю!...

— По-думаешь!... страсти какие, испугали! — сказала она дерзко, постояла, — я все-таки не оглянулся! — подождала чего-то и хлопнула дерзко дверью.

"Вот какая!... — подумал я, — а потому что я с ней запанибрата. С ними нельзя запанибрата!"

Дверь приотворилась. Я оглянулся — и увидел Пашу. Лицо у ней было красно, глаза блестели.

— Вы, Тоня, не смеете так, не смеете!... — зашептала она прерывисто. — Я не гулящая какая, не шлющая!... Что у меня отца-матери нет, так... — губы у ней запрыгали, — позорите?... Все ругают, а от вас мне еще горчей...

И ушла, хлопнув дверью.

Это меня очень удивило. Мне казалось, что она за дверью, стоит и плачет. Я схватил геометрию и бросил на пол. Поглядел на тополь. Увидал подснежники в стакане... Мелькнуло утром, светлым теплом и холодочком, и я услыхал, как пахнет тополями.

Зачем я ее обидел?!.

Я послушал: шуршало в коридоре, как будто — плачет? И меня охватила жалость.

Но чем я ее обидел? Она не должна, конечно, входить без спросу... А что она с кучером возилась... это правда! Сбила с него картуз, выхватила билетик, всегда смеется... И я должен еще просить прощенья?!.

Из столовой кричали — Па-ша! Я слышал, как она побежала на носочках. Значит, она стояла, дожидалась, что я выйду и попрошу прощенья? Никогда не попрошу прощенья! Подарила подснежники, думает, что теперь... А я посвятил стихи! Это выше ее подснежников... Они у нее за лифчиком... А если она покажет?

65

И меня охватил ужас.

Вдруг она кучеру покажет, конторщику?!. Весь двор узнает, Гришка, все лавочники, скорнячиха, Василь Васильич!... Похвастается, что я влюбился, стишок написал любовный! Узнают наши, и тетка, и "сущевка"... Уточку подарил с душками, ухаживал! С уточки началось... Зачем я подарил уточку?! Всю неделю не покупал на завтрак, откладывал все на уточку!...

Нет, не скажет. Она подарила мне яичко, подснежники! Конечно, я не скажу, у меня хватит благородства, я-то ее не опозорю!... Нет, не скажет... Конечно, надо объясниться, я вовсе не хотел оскорбить... Так меня все расстроило...

И тут я вспомнил, что она собирается в Нескучный!...

Я кинулся к воротам. У ворот сидел на дежурстве Гришка, со свистком и бляхой. Я выскочил к нему как угорелый. — Ай кто едет?! — перепугался Гришка и быстро оправил бляху.

Мы выскакивали к воротам, когда проезжал Царь в Нескучный. Но я нашелся: — Пожарные будто скачут?...

— А я че-го подумал!... Нет, с каланчи не подавали. Да и народ не бегет... — осмотрелся Гришка. — Садитесь, подежурим.

— Да нет... Не проходил Женя?

— Видал давеча, проходили. Звонился к повитухе... должно, родить у них занадобилось кому. Дело это без задержки! Сестра, может...

— Нет, — сказал я, — ничего такого нету. А ты не видал... — Но Гришка и договорить не дал.

— У них нет — у Жени, может... для своей, может, требуется. Может, завел какую! Вот и подошло. Дело житейское.

Гришка всегда говорил такое. Он был уже не молод, но все его называли Гришкой — Плетун-Гришка.

— Нет, — сказал я, — ему только семнадцать!

— Ничего не означает. Это дело надобное. Кажная женщина должна... Господь наказал, чтобы рожать. Ещество-закон. Что народу ходит, а кажный вышел из женщины на показ жизни! Такое ещество. А без народу чего сделаешь! Железные дороги там, дома строить, гуляньи всякий... — все баба-женщина оправдывает! Я их страсть уважаю. Де-вять ей месяцев протаскать! Гляди, скольких она протаскала!... И кажный оправдать себя должен. У меня в деревне пятеро сынов, каких. И кажный себя доказывает...

— Конечно... — пытался я перебить его.

— Нет, от этого не уйдешь! — продолжал он, оглядывая

свои сапоги. — От Бога вложено, никто не обойдется. Кажный обязан доказать ещество! А то тот не оправдался, другой не желает, — все и прекратилось, конец! Этого нельзя. Кто тогда Богу молиться будет? О-чень устроено. Ишь как, ишь привдаряют! Не может она без этого. И вы, чай, на Пашу заглядываетесь. Ужли нет? А девочка хорошенькая, в самый раз...

У меня захватило дух.

— Ничего подобного! — сказал я. — Если заниматься книгами, никаких дурных мыслей!...

— Зачем дурных? Девчонку-то... Да они сами рады! Я б на вашем месте давно сыграл. А то другому кому поддастся... Гляди, как играться-то стала... самая ее пора. А молодое-то дело... "Рожа" вон... и тот норовит в куточек какой... к старухе ходит! В Банном они жили, все смеются. А я прямо говорю: это его занятие! Что Господь послал...

— Погоди, Гриша... Он позвонился, а потом? — Ну, барышня отперла...

— Сама?! Это... такая, красивая?

— Со-чная!... Прямо репка! Ну, он ей пакет подал — и побежал.

— Побежал?! А она...

— Чего, она? Она, понятно, как полагается. Стала собираться.

— Стала собираться?!.

— Мотнула головой — ладно, говорит, приду. Может, за извозчиком побег. Екстренность! Жалко тоже женщину, как она, может, опростаться не может. Их дело тоже... бе-довое! А вот решаются, вот что ты хочешь. Значит, так уж ей по закону требуется. Сами называются...

— Сами?...

— Вот я вам объясню, какой у них секрет замечательный. Кажная женщина имеет срок, как все равно звонок! И она, как увидит, что...

Подошли кучер и скорняки, и мне показалось неудобным слушать. Я побежал в залу — следить в окошко. Но плохо было видно, и я поспешил в садик. На дороге попалась тетка.

— Да что ты шмыжишь, как чумовой? То туда, то сюда... Учи екзаменты!

— В садике геометрию учу! — крикнул я. — На земле ее надо, теоремы!

— Вижу, чего ты шмыжишь! В бабки тебе с мальчишками!...

Я засмеялся даже.

67

— Смейся, смейся! Провалишься уж, попомни мое слово! Я даже и сон видала...

У меня засосало сердце.

Ничего не соображая и не стыдясь, я влез на заветную рябину. Она только что начинала распускаться, была в сероватых почках. И вдруг я услышал голос... ее серебристый хохот?... Я чуть не упал с рябины: она появилась на крылечке! Она смеялась. В руке у нее был розовый листочек! Женькин?! Тугая белая кофточка обтягивала ее девственную, но уже расцветшую фигуру. Вишневая шапочка игриво сидела на пышной ее головке, и роскошные волосы золотисто-темного каштана красиво обрамляли девственное лицо ее, на котором неумолимая жизнь не проложила еще своих нестираемых следов. Это была как Нелли из Эмара, перед красотой которой смягчилось сердце даже у "Серого Медведя"! Я разглядел капризные розовые губки и поражающие глаза, скрывавшиеся за синеватым пенсне, от солнца. Это продолжалось одно мгновенье. Она повернула за угол, к воротам. — Прогуляться идти изволите? — услыхал я вкрадчивый, сладкий голос.

Я даже вздрогнул. Из-под меня шел голос! Я понял, что это Карих: он стоял подо мной, в сарае.

— Да, немножко. Чудесная погода... — пропела она, как флейта.

— Прямо... райская погода! Счастливо погулять, нас не забывать! — послал ей вдогонку Карих.

Побежать к воротам? Но там торчали. Застывший, сидел я на рябине.

...Сразу пошла навстречу! Никакой гордости, ни чувства чести! Так поддалась обману... Не может понять, что ему нужна только женщина, как раба, добыча!!. Летит, как бабочка на огонь, а он, как Мефистофель, цинически хохочет! У него мефистофельское лицо! А она, девственно-чистая, как ребенок, стремится к бездне...

...Но она же акушерка! Все они легко смотрят... Женщины "сами называются"! И вот она ищет приключений, как такая, как арфистка Гашка... Сейчас покатят... Часы заложит за два рубля, на Рождестве закладывал! Мороженым угостит, в Сокольники прокатит... Потом...

От Гришки я много слышал. В семейные номера ходят. И сам я видел, когда приходилось дожидаться в банях.

...За сборкой сопит хозяин, дремлет. Коридорный банщик стучит в номер. Я жду, кто выйдет. Крючок отщелкнул. Макарка-банщик ловко заслоняет дверью, чтобы проскочили незаметно к другому входу. Но я вижу: пробежал розовый платочек; мужчина тяжело ступает, темный. "Пожалте-с!" — приглашает меня Макарка, утаскивая поднос с бутылкой. Идти я не решаюсь, сказать — стыдно. Хозяин говорит сонно: "Проведи в чистый номер!" Макарка ведет с ворчанием: "Все чисты!" Противен его голос, вихляющая походка, ситцевые розовые штаны, болтающиеся, как на палках, прелый, тяжелый воздух, сырые стены, разбитое зеркало в камине... Я сажусь на чистую простынку и подбираю ноги. Ковер холодный, мокрый. И вижу — образ! Пыльная вербочка, сухая... под праздник горит лампадка. Думаю о "грехе", о Боге. Все смешалось.

Я сидел на рябине, выдумывал страшные картины.

— Женька, втянув подбородок, говорит ей басом: "Любовь — физиологическое чувство, и надо смотреть просто. Я мужчина, и беру женщину, как добычу!" Она говорит спокойно: "Да, я очень легко смотрю на это!..." И быстро идут куда-то.

То представлялось, что они в Нескучном. Она смеется: "Вы совсем мальчишка, усы не выросли!" Он стискивает ей руку по-английски и говорит мрачно: "А компас показывал на Север!" Она говорит в восторге: "Боже, какой вы сильный!" Но что-то ее держит. Она так еще молода, чиста! Тогда он ломает жимолость, — жимолости там много! — и с резким свистом ударяет по нежной ручке. Кровавый рубец остается на белой коже. "Ах!" — вскрикивает она покорно. Он жарко шепчет: "Ты будешь моей, или... я пущу себе пулю в лоб!" Она глядит на него долгим взглядом, подносит к своим губам истерзанную руку и запечатлевает на ней покорный и благодарный поцелуй. И нежно шепчет: "Для тебя... я на все готова!" И, обманутая его игрой, чувствуя овладевшую ею слабость, опирается на его стальную руку, и он жадно влечет ее...

Я скатился с рябины и стал крутиться по садику.

"Господи, он обесчестит чистую девушку, чтобы тотчас швырнуть, как старую перчатку! Он лишит ее этой недосягаемой чистоты, светлую мою грезу, неуловимо-прекрасную мечту!..."

> Неуловима, как зарница,
> Игрива, как лесной ручей,
> Скажи мне, чудная певица,
> Царевна солнечных лучей!

Образ лучезарной Зинаиды и других девушек, неосязаемых женских лиц, соединившихся для меня в одну, — замазывался грязью.

"Но есть же она где-то, есть же?!" — спрашивал я себя. —

Когда-нибудь я ее найду же? Ведь на самом же деле была она, не сочинил же ее Тургенев, Эмар, Вальтер Скотт?! Сколько на свете прекрасных незнакомок, чистых, как Богородица, девушек, которые не поддаются преступному обману, не торгуют святой любовью?! Есть, непременно есть! Даже Демон у Лермонтова пел Тамаре: "Я дам тебе все-все земное, люби меня!" Даже Демон не мог купить Тамару, и она вырвалась из его объятий. Ангелы унесли ее душу в небо".

Я перебирал оперы, где героиня боролась с искушеньем. Фауст овладел Маргаритой, но там были чары цветов, которые заклял Мефистофель, чтобы одурманить сердце Маргариты. И всегда побеждала чистота! И вот, на глазах, теперь Женька, как Мефистофель, посмеиваясь, басит жирно — ха-ха-ха... нашептывает в ее розовое ушко пошлости, а она... Ужасно!

И вдруг:

— Маловато погуляли, Серафима Константиновна!... — услыхал я радостный возглас Кариха...

Я бросился к забору.

— Как я вас обманула!... ха-ха-ха... — рассыпался серебристый смех. — Ходила за пирожным, гости будут. — Дело хорошее. Я тоже иной раз гостей принимаю, попировать. Приятного аппетиту!

Я застал только синюю ее юбку и щепную коробочку с пирожным. Быстро-быстро вбегала она на галерею. Она не ходила на свиданье, она все та же!

XII

Идя из сада, я столкнулся в сенях со Сметкиным. Он проскочил так быстро, словно гнались собаки. Мне мелькнуло: шептался с Пашей! А он, уже со двора, крикнул:

— "Листок" хотел попросить, про "Чуркина"-с!

Когда я вошел в переднюю, Паша метнулась ко мне из коридора. Она быстро облизывала губы и тараторила:

— А я за вами идти хотела, надоел Мишка, "Листочка" просит! Говорит, страшно написано, опять Чуркин убьет кого-то! А вы не сердитесь? Не сердитесь, чего надулись? А я все про вас мечталась... — сказала она тише. — Стишки все вспоминала...

"Нет, она не шепталась с Мишкой!" — подумал я.

— И с чего вы взяли... с Мишкой! — шептала она,

облизывая губы. — Ндравлюсь я ему, сватать меня хотел, а... паршивый он! — уткнулась она в руки, словно ей стыдно было. — А я... хорошенького люблю, мальчика одного!...

И побежала-запрыгала по коридору. Я так и замер.

"Хорошенького люблю, мальчика одного!..." А если она нарочно, чтобы я не думал, что она с ним шепталась? Женщины очень лживы... Есть даже песня:

Ты мне лгала и обещалась,
Сама другому предалась!
Любви все тайны сокровенны,
Предав, ты с ложью обнялась!

Я нашел "Листок", вышел в столовую. Гадала на картах тетка.

_ Сейчас на тебя раскинула... могила тебе вышла! — сказала она язвительно.

— Мо-гила?!. какая могила?... — не понял я.

— Не совсем могила, а крест будет. Значит, провалишься! — Сами вы провалитесь! Всем только гадости говорите!

Засиделись в девушках, потому и злитесь! — истерзанно крикнул я.

— А ты... пащенок! Матери дома нет, так ты зубастишься с теткой, наглец ты эдакий!

И она стала плакать. — Дай вам Господь хорошего жениха! — сказал я кротко и искренно. — Простите меня, я так расстроен. Вот ей-Богу! А теперь хочу всех любить, по Евангелию... — бормотал я, чувствуя, что действительно хочу всех любить.

— Правду ты говоришь? — обрадовалась тетка и стала милой.

— Ей-Богу, сущую правду. И пусть вы выйдете замуж за мучника с Полянки. Он очень хороший человек. И если бы я был богат, я дал бы за вами пятнадцать тысяч, как он просит. Вы еще молоды... вам тридцать два года только...

— Мне тридцать один только... — задумчиво сказала тетка. — Правда, ведь он хороший человек?

— Он... красавец! — воскликнул я. — У него щеки розовые, а когда в бобровой шубе... Нет, Пантелеев очень симпатичный и солидный человек!

Она вздохнула и посмотрела в карты.

— Ах, Тонька-Тонька, — сказала она, вздыхая, — вот смотрю я в карты... а ведь ты не провалишься! Девятка, смотри, треф как легла! Ты бубновый, а она рядышком! И дамочка

71

около. А пиковый хлан отворотился. Нет, тебе хорошо выходит...

— И вам, тетя... очень хорошо выйдет! — растроганно сказал я, и защипало в глазах от слез.

— На, тебе, Тоничка, на орешки гривенничек... — сказала растроганная тетка, доставая деньги из носового платка, — я знаю, ты добрый мальчик! Пойдешь на екзамен, я за тебя пойду помолиться к Иверской. И когда я выйду за Пантелеева, если Бог даст... я тебе подарю золотой. И ты помолись тоже!

— Конечно! Я пойду пешком к Троице и... все будет хорошо. А когда я женюсь... я всем привезу по бонбоньерке! Я запрыгал по коридору и закричал:

— Паша, Паша!!

Паша отозвалась: "а-у-у!"

И я вспомнил радостное утро. Радостный был и вечер.

Она вышла из своей комнатки, и я не узнал ее. На ней было синенькое "жерсей", похожее на матроску, с белыми полосками, которое к ней так шло. Сразу она стала тоньше и благороднее. Черную юбку она подстегнула пажом, и я увидал новенькие, на каблучках, ботинки. Она стала гораздо выше. И я подумал: если бы она нарядилась амазонкой, была бы совсем как Зинаида!

— Вот! — сказал я, протягивая "Листок", — передай этому... конторщику!

Я побоялся взглянуть в глаза: а вдруг узнаю, что она шепталась!

— Очень нужно! Горничная я ему, что ли, передавать! Сам пусть у вас попросит... — сказала Паша, разглядывая свои ботинки. — Смотрите, какие справила! — и она покачала ножкой. — И без скрипу! Вы все смеялись, дразнили "скрипкой"! А теперь так подкрадусь, что и не услышите... Правда?

И она прошлась по коридору, любуясь на ботинки.

— Хотите, покажу "сороку"?

— Ах, покажи! Ты так чудесно...! — воскликнул я. Мне хотелось подольше побыть с нею.

— Вот сорока летела...

Она вспорхнула и так зашумела юбкой, словно летела стая.

— Села...

Она подпрыгнула и скакнула. Мелькнули юбки — беловато-черным.

— Хвостиком покачала...

Она подтянула юбки, сдвинула плотно ноги и так

72

стянулась, что стала одна ножка. Она нагнулась, и ее черно-белый хвостик закачался.

— Носиком затрещала... Чирстырр, чирстырр!... Ну, самая настоящая сорока!

— Повертелась, на все стороны огляделась...

Она повертела каблучками, сжимая ноги. Вертелась, как сорока. Я видел сзади обтянутые черными чулками икры. Над ними качался хвостик.

— Паша, да ты... артистка?! — воскликнул я.

— Скакнула...

Она поскакала боком, сдвинутыми ногами, быстро-быстро.

— П-пы!... Убили сороку-белобоку!... Она упала и вытянула ножки.

— Ах, ты... жерсю запачкаешь!... Хорошо?!.

— Па-ша... так у тебя красиво...! — изумленно воскликнул я.

— А что, правда... хорошенькая я стала? Намедни околоточный даже загляделся, приглашал в Зологический сад гулять!

— С полицией! — возмутился я. — Ты, пожалуйста, не ходи! Ради Бога, Паша...

— Да я же пошутила! Ах, погуляла бы я, да...

— Да — что? что — погуляла бы, да...? — Да... не с кем!

И я встретил ее убегающие глазки, которые словно говорили: "С тобой погуляла бы!"

— Ты куда-то идешь? — спросил я ее, желая, чтобы она осталась. — А я про "Чуркина" почитать хотел...

Вот бы хорошо-то! — вздохнула она, стрельнув куда-то мимо меня глазами. — Да к портнихе велели сбегать. Вечер-Ком уж послушаю... — А сегодня Осип пошел с кистенем ночью под мостик на большой дороге и ждет купца, но попал на офицера с пистолетом! — соблазнял я ее, чтобы побыть с ней вместе.

Я представил себе, как она слушала, передергивая плечами и поджимая ноги, когда становилось страшно, и шептала: "Ах, ужасти какие!" — и лицо ее, с испуганными глазами, становилось детским.

— Да ведь идти велели, никак нельзя!... Забегу уж к вам вечерком... — шепнула она таинственно.

Я протянул к ней руку, но она ловко увернулась.

— И... — она побежала с лестницы, — к гадалке хочу сходить!

— Паша, постой... — перевесился я через перила, — зачем к гадалке?

Она плутовато усмехнулась.

— Про счастье свое узнать... любит или не любит?...

— Кто — любит?... Ну, скажи... Паша!...

Мы шептались: она на лестнице, я — лежа на перилах.

— Ми-лый!... — шепнула она неопределенно, скользнув глазами.

Я так и остался на перилах. Милый!... Это она мне сказала, или — кто ее любит... — милый?

Я походил по комнатам, не зная, к чему приткнуться. Опять я влюблен в Пашу? Что она со мной делает?! Хотела забежать вечерком... Как она ловко увернулась! Но как же говорил Гришка: "Сама рада, если ей срок пришел!" А Паше... пришел ли срок? Какой же это "срок"?

Я вспомнил, что конторщик все ждет "Листок". Я спустился в сени. Конторщика в сенях не было. На дворе уже вечерело. Я вышел за ворота. Гришка еще дежурил.

— Сметкина не видал? За "Листком" приходил опять.

— Знаем мы, за "Листком"! — сказал, ухмыляясь, Гришка. — Пашуху все стережет. Ну, поломает ему ноги Степан! Вы слушайте... — радуясь чему-то, зашептал Гришка. — За ней — сорок кобелей, ей-ей! Такая девка. И жгет, а огню не видно! Степан давеча говорит: а ну ее, говорит, женюсь!

— На ком это — женюсь? Он женатый!

— На Паше! Он ведь шутит, он холостой. С прачкой... знаете, черненькая такая, хорошенькая ходила... будто цыганочка... с ней он жил. Двоех от него родила, в воспитательный отдала, по четвертному билету на их имя положил, понятно. Ну, бросил ее... Ему новая требуется! Говорит — пробовал Пашу достигать, склизкая! В конюшню даже раз затащил — вырвалась! Значит, не иначе как жениться надо, не дается нахолостую! Такая девчонка выдающая... первую такую вижу! Двадцать лет у вас живу, двор огромный, всякой девки прошло через меня... может, тыща девчонок всяких... хуже немки! Ей-Богу. Пастух подсылал, квартеру предлагал— сорок тыщ намедни на билет выграл! Не пошла. Щипнуть не дается; а ей уж строк...

— Какой срок?

— Какой-какой! Доходит... как вода через кадку хлещет, ребенка требуется иметь. Мыше — и той требуется, а она, мыша, что ли? Ещество-закон. Я кажной женщине по глазам узнаю, когда у ней строк будет! Знаете, корова начнет биться, играть! Мычит-мычит... да ведь ка-ак... Стонет, прямо...

— Так ты говорил... Мишка — что?

— За ней побег. Она это хвостом завертела на пряжке-то, зад поджамши... говорит, со двора пошла... А он ждал. На той

74

стороне стоял. Увидал, как вышла, — сиг за ней петушком. Ну, погоняется маленько. Только она ему не дозволит, ни под каким видом. На него-то она плюется, а кучер ее накроет. Я уж на эти дела любитель. Он накроет! Почему ж я вам-то сказываю, не пропущайте такой девчонки! Эх, годков бы пятнадцать... моя была бы! Инженер Николай Петрович, с третьего номера, с танцоркой живет... от него кухарка-старушка приходила, сманивала к нему в горничные. Двадцать целковых жалованья кладет! Ну, сами понимаете, чтобы в его распоряжение... Сказал я ей, что же не сказать... обоюдное желание! Вырвала метлу да в морду! ей-Богу! Ну, я не рассердился. Разок хоть поцелуй, я тебе в отца гожусь! Нет, подлюга, грямасничает, и все. А то хохотать примется... Кучер говорит, — не то с места уйду, не то... Запрягать кликнули, не сказал. Чего уж у него будет... А думается, она им интересуется!...

— Кучером?

— Посмелей будет — его будет! Вот помяните слово. На него глядеть страсти, во шеища! А ей такой-то в самый раз. Они это о-чень уважают! А, может, где и встретются, сговорились. Он оттуда порожнем поедет, на именины повез... ну, прокатит он ее рысью! Куда-нибудь закатются. Дай Бог. Он человек хороший. А я бы на вашем месте не упускал. Вреду от этого не будет, а ей лестно, до мужа-то погулять без вре-ду. А кучер — мне, говорит, все едино, девушка она или нет... сомневается. Она, говорит, с ним... с вами, значит... Это, говорит, баловство мне без внимания...

Я ушел от него в тумане.

XIII

Когда я пришел в себя, я упал на постель и плакал. О чем я плакал? Я понял, почему не осталась Паша: у ней свиданье! Ее просили — и не могла остаться. Сказала про портниху... А Гришке сказала, что со двора уходит! И кучер хочет на ней жениться... Теперь он ее прокатит, сговорились... Она же расфрантилась, надушилась... Моими душками надушилась, из уточки! Я посвятил стихи, я умолял остаться, и она изменяет с кучером, отвергает мою любовь, играет мною! Горничная, простая, — и играет! Я ей отвечу, сумею ей ответить! "С горничной не считается!" Верно, нельзя считаться. Я, чистый,

75

отвергающий все соблазны... пишу стихи, развитой, и... это все говорят, — красивый... не раз получал записочки... и какая-то деревенщина, едва разбирает по печатному, не понимает простого слова — "из Муз" — и я позволяю играть собой?... Пусть она с кучерами, уходит к инженеру, женятся с пастухом... Надо же, наконец, быть гордым!...

И мысли мои помчались...

...Я выдержал экзамен, и мы собираемся на дачу. Приходит кучер и говорит, что женится на Паше. Превосходно! Они получают паспорт и уходят. Она останавливается в коридоре... "Прощайте, Тоня! — бледная, говорит она. — Конечно, я вам не пара... и вы должны учиться, чтобы добиться славы... Но я... я вас любила... и, может быть, еще... Ах, прощайте!" Она глотает слезы. "Будьте счастливы... я очень рад... вы прекрасная пара... кучер с горничной. Я даже написал стихи для вашей свадьбы..." — ледяным тоном говорю я. — Посвящаю вам... обоим... Вот, сейчас... "Высоким новобрачным". "Ты — пыль стираешь грязной тряпкой..." Нет... "Ты правишь парой лошадей! Ты пыль стираешь грязной"... "Ты пыль стираешь ловко тряпкой!" Да, чудесно! "Рождайте ж кучеров-детей и горничных — от связи сладкой!" Может быть, и еще острее. Они поражены, и кучер — дурак! — ухмыляясь, просит написать на бумажке! Проходит десять лет. Исследуя Россию, я попадаю в глушь, в Архангельскую губернию. Кучер из Архангельской губернии... Заезжаю в село. Останавливаюсь в трактире. И вижу... бывший кучер Степан! Он сидит перед бутылкой водки, и пьяные слезы текут по его постаревшему лицу. В этом исхудавшем старике трудно уже узнать былого купеческого кучера, лихо перебиравшего вожжами. Мы узнаем друг друга — "Ну, как живете? как Паша, дети, если Господь благословил ваш счастливый брак?" — спрашиваю я Степана, и горькая усмешка змеится на моих сомкнутых губах. "Паша... дети... — словно в бреду похмелья говорит кучер, и пьяная слеза тяжело падает в стакан с зеленоватой водкой. — Они давно спят сном могилы! Поздно, но я должен сказать вам, дорогой барин, что... какая-то страшная болезнь подтачивала хрупкое тело моей покойной жены и дорогой супруги. Она тосковала невыносимо все годы, с первого дня нашего несчастного брака! Детей Господь прибрал... чудесные были ребятишки! Тоня... так хотела назвать жена, и... Любовь, Любочка. наша... И То-ня, и Любовь скончались в один день и час... от скарлатины! ужасный день! А Паша... я нашел ее бездыханный труп в один ненастный вечер, когда вернулся из путешествия с обозом. Я возил соль и рыбу. Странная смерть ее покрыта тайной!" И он уронил голову на стол. "Сведите меня на ее безвременную могилу! — прошу я несчастного старика, стараясь удержать просящиеся на глаза слезы. — Я хочу отдать последний долг той, которую я... которая была... подругой дней моих суровых... так сказать, свидетельницей светлых дней моей незабвенной юности! Мы должны отслужить па-нихидку и помянуть ее мятущуюся душу, а ее прекрасное... ее внешний, материальный облик, конечно, только прах!" Кучер молча пожимает мне руку, и мы отправляемся на запущенное сельское кладбище-погост. Старенький священник, узнав, кто я, — он уже прочитал в газетах о моих важных открытиях в безлюдном краю, — трогательно совершает грустную службу над ее могилкой, где на уже отцветающих травах лежит свежий венок из незабудок. Поздние птички как бы вторят печальным мотивам своим осенним чиликаньем. Я про себя шепчу: "Где вы, незабудковые глазки? Чувствуешь ли ты, о, Паша, кто сейчас проливает слезы над твоей одинокой, безвременной могилой? Спи же, несчастная жертва человеческого бессердечия! Мы не нашли в себе силы перешагнуть через установленные предрассудки тщеславия! Но я до смерти буду носить в душе твой девственно-чистый образ!" — "Аминь!" — говорит священник. На прощанье я обнимаю одинокого старика. "Мужайтесь! — говорю я твердо. — Жизнь полна испытаний. Но пусть в нашей печали будет светить нам чистая душа той, которую мы оба так... уважали! Я сейчас уезжаю — и навсегда". — "Нет, дорогой барин, — взволнованно говорит бывший кучер, теперь совершенно опустившийся несчастный, — я не могу вас оставить! Вы воскресили меня к жизни. Только теперь, перед ее могилой, я постиг глубину своего нравственного падения и высоту ее кристальной души. Я еще силен. Вам нужен ям-щик. Наши дороги Севера опасны... Будемте же вместе коротать нашу трудовую жизнь..." — "... и в унылой дороге, среди пустынных тундр... — добавляю я, — вспоминать минувшие дни, когда нам улыбались ее веселые и иногда грустные детские глаза совсем еще юной девушки!" Он смахивает навернувшуюся слезу, и через десять минут лихая тройка, управляемая преобразившимся ямщиком, с павлиньими перышками на шапочке, лихо выносит нас из заброшенного северного села в неведомые, манящие нас просторы...

Мечтая, я так расстроился, что к горлу подступил ком, и глупые слезы меня душили. Конечно, с Пашей уже покончено. Возможно, что так и будет. Ясно, что мы не пара. Если даже она и любит, она скрепя сердце должна отказаться от надежды. Наши дороги — разные. Конечно, в порыве страсти, она может собой пожертвовать, может даже прийти ко мне, но я не должен способствовать ее гибели, нравственному ее падению!

Мне стало легче. Мысли перебежали к Женьке.

Письмо он отдал, но почему она не идет к нему? Если бы она интересовалась, сейчас бы пошла в Нескучный, где, конечно, он ждет ее. Значит, мало интересуется! И — кто знает! — может быть, та встреча, когда я спасал Мику, — не бесследна?! Может быть, она ждет шага?... А если самому написать письмо? Я могу написать страстно, излить все обуревающие меня чувства... что без нее я не могу жить на свете, что я должен высказать ей все, все, пока еще не поздно. Женька ее не любит, смотрит на нее, как на забаву, как на предмет наслаждений, и, конечно, швырнет, как смятую перчатку! Конечно, я не назову Женьку, все-таки он мне друг, и это — подлость... но я должен предостеречь от роковых последствий, от ослепления. Можно выразиться неопределенно... Сказать, например, что — "вас хотят очаровывать письмами и приглашают на свидание, но выслушайте же, умоляю вас, мольбу преданного вам до гроба друга, который не требует от вас ничего! — даже снисходительной улыбки, но... берегите себя, не верьте соблазнам обещаний!"

Я перечитал написанные стихи и пришел в восторг:

Скажи мне — "да"! и — "бросься в бездну!" —
Умру, как раб, у ног твоих!...

Слезы навернулись на мои глаза — от счастья умереть у ног, от жалости к себе.

Если она прочитает эти стихи и то, что напишу ей прозой, — а я так могу написать, что... — непременно она заинтересуется — кто он, молодой поэт?... А я ей буду посылать еще, еще, я ее завалю стихами! Я ее буду увлекать, очаровывать музыкой слов, как песня флейты зачаровывает даже змей, — и она будет ждать все новых писем. И когда она будет сгорать от нетерпения узнать — кто это?... — я — может быть, это будет пятое письмо! — не откроюсь сразу, а подпишусь — "Печальный Незнакомец", или лучше — "Загадочная Личность", или, пожалуй, лучше — "Неизвестный", — и попрошу минутного свиданья, чтобы в двух словах сказать ей все и устраниться с ее дороги, если ее сердце уже принадлежит другому...

Пусть решает!

XIV

Я стоял у окна. Золотился вечер. Березы в садике чуть розовели. Червячки на них висели золотисто-розовой бахромкой. У сарая сидели скорнячиха и кухарка и шептались, качая головами. Мальчишки, сидя на коленках, считали бабки. День кончался.

Я посмотрел на тополь. Как за день выросли листочки. Торчали копьецами, — теперь уж лодочками смотрят. Сквозь них чуть видно, а утром все сквозило. И запах — крепче, горький. В светлом небе стояли облачка, как пятна снега. Скоро проступят звезды.

Я смотрел на небо. Тревога, ожидание чего-то — переполняли душу. Мелькала Зинаида, она, неясная... И было грустно.

Вдруг — гармонья! У Кариха, хрипело басом. У нашего забора, к садику, сидел сам Карих и пробовал гармонью. Раньше он не играл. Оказывается — он умеет! Играл он плохо. Пробовал бас, врастяжку. Я все ждал, когда сыграет, но он все пробовал, хрипел басами. Раздирало уши, а он все пробовал. Гармонья была большая, громкая. Словно назло, с басов он перевел на визги. Начал польку и оборвал. Потом похоже на — "Господи по-ми-луй"! — так заунывно. Вдруг:

— Учитесь играть, Семен Кондратьич?

Я узнал сочный, серебристый голос, ее голос! Сердце у меня вспорхнуло и упало. Я высунулся из окна — не видно. Стоит на галерее, ясно. Подумал — в садик?...

— Я-с — Степан Кондратьевич! Когда мне грустно... — устало сказал Карих, — развлекаюсь под звуки музыки-с!

Он приподнялся, поклонился и сел опять.

— Что-нибудь сыграйте! Я так люблю гармонью. — Да ведь... я по фантазии играю... для сердца-с!

— Ну же, что-нибудь такое...

Она проговорила, как пропела: кокетливо-капризно. Басы завыли, захрипели...

— Нонче не могу! Что-то не тово, в руках...

— Ну, а... "Я вновь пред тобою стою очарован..." — не знаете?

— Это очень тяжело. Я его знаю, но... романц грустный! — сказал уныло Карих. — Трафлюсь все подбирать тоже один Романц, за сердце берет. Такие слова... начало забыл! А под конец так хорошо помню. Может, вы, Серафима Константиновна, знаете?...

79

— Ну, скажите...
— Так будет-с...

> Рыцарь саблю обнажил,
> Свою голову сложил!

— Как... как...? — рассыпалось серебристым смехом, — "голову сложил"?!.
— Сложил! Из любви, понятно... и от храбрости. Поехал поздно на свиданье с Мавриней...
— Вот, бедняга! — пропели с галереи. — И что же?...
— Только под самый кончик помню... Так:

> Померла его Мавриня,
> И скончалась их любовь!
> Грудь накрыли полотном
> И послали за гробом!

"Дурак"! — чуть не закричал я, но прежде чем я подумал, что он дурак, такой ослепительный смех рассыпался, словно вся галерея зазвенела всеми своими стеклами. Даже собаки где-то залаяли, а мальчишки полезли на заборы. Захохотал и Карих. Хохотал он страшно, приседая и взмахивая гармоньей, и кричал дико:
— Вот какой поражающий романц! Умо-ра!...
— Ой-ой-ой... не могу... погодите... ха-ха-ха-ха!... — раскатывалось с галереи. — Где... где это вы слыхали?! как, как?...
— В портерной на уголке недавно пели, восхитительно! Помню, помню!...

> Скрылось солнце за горами,
> Водворилась тишина,
> Спят все рощи и долины,
> Волны хлещут в берега!
> Ты куда же, рыцарь, едешь,
> Куда ры...

— Ой-ой-ой!... не могу... ха-ха-ха!...
— Чему это вы, Серафима Прекрасная?... — раздался басистый голос, и я разобрал тяжелые шаги по двору.
— А, Померанцев!... Давно, давно вы... — певуче отозвалась она. — Подстриглись вы, наконец, или все еще Квазимоду изображаете? Ну-ка, снимите фуражку?!

— Можете похвалить! На целый вершок окоротился. А давно потому, что, во-первых, был жестоко влюблен!... "Что на свете прежестоко?!"

— Не хвастайте, не хвастайте!... вы совершенно неспособны...

— С точки зрения акушерки и фельдшерицы?... Протестую! И сумею доказать противное... — подделываясь под пьяного, басил невидимый мною какой-то Померанцев.

— И в кого это вы были влюблены, интересно?

— Сразу в двух! В весну и... в анатомию! Покойничков потрошил к экзамену и провонял, как... кошатник. А посему и страшился предстать пред ваши о-чи... и жаждал той... вол-ше-еб-но-ой но-о-чи... когда ты позовешь меня-а-а...! — пустил он из какой-то, должно быть, оперы.

— И я таки позвала вас! — засмеялась она на галерее, а у меня затомилось сердце.

Померанцев отошел в глубь двора, и теперь я его увидел. Это был широкоплечий студент, в красной рубахе под серым легким пальто внакидку, в приплюснутой фуражке, с очищенной добела дубинкой. Густая черная борода закрывала ему грудь веером, а черные космы — плечи. Я понял, что, должно быть, это тот самый "чернявый", который "упокойников режет, и воняет от него — не подходи!" — как сообщал мне Гришка.

— Ахх... не убегай! ахх, не исчезай... прел-лестное виде-э-нье! — орал он, мне показалось, из "Фауста". — О, Серафима, мое оча-ро-ва-нье!...

"Да пьян он, что ли?" — негодуя, подумал я. В это время рявкнула на басах гармонья. Померанцев оглядел Кариха и размашисто снял картуз:

— Домовладыке и... великому меланхолику! Врагу нигилистов, социалистов и... счастливых любовников! "Не спи, казак, во тьме ночной, студенты ходят за рекой!"

— Наше почтение-с, господин студент! — ядовито ответил Карих. — А хорошего мало-с... в Охотном били-с!... За без-образие-с. Никого не признают, а бомбы готовят! Царя уби-ли-с... и надсмехаются! Даже и над Богом-с! И будут бить, как собак!

— Под суд!., под суд!... — насмешливо заорал студент. — А хотите, научу, как китайцы приветствуют? Серафима, не слушайте! — погрозил он на галерею своей дубинкой. — Мои вам почтанники... годятся на утиральники!...

Карих так и затрепыхался, всплеснул гармоньей. И я очень возмутился.

— При барышнях-то!!. — воскликнул он укоризненно и закачал рыжей головой.

— Ужасно! — крикнул студент, воздевая руки. — А потому _ споем!...

> Она была девицей скромной,
> Тому двенадцать скоро лет.
> Не ела булочки скоромной,
> Моя Аннэт, моя Аннэт!
> Но подошло лихое время,
> Купила... в лавочке конфет...!
> Ахх, почему такое... бре-мя?!.
> Твоя-моя... его — Аннэт!

— Отку-да у вас эта прелесть?! — восторженно прозвенело с галереи. — За анатомией сочинил! Напечатал в "Стрекозе", получил два двугревенных и вот — принес вам сразу две палки... щиколаду!

И он показал сверточек.

Нет, он, положительно, был разнузданный. Хотя песенка и понравилась, но сердце во мне дрожало. Она... может позволять так?! А студент опустился на колени, тряхнул длинными волосами, так что закрыло ему глаза, и затянул, как утопленник:

> О, Сер-рафима!
> О, Хер-рувима!
> Вонми моленью,
> И у-поенью
> Отдайся страстно!
> О, сколь прекрасна!
> Целую ножки...
> Смотрю я... — ро-жки?!.

А она царственно хохотала на балконе.

— Да что с вами сегодня?! Откуда такой пафос?...

— Труппики на "весьма" сдал! И один был ужасно похож на знакомого домовладыку! По вскрытии оказалось... мозги у него проникли даже в... живот. Необыкновенный случай!...

— Не говорите гадостей!

— В таком случа-е... дозвольте посеренадить!

Весело было, как в театре. Студент распялил пальто дубинкой, — словно гитара под полою, — и запел очень красивым баритоном, перебирая по дубинке:

О, ты, волшебное творенье!
Стою под окнами босой...
О, ддай мне... ложечкю варенья
И... мягкий ситник с колбасой!
О, божество... о, упоенье!
О, покажи мне... ррай земной!
И... ты пойме-ошь... столпотворенье
И лопнет с нами... шар земной!
И я... в желлезные объятья...
Как Люциффер тебя сожму
И будешь ты... вопить проклятья...
И вспоминать... свово Кузьму!

— А?!!... — оборвал студент, кидаясь к галерее, и я слышал, как загремело по лестнице.

Карих взмахнул руками и так разодрал гармонью, что она чуть не лопнула. Я смотрел, ничего не понимая. Неужели же она позволяет... все?!.

XV

Я сейчас же побежал в садик. На галерее никого не было. В саду темнело, проглядывали звезды. Я смотрел на звезды, и они ободряюще мигали. Сейчас же написать ей письмо, а то утратишь! — говорило в моей душе. Студент, должно быть, влюблен в нее, но они еще говорят на "вы".

Я вспоминал ее ловкие словечки, кристальный и нежный смех. Конечно, она очень тонкая кокетка, но это и чудесно — кокетство в женщине! Даже Паша — и та кокетка! Знаменитая Клеопатра поражала кокетством и всех покоряла чарами. И все гетеры!... Они были очень образованные и приглашались для услады пиров. И я представлял себе, как она, в розах и с обнаженными дивными руками в золотых запястьях, с роскошными волосами, полулежит за столом и сыплет своим кокетством. Все мы пируем с нею: Женька, студент и я. Карих прислуживает у дверей. Я читаю свои стихи, а рабыни за пурпуровыми завесами сладко позванивают на арфах. Она взволнована. Шутливые фразы уже не срываются с ее надушенных губ. Светильники начинают чадить и гаснуть. Подходит час, когда рабам уже не место среди господ. "Поэт, останься со мной, чтобы услаждать мой слух дивными песнями!..." — взволнованно говорит она. Студент и Женька должны уйти, иначе свирепые рабы по одному мановению ее сверкающего пальца выкинут их на мостовую. И они нехотя уходят. Мы, двое, в немом молчании смотрим в глаза друг другу...

Надо спешить, высказать, какие чувства обуревают мою душу. Все часы и минуты я простаиваю в саду и слежу за каждым ее движением, за каждым вздохом... Мне ничего не надо, только... пусть позволит любить себя, смотреть на себя влюбленными очами, писать ей о всех перипетиях пылкой моей любви, называть ее тысячью всяких слов, провожать ее издали, благоговейно поклоняться, как божеству! Только такую святую любовь и призываю я, а не физическую потребность, как говорит развращенный Женька. И студент тоже развращенный. Это любовь поэтов — благоговеть! Как прекрасно у Пушкина говорит Онегин, утративший — увы! — Татьяну:

Повсюду следовать за вами...
Движения, улыбку, взгляд —
Ловить влюбленными глазами
И... —

я забыл, но, кажется, там было — "И... умереть у ваших ног". И я удачно сегодня выразил: "Умру, как раб, у ног твоих!"

Во мне запело, и чарующие слова стали летать под звездами. Меня посетила Муза! Она сыпала на меня цветами которые расцветали в моем сердце. Почти не видя, я записывал карандашиком в календарик, и вылились удивительные стихи, перед которыми утренние были пустяками. Я описывал ее фигуру, "поступь розовой зари", "грудь как пена вод морских", глаза "как золото в лазури" и волосы "как дождь златой". А в заключение сыпалось цветами:

А вся вы — красотка,
Как радуга в небе,
Как розы бутончик,
Прелестны, скромны...
Просты и милы,
Как степной колокольчик,
Чисты и невинны,
Как ландыш весны!

Муза сыпала на меня из роскошной своей кошницы. Потом

— не знаю, почему, — я изобразил возможную ее утрату. Кто-то — может быть, бородатый студент, — шепчет ей искушения, и она, поддаваясь обману его речей, внезапно уезжает, когда весь дом погружен во мрак предрассветной ночи. Я не слышу больше чарующего ее смеха, все кончено. Лихая тройка уносит ее в мрачное будущее...

И все так быстро изменилось,
Молниеносный дан удар:
И думы сладкие, и грезы —
Пропало все, как мыльный шар!
Я под твоим окном, печальный,
И слышен колокольчик дальний...

Я писал и плакал. Неужели она не поймет чистоты и святости чувств моих?! откажется от блестящего будущего, полного славы, блеска?! Мне ничего не надо. Тайна любви — в созерцании и благоговении. Я буду целовать следы ее шагов, маленьких шажков ее неземной ножки! Ароматы ее волос обольют мое истерзанное сердце целительным бальзамом. И это неземное имя — Серафима! Она похожа на роскошнейшую красавицу, которая дремала в хрустальной воде, в бриллиантовой чешуе, в огнях, привлекала жемчужными руками!... И вот, выходит ко мне теперь...

Я услыхал звон гитары и чарующий смех ее. Галерея осветилась, проплыла лампа. Сновали тени. Я видел, как Серафима распахнула окно, высунулась до пояса, и зазвенело небесной музыкой:

— Какая дивная ночь! Пахнет тополями, как духами. А какие звезды... прямо сияют, как... — ...алмазы! Следующий номер: "Друг мой, брат мой, усталый страдающий брат!"... Ого-о, мда-а... — высунулась лохматая голова над нею, и я задрожал от ревности. — Здорово несет навозом, и все помойки жадно дышат густейшими испарениями! Весна!... Чудная пора любви, надежд и... котов! Стойте! Сейчас я вам спою...

Я узнал отвратительный, жирный баритон студента. "Пошляк! — обругал я его в душе, — ты все отравляешь своим гнусным прикосновением!"

— Только что-нибудь вдохновенно-высокое! — сказала она мечтательно.

— Как Иван Великий! — отозвался чей-то скрипучий голос. — Жарьте, Кузьма Кузьмич, про "трех граций". Здорово у вас выходит...

— Не смейте про "граций"! Не люблю этой гадости... — закричала она капризно.

— Это же не про вас, Симочка! — заскрипел голос, и я разглядел в окне низенькую толстую фигуру, похожую на "Рожу". Но то была не "Рожа", та была во всем черном, а эта — в белом. И звали ее — Павел Тихоныч.

Гитара пустила плясовую, и жирный баритон начал:

Три девицы под окном,
Ждали поздно вечерком!
У одной-то глаз подбитый,
У другой затылок бритый,
Третья — без скулы!...

— Трре-тья... без скулы! — поддержал и скрипучий голос, должно быть — фельдшера. — А где ж "Губа"-то наша? Неужели голубки еще воркуют?!

— Они читают что-то такое... запрещенное цензурой! — заговорщицким тоном сказал студент.

— Ну, господа... вы же знаете, что это платоническая любовь. Ксенофонтушка очень мил, и мне его страшно жалко... Зачем же пошлости?! — сказала Серафима. — Зачем уходить в натурализм?...

Я был растроган: какое благородство!

— Ах вы, идеалистка надсоновская! — сказал студент, и я заликовал от счастья: она — идеалистка, как и я! она не может опускаться до пошлостей!

— А мне он нравится, это я понимаю!... Это "ученик седьмого класса!" — закричал студент, и я навострил уши. — "Ответьте мне, кррасавица, что да!! И буду я рабом последним завсегда!"...

И все захохотали. Она — всех громче. Она предала Женьку! А если и мое покажет?... Пусть покажет, если хватит ду-ху! Но я-то напишу настоящее, я так напишу, что... поразят! И она сразу почувствует, что с серьезным чувством нельзя шутить. Вполне естественно, что ее страшно возмутило нахальство Женьки, — обокрасть Пушкина! Для нее еще есть святое, она — идеалистка!

XVI

Пашу бранили, что она воротилась поздно. Все с именин приехали, а она только-только пожаловала! Где это она шаталась, по портерным? Она оправдывалась, облизывая губы, что тетка на денек только приехала из деревни и надо было ее напоить чайком, ходили к какой-то куме в Лафертово, очень далеко, потому что "в трактир вы сами не позволяете!" И я понял, что про портниху она врала.

Она была сама не своя, путала все тарелки, а по лестнице так носилась, что мать сказала:

— Бес у тебя в ногах? Чего ты, как полоумная?... выпила, что ли? Смотри ты у меня!...

— И вовсе не пила ничего! — дерзко сказала Паша. — Всегда ни за что бранитесь!...

— А ты не огрызайся, я все вижу! — погрозила мать. — Будешь потом пальцы кусать! С Грушки пример взяла?

— Да что это вы, барыня?! — всхлипнула Паша и закрылась передником. — Тетку не смеешь повидать... в кой-то веки навестить приедут... сироту... работаешь день-деньской...

Мне стало ее жалко. Но почему она наврала?... На галерее о чем-то спорили. Я разобрал, как она сказала:

— А я верю, что душа есть! Смейтесь, циник, а я иногда хожу ко всенощной и к обедне!... И свечки ставлю!...

Она — святая и чистая... она и свечки ставит!...

Потом пели. Недалеко от меня урчало: собака, должно быть, забежала, пугала кошечку в бантике. Пел баритон: "И будешь ты цари-цей ми...и...ра-а-а!" Потом начали петь дуэтом: "Глядя на луч пурпурного заката". И тут я понял, что это не собака: урчал Карих! Он сидел у сарайчика в темноте, и я хорошо расслышал:

— У меня не трактир для безобразия! Ходят, как кобели. Всех сгоню! Черт толстопузый, больничный коньяк таскает... каждый раз кульки волочит казенные! Трое к одной ходят... соблазнители! У меня не веселый дом... Нигилисты проклятые! Околоточному вот сказать...

Я знал про нигилистов, которые Царя убили. Неужели и она — такая?! Я слышал, что нигилистов сажают в "Петропавловку", где страшный подземный люк, который открывается прямо в море. Неужели и она из них? Они даже не женятся, а "каждая живет со всеми". Это передавал мне Гришка. "Такой порядок, вроде как у них такая вера!"

Во мне мелькнуло: значит, правду говорил Женька, что она

смотрит на это очень просто, и... Нет, это невозможно: она — идеалистка!

Кликали меня ужинать.

— А ты помни, замечу только и прогоню! Мне потаскушек не надо. Давно уж замечаю. Обламывают дуру, в люди выводят, а она... Думаешь — смазливенькая, так замуж возьмут? Так и пойдешь на улицу, только дайся!...

Мне стало стыдно, и я опустил глаза. Уж не заметили ли чего, как утром возились с Пашей?

Я знал, что Грушка, с нашего двора горничная, "путалась" с лавочником, и ее прогнали, теперь она живет в подвале и приходит иногда под вечер, шушукается у ворот с Пашей. Паша ее жалеет и как-то сказала мне: "Вот свяжись с вашим братом, мужчинками... закружите голову девчонке, а там — ищи!" Мне польстило, что Паша считает меня мужчиной и даже способным закружить голову. Лавочник женатый, жена у него красивая и пушистая, когда ходит в малиновой ротонде, трое детей у них, и как же это он... с Грушкой? Ребенка в воспитательный дом у Яузского моста, там все такие дети — "дети любви"! Я слышал, что это самые красивые из детей. Меня это очень волновало — "дети любви"!

Паша, конечно, обманула. И прекрасно. Может свататься с кучером! Теперь мне неинтересно. После ужина я ушел к себе и думал о письме к ней. Надо спешить, пока сердце у ней не занято. Я начал писать стишки. Но разве стишками скажешь?!

Я писал и горел восторгом. Весенний воздух, смешанный с запахом навоза, дразнил меня. Я часто высовывался в тополь. Все, что случилось днем, переполняло всего меня. Опять выступала Паша, ее словечки, ее прикосновенья. "Ну... что?" Я видел, как она прыгала "сорокой", приподымала платье, качала ногой в ботинке, стояла внизу, на лестнице, сказала — "милый!" Хотелось, чтобы Паша пришла ко мне. Она же говорила, что — вечерком... Все во мне спуталось, прожигало меня, бурлило. Я живо видел, как входит ко мне Паша в голубом лифчике, берет меня за руку и долго глядит в глаза. Глядит и шепчет, ласково-ласково: "Ну... что?" Я ее целую. Она лепечет: "Все вы, мужчины... кружите голову..."

Когда я писал ей, мучившее меня весь день, копившееся во мне желание, раздражавшееся словами — "женщина", "живет с бельфам"... — открыло себе выход в бессвязных словах письма. Я вызывал ее, чистую и нетленную, как образ Зинаиды, как радостное что-то, явившееся мне утром в блеске. Подснежники, густые, синие... юные, влажные листочки на тополях!... И радостное такое, что в этом было, покрывалось вдруг жгучим —

жен-щина! Я шептал это сладостное слово, и оно принимало формы... Все, что манило в ней — волосы золотистого каштана, линии тугой кофточки плавность ее движений, нежный голос и то, что скрывалось в ней, полное жгучей "тайны", что называлось чудесно — женщина — вылил я к ней в письме.

Я писал о тысячах поцелуев, которыми я покрою оборку ее платья, — "вашего небесного платья, складки которого оставляют в моих ушах божественный шелест крыльев". Я называл ее сумасшедшими словами... "Ваши поцелуи я буду пить, как умирающий путник пьет из гремучего родника пустынь!"

Остыв немного, я понял, что так нельзя. Это ее оскорбит, конечно! Она скажет: "Пить мои поцелуи? а разве я вам позволила? "Пьют поцелуи"... одни любовники! Кто дал вам право? А я — разве ваша любовница?!" Слово "любовница", которое я шептал и написал даже, чтобы посмотреть, что — в нем, напомнило о грехе, еще незнакомом мне. Я вызывал Пашу в голубом лифчике, и ее, входящую ко мне в комнату, как Ева, стыдливо прикрывающуюся роскошными волосами. Еву я хорошо запомнил: ее я видел в монастыре на стенке. Она стояла в стыде наготы своей, съежив округлые плечи и колени.

Я кое-что исправил, и вышло чудеснейшее письмо. Там было: "царица души моей, прекрасный ангел рая", "белокрылый Серафим" — тонкий намек на ее дивное имя! — "ваши чудные очи пронизывают все мое существо, как живительные лучи солнца растапливают ледяные горы", "ваши роскошные волосы пышного каштана, эмблема женщины, чарующе обрамляют ваше ангельское лицо, достойное кисти великого Художника-Творца", — отблески героинь Эмара, — и заканчивалось криком из недр души: "Итак, в ваших руках моя участь! Скажите, умоляю вас, могу ли я питать хотя бы самую слабую надежду на вашу снисходительную благосклонность, или — я все поставлю на карту!"

Я перечитал — и был растроган. Я плакал, когда переписывал на листке, вырванном из алгебраической тетрадки. У меня не было розовой бумажки и голубка. Я склеил конвертик и, сказав, что забыл в саду геометрию, выбежал за ворота и сунул под дверь парадного.

Сразу стало легко. В сердце дрожало ожидание. Будет — новое. Что-то должно случиться!

XVII

Придя к себе, я неожиданно застал Пашу. Она готовила мне постель, как всегда вечером. Она переоделась, была в будничной кофточке, розовенькой с горошками, но бантик на голове остался. И модные, нескрипучие ботинки: двигалась она неслышно. "Если заговорит — ни слова!" — подумал я и взялся за геометрию. Торчали серые треугольники, похожие на пасхи. Как галки, сидели на них буковки. И по всей странице гуляли галки, резали мне глаза. "И чего она возится, прекрасная измус... — с раздражением думал я. — Врушка, гуляла с кучером... развращенная девчонка!..."

— Прошу больше не стелить постель! — неожиданно сказал я. — Ваших услуг не нужно! Можете ходить к... портнихам, с кем угодно...

Я услышал, как Паша фыркнула. Это меня взорвало. Смеется еще, негодная!

— Я не позволю над собой смеяться! — шепотом крикнул я, а она еще передразнила, грубиянка:

— Тише-тише, рыбу испугаете!...

Я не утерпел и обернулся. Она стояла возле моей постели, держала подушку-думку и смеялась во все глаза. Сверкали ее зубки в тени от абажура.

— А я вещичку хотела одну сказать. А раз сердитесь... — и она вздохнула. — Теперь уж некому и сказать...

И, бросив думку, пошла из комнаты. Около печки она споткнулась на ранец и бережно подняла его.

— Не желаю никаких "вещичек" от вас— бешено прошептал я и, неожиданно для себя, схватил подснежники из стакана и бросил на пол:

— Вот ваши... "вещички". Можете дарить кучеру!

Она молча подняла их и посмотрела на меня с укором.

— Обижайте, не привыкать...

Она поцеловала подснежники — или понюхала? — и когда целовала, большие, от синей тени, ее глаза смотрели ко мне из-за букетика. Во мне перевернулось болью. А она все стояла и смотрела.

— Погоди... — тревожно сказал я ей, боясь, что она заплачет.

— Нечего мне... го...дить, — сказала она прерывисто, прислушиваясь к чему-то. — Что вы меня терзаете?... Что сирота я... некому заступиться?...

— Я... терзаю?!.

— Позорите... как последнюю...

Она швырнула подснежники и выбежала из комнаты.

Я слышал, как она налетела на что-то в коридоре и побежала по лестнице, кому-то отзываясь: "У Тони постель готовила!"

Я понюхал подснежники, самой весною пахли! Выкинуть за окно?... Почему-то мне стало жалко. Я бережно положил их на пол. Подумал, что завянут, окунул в стакан ножками и опять положил у печки, куда они упали. Пусть увидит свои подснежники! Меня это так расстроило, что я не находил места. Я выходил послушать, не идет ли. Мне казалось — должна прийти. Вспоминал, как она смотрела над цветами, закрыв лицо. Что она со мной делает? И чем я ее обидел?! Сказал, что она все врет... Про какую-то "вещичку" сказать хотела... "Теперь уж некому и сказать"? Теперь... Почему — "теперь"? Может быть, очень важное?...

Я приотворил дверь, чтобы не пропустить Пашу, когда она побежит к себе. Подумал: "Увидит полоску света и догадается, что я жду... не ее жду, а... объясниться!"

Гришка не мог наврать. Она побежала не к портнихе, а к какой-то тетке! И про тетку вранье, конечно. Кучер... Значит, — вспомнил я, как говорил мне Гришка, — пришел ей "срок"? Корова даже мычит, когда "срок" подходит!...

А вдруг она побежала к кучеру?... Я выглянул в окошко и послушал. Было тихо. Конюшня была закрыта. Гришка прошел под кухней. Я услыхал Пашу:

— Ну тебя, плети что хочешь!

— А чего я плету такого? Ну, каталась... ну и дай Бог. Может, и замуж выйдешь... Я тебя зна-ю, зубастая... укусишь! Только и на тебя зуб найдется, погоди...

— Обломится... — огрызнулась Паша. Плеснули что-то, как из ведра.

— А, шут тебя... шутовка!... — испуганно вскрикнул Гришка: должно быть, окатили. — Всюю мне рубаху измочила... Па-ш! Что я те скажу-то... нет, в самделе... в каких листора-нах были? Ну, Степан все мне скажет!...

В кухне захлопнулось окошко.

"Значит, верно... они катались!..." — подумал я.

Загремело внизу посудой. Сейчас будет запирать двери и пойдет спать. Я стал сторожить у двери. Вот, побежала кверху, топнула на последнюю ступеньку. Я отступил от двери.

На полоске она остановилась, заглянула... Я стал у печки, будто о чем-то думал.

— Можно?...

Я не отозвался. Она просунула голову и заглянула. — На одно словечко... — шепнула она живо, — можно?...

— Войдите...

— Вот я сейчас напугалась как, — начала она весело, прихватывая себя за плечи и качаясь, — кот глазищами напугал! Шасть мне в ноги, в самые-то коленки... сюда вот! Человек какой, думала, хватает!... За что же цветочки-то мои вы так... брезговаете? — и она подняла букетик. — А стишки ваши... вот они где томятся... — показала она на сердце. — Знаю, чего вы сердитесь! Сказала, что к портнихе?...

— Да, ты лжешь и лжешь! — не удержался я. — А вы не знаете, почему? У каждого своя тайна есть. И у меня пришла тайна...

— Тайна? Ну да... с кучером ты каталась! Знаю. Она и не смутилась.

— А вам-то что же, что прокатилась? Мало ли кто катается... — говорила она быстро-быстро, а ее глаза следили.

— Ну да... мне это безразлично совершенно! Пожалуйста, можете и с конторщиком...

— Ах, Тоничка, миленький вы мой!... — зашептала она быстро-быстро, прижимая ладони к горлу, и стала маленькой. — Ах, если бы вы знали!... Я вот каталась, а сама все...

— Что — все?...

— Так, ничего... Вам неинтересно это. Вы считаете меня лгушкой... А вот тетка приехала, замуж меня проворит...

Я не сказал ни слова.

— Вот и сойду скоро... Так и забудете... Вот уж и мои цветочки швырнули...

Я посмотрел на ее лицо, и мне захотелось нежно ласкать ее. Ее побледневшее лицо — от зеленого абажура — стало совсем как детское, а маленькие губки поджимались, будто сейчас заплачет.

— Степан... сам тетку выписал, чтобы сватать... вот ей-Богу! — перекрестилась она. — И надо было повидаться... Все торопит... а мне не хочется... Что я, совсем девчонка!... — поджала она губы. — Гоняется за мной, как вихорь, проходу нет... Как демон какой страшенный! Повез нас в листоран... медом угощал. И тетка-то говорит, погодить маленько... закабаливаться-то... не урод какой! Поживет — и в деревню сгонит, к свекрови...

Она прислонилась к печке, поджала руки к горлу и так смотрела. Я ничего не мог сказать: сердце мое сдавило.

— Он, Тоничка... знаете, что?... Нет, не могу выговорить... — затрясла она головой и засмеялась в руки.

— Что — он?...

— Сказал тетке... Она уж мне сказала... Ах, бесстыжий!... ах, бесстыжие его глаза!... а?!. Никак кличут?... Нет, спят, небось...

— Что же он сказал твоей тетке? — тревожно спросил я Пашу.

И она ткнулась в печку.

— А вы не глядите на меня, тогда скажу... Сказал, что... я... с вами... живем, будто... какой охаверник!... Говорит, я на это не обращаю... все равно. Баловство у них... Женются лю-ди на вдове! На этом не настаиваю, говорит... охаверник!... Ах, Тоничка, миленький вы мой... — вздохнула она тихо-грустно. — Ему это, будто, Гришка...

У меня в голове звенело. "С вами живем, будто!" — Только вы не глядите... мне вас стыдно...

— Ах, Паша... — только и сказал я, вздохнув.

— А тетка его хвалит. Нестреботельный он... обходчивый. Сама не верит! Может, ты с баринком чего имеешь! Это ей Гришка все... Не верит мне! А тебе, говорит, какая печаль... — говорит, — тебе веселей, с баринком-то, лучше! Может, лучше кого найдешь, не обсевок в поле... А что, всамделе... все говорят, что хорошенькая!...

Она повернулась ко мне лицом, веселая и смущенная, и посмотрела из-под бровей.

— Теперь... не сердитесь?...

Я... — я не знал, что делать, — быстро поднял подснежники и обцеловал их со всех сторон.

— Вот, Паша! — сказал я страстно и поставил цветы в стакан.

А она была уже около, робко заглядывала в глаза. Я взял ее за руку и прошептал чуть слышно:

— Паша...

Она не отнимала. Смотрела стыдливо, с любопытством.

— Ты... не выходишь за него... Паша? Она откачнула головой — нет.

— Тетка ему сказала... пусть еще погуляю... Ах, как хочу гулять! — сказала она восторженно.

— Паша... — прошептал я, покачивая ее руку.

— Ну... что? — шепнула она затаенно-нежно и посмотрела, как старшая.

Она была так близко, что я чувствовал ее платье и видел, как дышит на груди пуговка.

— Ах, хорошо... с тобой! — шепнула она мечтательно, и меня восхитило это вырвавшееся у ней — с тобой.

— Ты... любишь, Паша?... очень любишь?... — спрашивал я ее, не отпуская.

Она нагнулась ко мне, а я потянулся к ней. Она притянула меня к себе, и я услыхал, как пахнет ее духами, как монпансье, и встретил ее губы. Они были влажны и горячи.

— Ах, задушишь... — шептала Паша. — До чего сладко любиться с милым!... Ах, теперь я могу любиться, мне все равно... Мой хорошенький меня любит... теперь знаю!... Никого не любил еще?... правда?... А побожись...

— Ей-Богу, — перекрестился я. Она недоверчиво взглянула.

— И на улице... ни с какой?...

— Паша... я с отвращением отношусь к грязи!... — с возмущением сказал я.

Она так и затопотала.

— Ах, ужас, какая я счастливая! — заиграла она ладошками. — А Гришка чего только не болтал про вас, во-от!... У него, говорит, имеется... мне известно! У них деньги вольные— Вот какой плетун-охаверник!... Ей-Богу, никогда не целовались... со своим предметом?

— Ни-когда! — решительно сказал я. — Только нельзя говорить — с предметом!

— А все говорят так... Теперь и у меня предмет! — и она опять прижала мою голову. — Совсем мальчишечка... прямо, по мне! Мне семнадцать, а тебе шишнадцать... совсем погодки! Теперь уж мы будем целоваться... всласть!

И опять потянулась ко мне тубами. Мы целовались молча. Я разглядывал ее маленькие губки. Верхняя поднималась и была похожа на тонкий красивый лук, с выемочкой на серединке. Пахло душистым чем-то...

— А это медом... Степан угощал с теткой. Такой пахучий, как с розаном! Ох, миленький, идти надо...

Но я не пускал ее.

— Ну, посидим немножко... Какие у тебя глаза, Паша...

— У меня... васильковые!...

Я вспомнил про "незабудковые". Лучше — васильковые!...

— А... никому не показывала стихи?

— Да что я... ду-ра?!

Она сделала губки трубочкой, и мы опять стали целоваться. Я почувствовал, как она куснула. И я куснул...

— Ах, милый... что ты только со мною сделал... про тебя только думаю. И давно уж, сама не знаю... А с утра сегодня чумовая совсем хожу, ей-Богу... А как стишок спрятала на грудь, так сердце и загорелось! Будем любиться с тобой... ах, будем!...

Она захватила мои губы и, закрыв глаза, провела своими губами по моим, словно погладила.

— Никак кто-то?...

Она подбежала к двери.

— Нет, Рыжий прыгнул... Прислушиваясь, она глядела на меня от двери.

— Ми-лый!... — шепнула она, всплеснув руками, и стремительно кинулась ко мне.

Она опустилась на пол, обняла меня за ноги и прижалась лицом к коленям.

— Ах, чумовая... кого люблю!... — шептала она, смеясь, — мальчика совсем, молоденького, светленького... — терлась она щекой. — меду, что ли, я много выпила, голова у меня дурная...

Я обнимал ее голову и не мог ничего сказать. Она вывернулась лицом, взглянула на меня туманным взглядом, словно глядела издалека, смеясь, уронила голову и стала целовать мне руки...

— Ах, я глупая... ужасть счастливая... Я видел ее розовую шею с желобочком, по которому светло золотилось. И стал целовать ей шею. Она мягко поймала мои губы...

— Любишь?... никогда не разлюбишь?...

— Никогда... А ты?... Я страшно в тебя влюбился, помнишь... стояла в зале, в синей кофточке?. прыгала ты тогда!...

— Ах, помню... миленький...

— И когда умывалась, в голубом лифчике...

— Давно уж примечала... подсматривал все за мной! Всегда мужчины антересуются...

— Надо, Паша... ин-тересуются! — целуя, поправил я.

— Ну, ин-тирисуются... — прошептала она покорно.

— Ты очень умная, Паша... ты сразу сделаешься образованной! Ты, Паша... — я посмотрел на нее подольше, — настоящая женщина! Красивая женщина...

— Нет, нет... — сказала она испуганно, — девушка я еще... вот тебе крест!... девушка я совсем!...

И она часто закрестилась, а глаза умоляюще смотрели. Восторг охватил меня.

— Ты... девушка, да, я знаю... но ты... моя женщина! Я мужчина, а ты жен-щина... моя!

— Миленькая твоя, — шепнула она нежно, — первенькая твоя буду... только твоя... А ты мой, первенький... Когда еще я!... в Скокове у нас барчуки верхами катались... офицера! Думала, прынцы какие... никогда такого не полюбишь! А вот... со мной теперь!...

И стала целовать мне руки.

— Ах, напиши по-печатному, покрупней только, хорошо?... — просила она, поставив мне на колени локти. — Я сама стишки почитаю! Ты меня обучи писать? Я сразу выучусь, я смышленая...

— Я теперь тебе много напишу! — восторженно шептал я.

— А эти не умею, крючочками!... Я сейчас... Только отворотитесь... отвернись... — поправилась она смущенно, — за лифчиком они... Нет, вы не смотрите...

Она отошла и отвернулась. Я слышал, как звякали крючочки, и думал: за лифчиком у нее!...

Она возилась, а сама следила через плечо, гляжу ли.

— Ишь, как измялись, тепленькие стали... Бегала, а все думалось... стишок у меня любовный!

Она отдала мне бумажку и, забывшись, стала застегиваться передо мною. Пахло от нее духами. Меня потянуло к ней, и я тронул ее за кофточку...

— Паша...

Она шатнулась и подняла ладони:

— Нет, не балуй... не надо этого... ей-Богу, не надо, миленький!... Она умоляюще шептала. Глаза ее потемнели и стали больше.

— Ты, Паша... красавица... я хочу только... — шептал я страстно, — какая ты... красивая...

Она пятилась от меня, не сводя глаз, прикрывая руками кофточку.

— Миленький, не надо... спите...

В зеленоватой тени от абажура белели ее зубки. Вдруг она повернулась к двери...

— Кличут?... И пропала.

Я выбежал за нею. Слышал, как добежала она до своей комнатки, к чуланам, как щелкнул крючок за дверью...

Я долго слушал. Пробили часы внизу, кукушка прокуковала. "Па-ша!..." — сказал я вздохом и страстно поцеловал воздух. Рыжий терся у моих ног. Я схватил и нежно помял его. Потом долго ходил по комнате. Губы мои горели, обметались. Я вспоминал, как она смотрела, как втягивала мои губы, прижималась к моим коленям. Какое неземное счастье!... Я слышал ее духи, сладкое монпансье из "уточки". В комнате пахло Пашей, розовой ее кофточкой, ее дыханьем...

Я бегал из угла в угол. Стоял у окна, глядел на звезды. Они говорили мне. "Да, ты ужасно счастлив!" Пахло чудесно тополями. Милые мои звездочки! Я дернул ветку, и звезды замерцали. Боже мой, до чего я счастлив! Я бил по лицу листочками. Пахло как будто Пашей, ее дыханьем.

Я увидал смятую бумажку. Мои стихи! И нежно поцеловал ее... Пахло Пашей! Я развернул бумажку. Буквы на ней размазались. Весь день бегала она с бумажкой!...

...Пойти и постучаться? Можно пробраться в сени и постучать в окошко. Окошко выставлено у ней... Дверь у нее скрипит и крючок щелкает, — она непременно забоится! Сени с другого бока, и я подойду неслышно. И посидим тихо у окошка!...

Я снял сапоги и тихо прокрался коридором. Страшно скрипели половицы. Сейчас услышат!... В стекле чернелось. Я узнал Рыжего. Он попал между рамами, — должно быть, провалился, хотел убежать в окошко. Он увидал меня и замяукал. Негодный... пожалуй, перебудит!... И тут мелькнуло: надо захлопнуть форточку, можно сказать, что кот мяукал... и потому я вышел!...

Я прикрыл форточку и тихо пробрался в сени. Галерея-сени тянулась коридором. Стояли сундуки и шкафы. И между ними, в самом конце — окошко. Оно светилось!...

Меня охватило дрожью, и ослабели ноги. Подумал: "Сейчас увижу..."

"А если она раздета?..." И стало страшно. "Нет, — сказал я себе, — она увидит... это низость!"

Я постоял, подумал... Окно погасло.

"Стукнуть?..."

И тут я понял, что не могу и стукнуть: подумает, что подглядывал в окошко, не поверит.

Это меня сдержало, я не стукнул.

Я поцеловал воздух и прошептал нежно: "Паша!..."

"И Дон-Кихот бы ни за что не стукнул! А Женька бы наверно стукнул! Мы любим идеально с Пашей... Я объясню ей, что значит идеально".

Мысли меня томили. Я вспомнил, что скоро дача... Пашу могут оставить убирать квартиру! Последний экзамен 28 мая, а уедут 20-го. Останусь с Пашей... один в квартире... Я даже задохнулся. Но это же грязное вожделение?! Меня охватило страхом. Экзамены!... Я упал на колени и стал молиться. Молился и об экзаменах, и чтобы любила меня Паша, и чтобы Пречистая сохранила меня от искушений. Лампадка освещала ее грустный и кроткий лик. Показалось, что так похоже, когда Паша печально смотрит, задумается с иголкой.

Ночь я провел тревожно. Снилось, будто Женька схватил подснежники и вышвырнул их в окошко. От этого я проснулся.

"А где подснежники?..." Помнил — они валялись! Я сам их швырнул об печку. "Ах, целовались с Пашей!... Подснежники в стакане!"

Я соскочил с кровати. Сверкали звезды. В открытое окошко дуло. Какая свежесть! Я сел на подоконник, слушал. Чудесно петухи кричали! Подснежники чернелись пышно. Я их погладил, словно лаская Пашу. Милые мои цветики!...

Сон повалил меня.

Приснился Карих, очень хорошо одетый. Сидел в цилиндре, как у нашего пастуха, напротив. Будто он муж ее и что-то грозится сделать. А на нашем дворе, на бревнах, сидят математик и "Бегемот", с журналами, и будет сейчас экзамен. Я рад, что они на бревнах, будто родные, и надо предложить им чаю. Надо непременно послать за плюшками, и тогда они женятся на ком-то, как будто на тете Маше или на скорнячихе. И Женька снился, будто он тоже муж и сидит с Карихом на галерее. И должен приехать Пушкин. Мне очень страшно, что Пушкин меня увидит, а еще не посыпано песочком. Гришка стоит в воротах и что-то машет. Сейчас приедет. Я стою у забора, она со мною. Стоим так близко, что ее волосы щекочут шею. Что-то она мне шепчет, но я не могу расслышать. Я беру ее руку и умоляю: "Не говорите Пушкину!" И так мне сладко, что она рядом, что я держу ее за руку и умоляю!... А Карих и Женька видят. И надо бежать куда-то... И Паша снилась. Сидит на моей кровати в голубом лифчике. Мне стыдно, что она раздета. А она манит, протягивает руки. Я хочу целовать ее...

Я проснулся в изнеможении, как будто таю.

Рассвело.

...Что же это со мной?! Я таю... Какая легкость, какая слабость...

Помню — заснул я крепко.

XVIII

Меня разбудила Паша:

— Вставайте, девятый час! Опять в гимназию опоздаете... Так хорошо все было, куда-то ехал... И стало стыдно.

Первою мыслью было:

"Паша... Но как же теперь с нею?... А она говорит, как раньше... Скажу, что живот болит. Но геометрии не успел еще, а сегодня надо поправляться, а то выходит двойка... Могут не

98

допустить к экзамену. В пятницу последний урок будет, еще поправлюсь".

— Не пойду сегодня. Скажи... голова болит!

— Ну, вот какие... — шептала за дверью Паша, — в прошлый раз ведь голова болела! Не поверят мамаша...

Про "живот" бы надо, но стыдно перед Пашей.

— Скажите лучше... живот болит! — советовала она тревожно. — Сказать, что всю ночь не спали... сама слыхала?...

Какая же она умная! Я закрылся: даже и через стену стыдно.

— Сказать, что ли?...

— Ну, хорошо... как хочешь.

"Сейчас представление начнется!" — с тоскою подумал я.

Началось представление. "Лучше пусть выгонят лентяя, чем платить даром за ученье!" Дело известное. "У доктора Энке оболтуса-сына сам репетитор выдрал!" Тоже давно известно. "Марья Васильевна дурака своего в сапожники отдала!" Раньше — "в портные" — было!

— А фуражку и сапоги запру, не шляйся!... Угасающим голосом я просил:

— Дайте мне, ради Бога... венского питья... Должно быть, тиф у меня начнется!...

— Не венского тебе питья, а касторки выпьешь! Лень, а не тиф у тебя, лентяя! Книжечку до свету читаешь? Выгонят вот, и будешь, дурак-неуч, камни гранить, конторщиком!...

Все проходит. Пробило девять. Я оделся и увидал смя-тую бумажку, мои стихи! То, что вчера случилось, казалось гадким. Как я взгляну на Пашу?... Взялся за геометрию и стал разбираться в теоремах. Потом занялся стишками. Надо переписать для Паши. Я стал перечитывать — и ужаснулся. До чего же глупо! "А губки — розовый арбуз!" У ней чутошный ротик, как у рыбки, и вдруг — арбуз! К черту арбуз, и не нужно тогда — "из Муз!"

И я стал переделывать. Вспомнил вчерашний вечер, увидел губки...

А губки — розовый цветок!
Прими на память сей листок!

Это же ужасно: "сей листок"! "На последнем сем листочке напишу четыре строчки"... Так и Сметкин напишет! Вспомнил, как целовались с Пашей, — и сразу вышло:

А губки — аленький цветок!

99

О, урони хоть лепесток!

Как это верно, что любовь рождает поэзию! Какая тонкость! Она не поймет, пожалуй, что значит "урони лепесток", но я объясню ей, и все пойметься. В какой же восторг придет и уронит не один "лепесток", а много!

На радостях от удачи я пробежал "об окружностях" и быстро решил задачку. А раньше все путал с сектором. Ясно: я стал умней! Совесть моя затихла: вовсе я не дурак-неуч.

Я видел из окошка, как Степан подал к крыльцу пролетку. Уехали! Сестры ушли в гимназию. В доме осталась только тетка. Но она побежит к "Нечаянной Радости" молиться о мучнике.

Постучалась Паша:

— Скорей вставайте, чаю вам приготовила! Пока никого нету...

— И тетки нет?

— Унесло!

И она раскатилась с лестницы.

"Бес у нее в ногах! — нежно подумал я. — Совсем и не придает значения. Опять будем целоваться!"

Я надел белую курточку, которая шла ко мне. Совсем молодчик! И пошел, посвистывая, в столовую. Навстречу попалась Паша, бежала с самоваром.

— Слава Богу, выздоровели, — сказала она смеясь, словно ничего не было. — Я вам розанчик припасла с колбаской, а то не велено ничего давать... пусть постится!

Стукнула самовар и убежала. Я нашел розанчик и сливки. "Какая же она милая! — радостно думал я, хрупая розанчик, — какая у ней чуткая душа! Да, она будет любящая жена... Дикие предрассудки, что простая крестьянка не может играть роль в обществе. Наденет шелковое платье и шляпку, сядет в коляску, — никто и не отличит! Ездит вон Лавриха в бархате на своей лошади, а отец у ней землю пашет... Можно замечательно образовать!"

— Велели непременно выпить! — давясь от смеха, сказала Паша и поставила на стол чашку. — Велели побожиться, что скажу правду, что выпили...

И засмеялась хрустальными глазами.

— Если ты побожилась, придется выпить? — спросил я ее шутя, и стало совсем легко. — А вдруг ты попадешь в ад? Нет, мне тебя очень жалко...

Она схватилась за живот от смеха, вырвала у меня чашку и выплеснула в окошко.

100

— Выпили! А поп простит.

Я схватил ее за руку, но она вырвала и погрозилась:

— Это с понедельника-то, на всю неделю?... У вас и живот болит...

— Ну, Па-ша... разочек только?... Она весело замотала головой.

— Погоди до вечера, когда делать нечево!

Она отбежала к двери и стала слушать, плутовато поглядывая ко мне.

— А тетка вернется, подкрадется?... У ней плюнелевые, тише мыши! Это с меду вчера я так... а днем стыдно небось!...

Она взглянула бойко из-под бровей, вздохнула. Я тихо подошел к ней. Она прислонилась к двери, закинув голову.

— Что вы только со мною делаете... — сказала она мечтательно.

Я взял ее за голову и поцеловал нежно-нежно.

— Ах, как целуетесь хорошо... — шептала она с закрытыми глазами. — И вчера... губы обметало даже... Никак идут?...

Словно она проснулась: взглянула, застыдилась.

— Ступайте, учитесь, право... Нет, оставьте... еще застанут!... Тогда меня, прямо...

— Ну, не буду... Я тебе по-печатному написал стишки. Вечером приходи, отдам.

— Теперь дайте!

И лицо ее так и засияло.

— Нет, лучше вечером. А ты уронишь... несколько "лепестков"?...

— Это каких таких лепестков?... — спросила она серьезно.

— А вот послушай.

И я прочитал стишки. Она отгадала сразу.

— Ах, ты... Уж и хитру-щий ты-ы!... — сказала она чудесно и стала опять на "ты". — А знаешь, миленький... всю ночь не могла заснуть! Под самое утро только... Я играл ее пальцами. Они были совсем покорные. Она стала вертеть моими.

— Ой, не жми так, бо-льно!... — сморщилась она вся и сама сделала мне больно. — Иди лучше учить уроки...

А сама все не отпускала.

— А вчера я хотел постучать к тебе...

— Чего выдумал! — зашептала она испуганно, и глаза ее сделались большими. — И не выдумывай никогда! Нельзя...

— Да не постучал же! Я подумал, что это неблагородно, мне стало стыдно, и не пошел...

— Уж не ври, не ври!... — мазнула она меня пальцем, — я

101

все слыхала! И дверью, как стукнули... У меня свет горел. Чего вам нужно?...

— Хотел в последний разок поцеловаться...

— Зна-ю, какие последние! Никогда не смейте, нехорошо...

— Я видел, как ты погасила лампочку!

— Потому и погасила! Не глядите. Мало ли... раздетая была, может... Бесстыдники! Подсматривали?... — сказала она, стыдясь.

— Ей-Богу, Паша, я не подсматривал! Это бы подло было! — старался уверить я.

— Все вы одинаки, знаю... Образованные-то еще хуже! Мне до того понравилось, что она так стыдлива, и я поцеловал ей руку.

— Ай, разве можно!... Это попам целуют да мамаше! — отдернула она руку.

Мы шептались, пока не окликнула ее кухарка.

Но вчерашнего я не чувствовал. Не было в ней чего-то, что манило меня вчера. Она была в затрапезном платье. Ни фартучка на ней не было, ни голубого бантика. Я видел из окошка, как вытрясала она ковры, потом полоскала у колодца. Совсем простая! И хвост даже подмочила. А ноги — в разношенных башмаках, ушастых!

День был совсем весенний. Распушившийся за ночь тополь стоял зеленый, и в комнате стало по-другому. И старые сараи обновились; за ними зеленело. Прохаживался с метлой Карих, толстуха выносила ведра. Было отлично слышно.

— Ночью будто звонок к вам был? — спрашивал толстуху Карих.

— Наше такое дело. Симочку на практику вызывали.

— Государственное ваше дело, да больно беспокойно. А для нежной особы!... Лучше жить в покое. У кого капитал, спишь до сколько хочешь, чайку попил — то-се... "Листок" почитаешь, кого обокрали... А тут в самую полночь с-под одеяла выхватют! Беспокойное ваше дело...

— Как можно, с капиталом! Будь у нас капитал... — Яишничиху мне сватают с Серпуховки, две у ней лавки... ну, только необразованная, и из роту пахнет. А моя мечта... даже рояль купить, чтобы всякие романцы, как приятно! Вон, пастух завел для "молодой" рояль... одну польку и выучилась, глядел я. И то, знаете, приятно. Сядет у окошка, а она польку играет.

— Да что... сына бьет, а сам со снохой живет!

— Сказать по правде, мне ее сватали. Она, я вам скажу, такой породы, что... деликатно нельзя сказать. Я ее отверг. Мне надо существо тонкое, в мечтах! — сказал вдохновенно Карих.

— Я ищу существо с манерами, только счастья не задается. У пастуха один-разъединый был билет внутренний заем, и выиграл в прошлом годе сорок тыщ! А я владетель сороками билетами от папаши-покойника, и пятнадцать годов все жду. А могу двести тыщ выиграть!

— Со-рок билетов! — выкрикнула толстуха.

— Это для подарка только. У меня капитал Кредитного банка, по шесть процентов! Имейте в виду!...

— Капитал... как же можно!

— И я человек определенный! — постучал метлой Карих.

Обедать по случаю "живота" не пришлось, но Паша принесла мне украдкой вчерашнего супу с потрохами и хороший кусок телятины.

— На Рыжего свалила, утащил будто. Лупила его кухарка!...

— Зачем ты, Паша?...

— А вас-то еще жальче... одни вон глаза остались! — сказала она сердечно. — Стишки дадите?...

Я дал бумажку. Она тут же запрятала за лифчик. Женька почему-то не заявлялся, — а всегда заносил уроки. Фуражку мою забрали.

— Надо узнать уроки!... — просился я. — Дайте же, наконец, фуражку! И когда экзамены, не знаю...

Наконец заступилась тетка:

— На нашей душе грех будет, если провалится! Весь день, видела я, учился...

Я получил фуражку и сказал тете Маше:

— Видел я сон... вам будет радость. Что-то необыкновенное...

— Голубчик, Тоничка... — стала она просить.

— Только возьму уроки, а то уйдет... — торопился я: сна еще я не выдумал.

Я дошел до часовни на уголке... Но тут случилось событие, которое все перевернуло...

XIX

Это была любимая моя часовня. Несешь единицу или двойку, станешь перед иконой и горячо помолишься. Я знал наизусть молитву, написанную под образом. "Заступнице усердная, Мати Господа Вышняго..." И в этот раз я остановился помолиться. На душе было тяжело, тревожно: грехи, экзамены... Я горячо молился — и вдруг услышал:

— Не оборачивайтесь и не обращайте внимания...

Это был чудный голос, ее голос! И рука замерла на лбу.

— Это вы... бросили мне письмо?...

У меня онемел язык. Кажется, и она молилась.

— Я вам отвечу... Куда писать?...

— Я... напишу вам... — прошептал я растерянно.

— Не оборачивайтесь... нас знают.

Когда я обернулся, она уже переходила улицу. Я видел волны ее волос, пышный, изящный стан, стянутый синей кофточкой, и что-то розовое на шее. Уже синяя шапочка-беретик придавала ей бойкий вид. Можно было подумать, что это гимназистка.

Я шел, как пьяный, очутился в каком-то переулке.

Хочет ответить мне... подошла сама! Письмо увлекло ее...

Не хотела скомпрометировать, шепнула. Может быть, ее тронуло, как я молился? Может быть, это... перст судьбы... Владычица... Видела один раз, через щель забора, и так запомнила!...

Я понесся, как сумасшедший, к Женьке. Мчались и пели мысли, складывались экспромтом...

Ворвавшись к Женьке, — он хлебал что-то торопливо, — я дико крикнул:

— Слушай!...

Она... явилась мне в пути,
Шепнула: "я люблю ужасно!"
Велела... вечерком прийти!

— И врешь, — сказал Женька, дохлебывая. — А тебя, кажется, не допустят. "Штучкин" сказал... не успеет поправиться — на солонину!

— Чепуха, — сказал я лихо. — А знаешь... только, ради Бога, никому... Я начинаю чувствовать, что такое полюбить женщину!...

— Ого!... — усмехнулся он, перекосив рот. — Купи ей подсолнушков.

— У тебя только гадости! Пусть она не совсем образованная...

— Знаю, не хвастай. Образованную увлеки... вот! А с горничными не считается. Так я и ожидал, что скажет, и подосадовал на себя.

— Может быть, и увлек уже! — вызывающе сказал я. — Ну, а она ответила? свиданье было?...

104

Он втянул подбородок в грудь, так что образовались складочки, и внушительно пробасил:

— Она была занята... на практике!

— Вовсе и не была на практике, а у них были гости!

— И нельзя было отлучиться!

— И за ней ухаживает чернобородый студент!

— Ничего не значит! Я не требую иде-альности! "Мне все р-равно, мне все-о... рравно!" — деланно пропел он.

Но это больно его задело: он стал потягивать себя за нос.

— Женька, — не удержался я, — я должен тебе открыться. Я... тоже написал ей!

— Ты?... — вымолвил он презрительно.

— Я, кажется, тоже имею право высказывать свои чувства!

Он пробасил "полковником":

— Мо-ло-ко-сос-маль-чи-шка!

Меня захлестнуло вихрем. Чудесная встреча у часовни!...

— Во-первых, они соседи и... она заинтересовалась мной!...

— Ффф... — презрительно сделал он губами, но по натянувшемуся лицу его я понял, что он ревнует.

— И... я вовсе не виноват, что две женщины мною интересуются!...

— Дульцинея с тряпкой, и... — кто?...

— Это уж мое дело! И я написал свое, а не сдирал у Пушкина! Пусть она сама решит, кто...

Он презрительно выпятил кадык и фыркнул:

— Ду-рак!

Я чуть не крикнул ему: "А над твоим письмом издевались все вместе с нею!"

XX

Надо мной открывалось небо.

Прекрасная, неземная, к которой так все влекутся, а она, как лучезарная Зинаида, властно играет ими, — она мною интересуется! И как поэтично вышло! Этот божественный Шепот у часовни, этот смущенный лепет!... Словно ниспосланная мне с неба, рядом со мной молилась! Быть может, это судьба... кто знает?

И я стал сочинять письмо.

— Я слежу за каждым звуком ее шагов, за вибрацией ее неземного голоса, за каждым ее движением, за каждым

105

вздохом... О, мне ничего не надо! Только в благоговейном молчании созерцать светлый образ, слышать напевы рая! Оцените же мои чувства, как подскажет вам ваше сердце исключительно чуткой, чистой, прекрасной женщины и просто человека! Одно ваше — "нет", один ваш жест, — и я покорно отдамся участи и не потревожу вашего взгляда своим вниманием! Да! я... "погасну в мраке дней моих!" — как уже написал я вам, и лишь прибавлю:

> Но, умирая в жажде ласки,
> Я образ чудный сохраню
> И слез горючих уроню
> Моря на дивную из сказки!

Я просил положить ответ — в столбике нашего забора, под рябиной: там много дырок.

В комнату заглянула Паша. Я даже не заметил.

— И все-то пишете! и все-то учитесь-мучитесь...

— Ах, это ты, Паша... — сказал я, чувствуя перед ней неловкость. — Ужасно трудно... экзамены!

— Теперь скоро, будете отдыхать. А когда у вас екзамен-ты-то будут, в который день? Помолиться хочу за вас...

Во мне защемила совесть.

— В субботу, латинское экстемпоралэ?...

— Самый злющий? которого боитесь?...

— Геометрии я боюсь и "грека".

— Вы мне тогда скажите. Ну, учитесь, учитесь...

Я поглядел на исписанный листочек. Если бы она знала!

Перед ужином поймала меня тетка. У ней сильно болели зубы, — "ходячий флюс"! — и она была вся обвязана. На весь коридор воняло камфарным маслом. Я даже испугался, как она вынырнула из передней.

— Тоничка, голубчик... — зашептала она таинственно, обдавая меня "зубным", — какая же большая радость? какой ты сон-то необыкновенный видел?...

А я и забыл про сон-то!

— О, я такой сон видел!... такой видел... такого никогда еще не видел! Даже и не верится, что можно такой увидеть! — стал я рассказывать, чтобы чего придумать.

— Думаешь, про меня видел?

— Думаю, что... вам что-то особенное будет! Прямо необыкновенный сон... довольно странный...

— Да расскажи же! А не страшный?...

— Не знаю, как вам покажется. Сон такой, что... А в голову ничего не лезло.

— Вижу я... мучника Пантелеева...

— Его?! Да не может быть?...

— Ну, тогда сами постарайтесь увидать! — усмехнулся я.

— Нет, нет, Гоничка... я же тебе троюродная тетка... Ну, видишь Пантелеева?... — Как живого, вижу мучника Пантелеева... Но как я его вижу? Это-то самое необыкновенное. Будто... он в роскошной бобровой шубе, веселый и румяный!...

— Нехорошо — в шубе! Шум будет...

— Увидите, непременно большой шум будет! — уверенно продолжал я. — Без шуму не обойдется. Раз такое событие, всегда шум бывает!

— Какое... событие? — совсем растерялась тетка.

— Не знаю, но событие, как будто. И Пантелеев въезжает к нам в ворота... в громаднейшей карете!

— В ка-рете?...

— Будто даже... в сверкающей золотом карете, с этими... ливрейными лакеями. И говорит: "Я приехал за... товаром!" И смеется!

— Так и сказал — за товаром?...

— Русским языком говорил! А я сижу будто на этом... на крыльце. А лакей в перчатках мне говорит: "Купец Пантелеев приехал за товаром! Где у вас товар?"

— Что-то такое, как будто... знамение?... — перекрестилась тетка.

— Я во сне даже удивился! Думаю — за каким они товаром?!

И выносят из кареты грома-дный-громадный пирог, кондитерский, или кулич! Во всю карету. Как он там у Пантелеева поместился... но во сне все можно... Даже во все крыльцо. И поставили прямо на крыльцо! И отворяется дверь на лестницу. И я смотрю, а на самом верху... вы сидите в кресле!

— Я... на кресле? наверху? А какая я, в каком виде?...

— Но это мало. Вам кто-то причесывает волосы. Волосы дивные, волнами, распущены по всей спине! И тогда Пантелеев пошел по лестнице прямо к вам. И дверь закрыли. И ни кулича, ни кареты. А лакей меня за плечо взял и будто будит: "Позвольте на чаек, господин хороший, поздравляю вас с праздником!" И все пропало!

— Тоничка!... — вскрикнула тетя Маша и, должно быть, задела зуб: вся так и сморщилась. — Неужели ты это видел?... Врешь, ты этого так не видел! Выдумал ты это?...

— Не верите... не надо! — сказал я кротко. — Разве, тетя, можно так выдумать? — и я поверил себе, что видел.

— А ну, побожись, Тоничка! что ты так видел?!

Я подумал, что если я это выдумал, так это же все равно, что во сне приснилось, и я перекрестился.

— Бо-же мой!... — воскликнула тетя Маша. — Неужели такое сбудется?! Я тогда непременно подарю тебе золотой!

Она сияла, и белые ушки платка на темени играли, как ушки зайчика.

Я был так счастлив, что всем хотелось сказать хорошее. Сестрам сказал, что они, по-моему, должны получить медали, и старался придумать сон. Паше шепнул в передней: "Не дождусь, когда поедем с тобой на дачу, будем искать грибы!" Она тяжело вздохнула. За ужином я был кроток и всем услуживал. Объявил, — что "теперь уж увидите... может быть, перейду с наградой"! Самому даже стыдно стало.

— Не хвались, а прежде Богу помолись!

— А что... — поддержала тетка, — может, и получит! Как ни раскину карты, а бубновому хлапу успех выходит! Кто же бубновый-то хлап у нас?...

— А не король я бубновый?

— У кого королева есть — тот король, а ты еще хлап покуда.

"Две королевы есть!" — подумал я сладко-сладко.

— А вы все не верили, что у него живот болел! — жалостливо сказала тетя Маша. — Ишь, как осунулся, и глаза горят!...

— Да, у меня ужасная слабость... — сказал я вяло. — В голове все треугольники от геометрии, и словно колются там, в мозгу! Вон, один ученик у нас... учил-учил... и воспаление мозга получил! Недавно хоронили.

Паша взглянула жалостливо. Да и все как будто обеспокоились.

— Голова гудит, словно песок шипит. Немножко бы прогуляться...

— Пусть прогуляется немножко... — сказала тетка.

Я сейчас же пошел прогуливаться и подсунул письмо в парадное. Никто не видел. Улица засыпала под луною. Напротив, у Пастухова дома, спал на лавочке дворник с бляхой. Фонарей уже не зажигали: лето.

На крыльце флигеля, во дворе, сидел кучер, наигрывал тихо на гармонье. Против него стояла Паша и горничная инженера. Стояли, обнявшись, тихо. Кучер играл "Стрелочка".

Увидя меня, Паша обняла подругу, и обе засмеялись.

— А я... брунетов! — весело крикнула подруга, и я подумал: "Это она про кучера: он "брунет"! А она так и лезет к кучеру!..."

XXI

Прошло три дня, а ответа все не было. Только начинало темнеть, я подкрадывался к забору и ожидал, не заслышу ли легких ее шагов, не увижу ли светлый образ. Я обшаривал скважины в заборе, куда можно вложить записочку, перешаривал весь крыжовник, исцарапал себе все руки, а письма все не приходило. Не смеется ли надо мной, как смеялась она над Женькой? Или — следят за нею? Карих всегда туг шмыжит... Наконец я ее увидел... Она прокатила с саквояжем, — должно быть, на родины! — и я поверил, что она и в самом деле акушерка. Но она была все так же очаровательна, хоть и акушерка. Я долго глядел ей вслед.

Получив по геометрии три с плюсом, я валялся, задравши ноги, и все сочинял стихи. Я мечтал очутиться с нею на необитаемом острове, приносить ей моллюсков и одуряющие цветы магнолий... то — в пустынных степях Ориноко и оберегать ее тихий сон, стоя у ее изголовья с карабином.

Это случилось в тот самый день, когда получил я по геометрии тройку с плюсом...

Я облазил все дырки в столбиках и опять не нашел ответа. Это меня убило. И я написал кратко: "Немедленно ответьте! умоляю, как умирающий! Я готов сделать безумный шаг!" Когда стемнело, я сунул письмо в парадное, дернул звонок и сейчас же понесся в садик.

Было совсем темно. Вдруг блеснуло на галерее. Я узнал беглые, легкие шажки, и сердце мое остановилось... Я видел в щелку, как она осторожно подходила, озиралась. Я слышал шепот:

— Что он только со мною делает!... Это было неземное счастье!

— Мальчишка... сумасше-дший...

Я даже слышал, как она тяжело дышала: нас разделяли доски! И пахло волшебными духами, негой.

— Да где же это?...

Руки ее шуршали, обшаривали доски...

— Здесь, что ли?... — сказала она вздохом. — Ах, мальчишка!...

И она побежала к дому.

Я жадно схватил бумажку. Она пахла томящими духами — как будто ароматами Востока, как... мыло "Конго"! Я вдыхал этот запах неги... Божественная амбра!...

Я не помнил себя от счастья. Я целовал бумажку, я гладил столбик... Как тать, выбежал из сада.

Я не мог зажечь лампу, — так у меня дрожали руки. Зажег. Розовая, нежная бумажка! Она была сложена изящно, как порошки в аптеке. Написано было торопливо:

"Чего вы от меня хотите? Я уже сложившаяся женщина, а вы... еще совсем мальчик. Вы очень милы, и я любуюсь вами. Наша Мика нежно целует вас. Как старшая сестра, нежно целую вас, милый, сумасшедший поэт! Пишите, я вам изредка буду отвечать через наш "почтовый ящик". Пусть это остается между нами, как наша тайна. Не настаивайте на свидании! Не "страсти" же вы от меня хотите? Ваши стихи наивно-милы. Извольте, можете меня целовать заочно, но зачем же... "шелест моего платья"? Неужели вы любите во мне — "женщину"? Интересно, сколько вам лет? 15? Ваша — увы! — не "богиня" С."

Я исцеловал строки, и особенно — большую кляксу. Как раз на словах — "и я любуюсь вами"! Я перечитывал без конца, стараясь вычитать сокровенное. "Наша тайна", "не страсти" же вы от меня хотите?... Почему кавычки? "Неужели вы любите во мне — "женщину"?" Опять кавычки! Да, женщину, чудную женщину!

Почему ей интересно, сколько мне лет? И она нежно меня целует! "Как сестра"... Но это всегда так пишут! Но для чего она написала, что она "уже сложившаяся женщина"? Что это значит? не девушка? Сложившаяся... прекрасная, как самая настоящая бельфам? Что же характеризует "сложившуюся женщину"? Почему я, юноша... не могу быть хотя бы... в дружбе со сложившейся женщиной? Пишет — "а вы... совсем еще мальчик!" А потом — что ее интересую... Чего я от нее хочу?... Я сам не знаю... безумно хочу любить ее, пожимать ее руку, смотреть в глаза, дышать ароматом ее духов, ее прекрасного существа!...

Моя голова горела. Я схватил перо, и безумство меня помчало.

Мне помешала Паша, пришла открывать постель. Я видел замызганную юбку, ушастые ботинки, простоволосую... Меня смущало, как бы не подошла, не протянула губы... Тогда... — это было увлеченье!...

— И все-то пишет! — сказала Паша. Я даже головы не поднял.

— Чтой-то как хорошо пахнет? Будто хорошим мылом...

— Да... где-то обертка была, от мыла "Конго"...

— Вот-вот... — потянула она ужасно носом, — "конгой" пахнет!... всю даже комнату продушило...

"Продушило! — так меня передернуло, но я сдержался. — И чего она топчется?..."

— Ну, учитесь-учитесь, Тоничка... может, потом и меня подучите...

— Конечно... Ученье свет, неученье — тьма!

— На даче будем, вот и подучите. Она подошла к окошку.

— А подснежнички-то уж повяли... — сказала она грустно. — Да уж и пахнут...

Она выкинула их в окошко и ушла неслышно.

Мне стало легче. Передо мною лежала ее записочка, а неграмотная и внимания не обратила! Слышала только носом.

Я сумасшествовал, отвечая ей. Чего я хочу? Любви! Только одной любви! Я не знаю, что значит "страсть". "Вас я боготворю, как женщину! — писал я. — Прекрасную и святую! Почему вы удивлены? Что же любить мне в вас, если вы — женщина? Я готов вам слагать молитвы! Я весь трепещу пред вами, о незабвенная! Самая высшая мечта — целовать ваши руки, дышать одним с вами воздухом, слушать, как вы вздыхаете. Вы — тайна. Я видел ее во сне. Ребенком еще влюбился! Именно вас я видел в хрустальном ящике, вы раскачивались на трапециях, — и вот, я дождался вас! Вы не откажете алчущему и жаждущему сердцу! Я еще мальчик, да... но чем же я виноват, что в моем юном воображении вы занимаете царственное место? Вы — волшебная сказка, и я хочу вас слушать! И пусть я сгорю, как бабочка, на огне любви!..."

Было еще сильнее. Письмо я закончил стишками, которые я посвятил Паше. Но я переделал их.

Я изобразил молнию, ударяющую в сердце. Под ней:

> Ты сердце молнией пронзила!
> Твой образ, как небес цветок!
> Меня ты взглядом поразила!
> О, урони хоть лепесток!

Я умолял ответить. "Завтра, когда стемнеет, я буду ждать!"

Нужно было сунуть под дверь сейчас же. Я вышел в сени. Было уже за полночь, и луна на ущербе вышла. Я прошел коридорчиком, сенями. Пашино окошко не светилось. Когда подходил — подумал: "Услышит и подумает, что я к ней!"

— Это вы, Toничка?... — услыхал я тревожный шепот. Окошко у ней было приоткрыто.

— Я... голова болит... хочу подышать, в садик...

— Вот, полунощники, разгулялись...

— А ты почему не спишь?

— Ах... "Мне не спится, не лежится... и сон меня не берет!" — пропела она сонно — прошептала: — Про кого-то все гребтится... да не знаю, по ком скучаю.

Она сидела в окошке, на подоконнике. Может быть, на луну глядела, встававшую над сараями, за галереей: на полу отражались стекла. Было свежо, и она куталась в шерстяную шаль.

Я спустился по черной лестнице и прошел к воротам. Гришка не дежурил. На той стороне пастухов дворник дремал на лавочке. Я прошелся по спящей улице. Прыскали в подворотни кошки. Выла у пастуха собака, но кто-то цыкнул — и стало ти-хо — Да так тихо, что дошло из Кремля, со Спасской: пробили часы — двенадцать. У Постойко еще светилось.

Я сунул под дверь записку, позвонился тихо и перешел на другую сторону. Парадное открылось и закрылось. Лампа в окне погасла. Опять завыла у пастуха собака. Проехал пустой извозчик, дремал в колени. Луна поднималась из-за дома, совсем косая. Пахло чудесно тополями и березой. Стало как будто парить, сходились тучки.

Паша еще сидела. Теперь окошко было совсем открыто.

— Нагулялись... — сказала Паша.

— Так, прошелся...

Я уже прошел мимо.

— Toничка... — позвала она. Я приостановился.

— Что вы на меня сердитесь?

— Ничего не сержусь... напротив! Выдумала чего-то... сердитесь! — сказал я бодро, а в сердце укололо. — Не на что мне сердиться!

Мне стало ее жалко. Я присел к ней на подоконник и только теперь заметил, что она в новой кофточке.

— Вот, хорошо... кофточку ты надела, а то такая была грязнуха... Надо всегда одеваться чисто! — ласковей сказал я, придумывая, что бы еще сказать.

— Чистенькой-то, известно, лучше! — сказала она грустно. — И франтила б, да нет франтилов... Чистеньких-то и любят! Уличные-то вон, все чисто ходят...

— Конечно. Но надо и еще... образование, и красоту...

— Хорошенькая да приоденется если... всякому с такой лестно! — сказала она живо. — Не любите вы меня, Toничка...

И она прижалась ко мне плечом.

— Во-первых, ничего подобного! Но... эти ужасные экзамены, расстраивают нервы, а я все время только и думаю...

Она положила голову на плечо ко мне. Я ее потрепал по щечке. Она вывернула лицо и заглянула в мои глаза.

— Не любишь?... — сказала она грустно.

— Люблю же, Паша!... Какая ты чудачка...

Она протянула губы. Я представил себе ее и нежно поцеловал Пашу. И она меня поцеловала. Я поцеловал ее еще раз, но Паша отняла губы.

— Уж я знаю, не любите вы меня, Тоничка! Ну, идите, а то опять проспите...

Я погладил ее по щечке и быстро пошел к себе. И все об одном думал: что-то она напишет!...

XXII

Я сидел у забора и поджидал. Стемнело. Придет?... Любит — придет. Обрывал на крыжовнике листочки. Если уколюсь, то — любит. Переколол все пальцы. Сколько на галерее окон? Если четное, то не любит?... Пять окон! Любит. Но я кажется, знал, что пять?... Сколько буковок в "Серафиме"... четное — любит! Восемь!

Корову подоили, сейчас и ужинать позовут. А она все не выбегала. Я сосчитал до тысячи, а она все не приходила. Начал вторую тысячу. Бахромщицына девчонка пробежала, постояла под бузиной и убежала.

И вот — услыхал шажки. Она бежала на цыпочках, как фея.

— Конечно, вы здесь... и ждете?... — услыхал я чудесный шепот.

— О, это вы!... — прошептал я страстно. Она так чудесно засмеялась!

— Вы сумасшествуете... Это последний раз! Слышите?... Меня начинает мучить совесть... Мы должны кончить. Ну, вот, я вам ответила... И это все... Мне вас жаль, но, милый... нельзя же так. Прощайте...

И она пропала, прежде чем я ответил.

Ее, сиреневая теперь, душистая записка говорила:

"Я совершаю преступление, отвечая вам. Я не могу ответить на ваше юное непосредственное чувство. Не такой же любви вы ждете? Вы ждете чего-то необыкновенного? Но... так

113

все обыкновенно! Советую вам читать Шпильгагена, Жорж Санд и, особенно, Чернышевского — "Что делать?". Тогда ваши идеалистические стремления найдут выход. Ваша страстность вносит в мою душу смуту. Но я не смею отвлекать вас, мешать учебным занятиям. Я плачу над вашими письмами, но... забудьте выдуманную вами "небожитель-ницу". Я просто самая обыкновенная "бабенка"!

Ваша, немножко увлеченная вами С...

P. S. Хорошо. Я решаюсь объясниться. Я должна на два дня уехать. Во вторник или среду я напишу вам, где и когда мы встретимся. И кончим? да? Право, милый мальчик, кончим?... Не будем распеленывать ваш "идеал"? Вы можете разочароваться, прикоснувшись к грубой реальности. Посылаю вам маленький "лепесток". Какой вы хитрый обожатель! Довольны? "Неземная" — пишете вы! О, слишком земная и слишком грешная, как все женщины, хотя и Серафима. И недостойна вашей нетронутой чистоты. Ах, если бы вы забыли выдуманную вами "нетленную", "неземную" и "божественную"! Будьте же благоразумны..."

Я рыдал над ее письмом. Я вдыхал одуряющий аромат востока, я припоминал музыку ее шепота, ее удивительное — "ах милый мальчик!" Она уже посылала мне маленький "лепесток"! Я мечтал, как она подарит мне обворожительный поцелуй женщины... Я понимал, что в ней происходит страшная внутренняя борьба. Она готова со мной расстаться, но в приписке она не в силах бороться с одолевающею ее... с зарождающимся в сердце чувством? Она плачет... Она боится, что я разочаруюсь!... Мы встретимся в Нескучном, в глухом уголке сада, у каменной беседки, где колонны, на берегу зарастающего пруда... или в "Аллее Вздохов", откуда виден купол Христа Спасителя! Или — у "Чертова Оврага"... Там соловьи поют... Но почему она — "грешная, как все женщины"? она... не девушка? Если она любила... почему же — грешная?... Значит, кого-то она любила...

Кончить?... Нет, это невозможно. Я хочу держать ее маленькую ручку, ручку ребенка-женщины, пожимать ее нежно-нежно, пить аромат шелковистых ее волос, пропитанных ароматами Востока... Я хочу носить ее, как ребенка, сажать к себе на колени, целовать ее чудные глаза и розовый "цветочек", с которого будут падать душистые лепестки, страстные поцелуи женщины, и читать ей свои стихи, написанные кровью сердца, написанные для нее одной...

И я написал отчаянное письмо.

"...Это не преступление, что вы уделяете мне хотя бы

крупицу счастья. Да благословит вас Творец! Вспомните "лепту вдовицы"! Пушкин сказал словами князя Гремина: "Любви все возрасты покорны, ее порывы... благотворны! для юноши в расцвете лет, едва увидевшего свет!" Это знаменательная фраза в устах Пушкина, и, конечно, Пушкин, как великий поэт, не мог бросать ее на ветер! Если вы уважаете Пушкина, вы должны признать это. Даже для — "едва увидевшего свет!" — как я, хотя я уже многое повидал и много уже прочитал, как, например: "Дон-Кихот", "Юрий Милославский", "Демон", "Мцыри" и "Маскарад" Лермонтова, массу всяких романов! Конечно, я немедленно проглочу всего Шпилгагена и Жорж Санд и "Что делать?" Чернышевского, но уверен, что они не разубедят меня! Сама жизнь, устами Гения, говорит мне — люби! И вы сами уже немножко интересуетесь мною? Или я ошибся? Нет, не отнимайте у меня последнего утешения видеть Солнце! Вы — Солнце, вдруг осветившее мне весь мрак моей суровой жизни. Вы, как Зинаида из "Первой любви" — удивительная повесть И. С. Тургенева, если вы уже читали! Да, вы для меня — лучезарная Зинаида, тоже "грешная" женщина, отдававшаяся безумной любви даже под хлыстом любимого человека! Я плачу, перечитывая ваши письма, вдыхаю аромат женщины! Да, вы женщина, как античная Венера, а я только "мальчик", но если ваша любовь только игра сложившейся женщины, то и тогда я с радостью пью яд обмана! Дайте мне, умоляю вас, пить этот отравляющий обман и боготворить вас! Вы мне необходимы. Я знаю, что вас окружают тысячи поклонников — может быть, более меня достойных, но бросьте мне хотя бы корку от вашего пира любви, и в этом я почерпну силы, чтобы завоевать в ваших глазах место, достойное вашей любви. Любимый мною поэт Лермонтов сказал когда-то: "Выхожу один я на дорогу, сквозь туман кремнистый путь блестит!" Так и я. Я один выхожу на дорогу, и впереди туман, и кремнистый путь! Но... пройдут года, и я завоюю место в ваших глазах и... сердце? да? и получу право просить вашей руки и сердца, если хоть одна слабая искорка любви и чувства ко мне сохранится в нем! О, позвольте мне хотя бы мысленно лобызать края вашего платья! Простите, я не в силах сдержать обуревающее меня чувство. Я медленно сгораю, я не сплю и не ем, ночи и дни напролет думаю о вас, и ваш телесный образ божественно наполняет мою душу! О, розоперстая Эос! заря утренней моей жизни! Если бы я был Гомер, я написал бы "Серафиаду" и воспел бы вас героически! "Эннепэ, Муза, полютронон гос мала полля!" — как поет Гомер Одиссея! Отныне я ваш Гомер! И вы... о, вы должны быть моей Вся вы, и ваша бессмертная душа, и ваше прекрасное и бессмертное для меня и святое тело! да, тело богини Венеры! Я безумствую, я целую ноготки ваших пальчиков и ваши каблучки! Простите безумного сумасброда, я в каком-то вихре! Ваш Тон. Так меня зовут. Я не люблю, когда прибавляют "Ан". Некоторые зовут меня Тоничка... и, кажется, влюблены в меня. Но что же мне делать с сердцем?!"

Были еще приписки, и заканчивалось стихами:

> Мне незнакома женщин ласка,
> Но слово "женщина" — как сказка!

XXIII

Был вечер. Я подошел к парадному, бросил письмо в прорезь и решительно позвонился. Увидят или не увидят — мне было безразлично.

Гришка, оказывается, дежурил, но, должно быть, дремал, когда я прошел к парадному, а я проглядел его.

— Чего к бабкам-то звонились? — спросил он меня с усмешкой. — Для прахтики?

— Да... просили знакомые передать письмо... — нашелся ответить я. — Хотят акушерку пригласить!

— Сказывайте, знако-мые!... — сказал плутовато Гришка. — Чего-нибудь такое. Портнишечка, что ль, какая?

— Глупости... — смущенно сказал я Гришке и быстро прошел в ворота.

А он мне крикнул:

— Ну и ребята пошли отчаянные! Мастаки-и!... Я кинулся к забору. Галерея едва светилась. По потолку поплыло пятно света. Потом проплыла и лампа. Дверь в квартиру захлопнулась. По тихому ходу лампы я сразу понял, что это прошла толстуха. Серафима бы пробежала быстро. "Толстуха, — подумал я, — выходила на мой звонок и, должно быть, взяла письмо".

Я прождал больше часу. Неужели она не выйдет? Я просил знакомую звездочку, — это была моя звездочка... — быть может, это и есть Венера? — чтобы она сманила. Я помнил, как сестры пели: "Звезда любви мне тихо говорила, что любит он печальную меня!..." Ко мне подошел Рыжий и принялся тереться. Я нежно его погладил. Он стал мурлыкать. "Милый Рыжик! — сказал я ему, лаская, — ты тоже любишь... кошечку в бантике!" Помурлыкав, он сиганул к соседям.

116

Кликали ужинать. По двору пробежала Паша. Я укрылся под куст крыжовника.

— Нету, не видать... — услыхал я Пашу: она заглянула в садик. — А плетун сказывал... во двор пошли! К портнишкам, может? Мухлюют что-то... Тоничку не видал? — спрашивала кого-то Паша. — Не у девчонок?

— Девчонки в баню пошли. Есть мне время Тоничку тво-во сторожить. Ты за ним все хвосты отрепала... и гоняй! — сказал недовольный голос Степана-кучера.

— А-а, трепало! — усмехнулась Паша. — Пусти... сейчас закричу, бугай страшный! Что, всамделе, проходу не даешь?... Ей-Богу, барыне пожалюсь...

— Са-харная, что ли... рассы-пешься!... Шутков не понимаешь. Тот тебе небось... не обижаешься?...

— У, бесстыжие глаза, ломовик!... Какая-никакая, а пока не твоя!

Все, до одного слова было слышно в вечернем воздухе. Говорили они у бревен. Кучер мне был противен. От Паши я был в восторге. Какая она... зубастая!

— Паш!... — окликнул кучер, — на одно словечко, по сурье-зу!...

— Погоди до морозу! — крикнула звонко Паша.

Я слышал, как портнишки пришли из бани, смеялись с Гришкой. Потом кучер проваживал во дворе лошадь. Потом — затихло. Прошел Карих, приколотил что-то у сарая, ругнулся, — должно быть, попал по пальцу, и, сказав: "Храни Бог, ежели в пожарном отношении", — зашмурыгал в свою квартирку, рядом с бахромщицами.

У бахромщиц погасла лампа. Карих еще светился. Погас и он. Портнишки кончили "Чудный месяц", и только скорняки и сапожники, отужинавши, что-то еще галдели. Пропели про Дуню и лапушок, про какой-то "корешок-корешок" и, наконец, умолкли. Я уже собирался идти домой. И вдруг сердце мое мотнулось. Галерея взблеснула и погасла. Она?... Я разобрал легкие, осторожные шажки. Потом — легкий и частый шорох...

Я прижался плотнее к столбику, где опустит. Услыхал милую одышку...

— Какое-то безумие... что меня заставляет?... странный мальчик. Да куда же?... Ничего не вижу... — шептала она нежно над самым моим ухом.

Я прижимался к столбику, и у самого моего сердца зашуршала ее записка!

— Простите, Серафима!... — вырвалось у меня отчаянно, — я не мог дождаться... я посмел беспокоить... но я, прямо...

117

— Ах, как вы меня испугали! Вы здесь?! Ах, отчаянный!... — шепнула она с улыбкой: я чувствовал по тону. — Вы... сумасшедший?! и хотите свести с ума! Со мной еще никогда... таких романов!...

— Я... я сам не знаю... — бессвязно зашептал я, — я безумно вас... обожаю, люблю... я как в ослеплении... от вас...

— Тише же, ради Бога... вы очень громко... — перебила она мой лепет. — Скандал, если нас застанут! Тоничка? да?... Вот что... — она говорила, задыхаясь... — что мне с вами делать? я положительно теряюсь, вы так настойчивы. Это последний раз... Я вам написала, все... Сейчас же идите спать! Я вас целую... горячо целую! Вы слышите? ну, если хотите... поцелуем жен-щины! Довольны? Вот... Вы слышите... Тоничка?...

— О, дорогая... — шептал я в бреду, не помня.

— Милый... — она задышала часто, — вот, самый... жгучий...

И она поцеловала забор, три раза! Совсем близко, против моего глаза. Я слышал ее дыханье, ее вздохи... как пахло восточными духами!

— Ах, целую... Серафима... богиня... — в ослеплении бредил я.

Странное чувство легкости, потери всего себя, какого-то сладостного беспамятства и неги, какого-то чудного растекания, — вот что было! Я обнимал забор, шарил по нем ладонями, целовал доски, щели, гнилушки, ямки. В рот мне лезли труха и плесень. Но я целовал и плесень, и гнилушки...

— Однако... вы хорошо целуетесь! — шептала она, смеясь. — Но я вас не вижу, Тоничка... Да где же щели? Погодите... — шептало мне сладко за досками, — на гвоздь не попадите... — смеялась она нежно, задыхаясь, — кажется, я попала... и оцарапалась...

— Ваши глаза... ваши губы, Серафима... ваше дыханье... Целую ваше душистое дыханье... все ваше... Серафима... Где вы? Вот здесь... здесь... сюда... Я бредил — и слышал, помнил! Она смеялась странно, словно ей было больно:

— Какой счастливый забор. Мы его всего исцеловали... кажется, оба сумасшедшие... вы, однако... страстный!... не ожидала... от мальчика... никогда со мной... ха-ха-ха... подобного... — она истерически смеялась, словно ее душило, — и последний, самый последний... Вот, кажется...

Кажется, мы нашли друг друга. Я почувствовал теплоту, дыханье...

— Кажется, мы и в самом деле... поцеловались?! —

вскрикнула она острым шепотом, как с ожога. — Ох, ради Бога... дайте... дай скорей твои губы... сюда!

И мои губы нашли ее! И я утонул в истоме. Я утонул в этом душном поцелуе, глубоком, крепком. Я слышал ее зубы, которыми она давила, прижимаясь к моим зубам, влажные ее губы, которыми она вбирала...

— Уходите... глупый... сумасшедший... — шептала она с удушьем, — чудесный мальчик... что вы со мной... не понимаю... Спите и забудьте... Боже мой, что я делаю... как это страшно... глупо!...

И она побежала от забора. Затрещало что-то, может быть, зацепилась шалью? — зашелестели юбки.

Я сидел на земле, как пьяный. На рябине что-то серебрилось, луна всходила? По садику потянулись струйки. Черные ветки яблонь путались в них рогами. На сарае блистала крыша. Луна всходила! Петухи яростно взывали, разливались. Пахло сырой землею, раздавленной ногами, весенней травкой, помятыми кустами. Цветами пахло! Цветы еще не народились, и это было ее дыханье, оставшееся в щелях забора, на гнилушках, на воздухе, на моем дыхании, на моем языке, губах, на подбородке, — на всем пространстве... — в моем воображении. "Восточные ароматы "Конго" греховной женщины..." — сверкало в мыслях. Да что же еще нужно?... Ах, записка!...

Я вытащил бумажку... И — рявкнуло на меня, оттуда:

— Вот эта дак мамзель! — узнал я ужасный голос. — Через забор махает!... Чистое привидение, как проскочила... Черт их знает...

Разговаривал с собой Карих. Он стоял, весь белый, на крылечке. Видел?!

Он подошел поближе, пригляделся.

— Чего ей у забора?... За кошкой, что ли?... Он потер себе голову и обругался:

— Чего оно там, звенит? Кис-кис!... — хрипло покликал он. — Гнать, больше ничего... лахудры!...

Я побежал из сада.

Целовались... любит! чудная, необыкновенная!... Я шатался по комнате, натыкался на стол и стулья, искал спички... Я разорвал бумажку. Дрожали пальцы. Она была залита духами, даже растеклись чернила.

"Что вы пишете, сумасшедший! — восторженно читал я. — Я должна быть вашей?! Да вы с ума сошли! И почему все о моем теле, о платье, о Венере? Черт знает что! Даже и душу мою хотите и "святое тело"? Так физиологически смотреть, в

119

ваши годы! У вас сумбур, и я должна с вами серьезно поговорить. Вам нужен какой-то "аромат женщины"? Хотите даже "корку от моего пира любви"? Что вы вообразили? Какой это "пир любви"? Хорошенький, сумасбродный мальчик! Я знаю, что вы хорошенький, и готова расцеловать вас, ну... пусть даже "как женщина"... Не скрою, вы что-то во мне затронули, будите во мне странные ощущения... вакхические, когда женщины бегут, опьяненные страстью, с огнями, и кого-то даже разрывают в кровь... В каждой женщине есть вакханка. Но вы, мальчик, не можете же вызвать во мне физического влечения! Это было бы ненормально, а для вас и вредно. Что же мне с вами делать? Вам не юбки моей надо, а чего-то другого! Вам "незнакома женщин ласка". Допустим, что еще незнакома. Ну, довольно, я хочу лечь своим "прекрасным телом" в постель. Я очень одинока, но... не стоит. Мы поговорим. Какую ошибку я сделала, что начала играть с вами. Во вторник или среду я напишу, где мы встретимся. На два дня еду. Теперь — как бы я хотела не ехать! В Нескучном? Пусть. Я люблю глухие местечки в нем. И мы поговорим. Будете терпеливы? Будете учиться? И... вспоминать меня? чуть-чуть? Роняю три, четыре, пять... самых ароматных лепестков! А вы?... У вас, кажется, детский рот? Но многое в вас совсем не детское. Ваша "Венера" С***... А вы — мой "амур"? А много в вашем колчане стрелок? Будем охотиться?... Ах, вы... ми-лый! Целую ваши глаза и заочно баюкаю. Спите, мой мальчик. До свиданья. Ваша С***.

P. S. Кстати, непременно Шпильгагена прочтите! И еще некоторые романы удивительной женщины, много любившей, которая писала, как мужчина, — Ж.-Санд! Ваша маленькая (что-то вы мне писали про колени, хотели держать меня на коленях и носить на ручках?) Симочка".

Я вдыхал жгучие, ароматные слова, я целовал их страстно и тер по лицу бумажкой. Все пропитали они во мне.

XXIV

На последнем уроке перед экзаменами Фед-Владимирыч, "Русский", посмотрел на меня быком, но ласковым, и промычал, прищурясь:

— Ты, должно быть, сегодня именинник. А некоторые молодцы и до сего дня пишут — "и-мя-ненник"! Ну-ка, на прощанье... "Василия Шибанова"...?

Я прочитал так лихо, что сидевший у нас директор "Васька" долго потирал красную плешь свою, перегнувшись совсем в колени, назвал "артистом-с Императорских теат-ров-с" и прокартавил милостиво:

— А по-греческому рентяй-с, изворьте ри видеть-с-да-с... У меня двоечки хватает!... — и на следующем уроке поставил мне за Гомера, по живому подстрочнику, тройку с плюсом.

Любовь принесла мне счастье. К экзаменам допустили, и тетя Маша предсказывала "какую-то победу". О "победе" я и без ее предсказания знал отлично. Победить жен-щину!... Это потруднее Гомера с секторами. На перемене я обнял Женьку, которого тоже допустили, — "из уважения к сединам", — и стал восторженно говорить, что решил усиленно заниматься и перейти с наградой.

— Ты прав, Женька, что женщина может погубить и лишить подвигов! Я даже на себе заметил... — говорил я с таким азартом, что выступили слезы. — Не стоит размениваться на мелочи. Уйду с головой в науки!...

Он втянул подбородок в грудь и внушительно сделал — гм!...

— "Голодная кума-лиса... залезла в сад! В нем винограда кисти рделись!..." Это давно известно. Когда к одному пустыннику пришла одна молодая женщина, он, за неимением ничего лучшего, стал горячо молиться! Это ты можешь прочесть в одной очень редкой книге, которую я тебе притащу. Non solum, sed etiam! Период уступительный!

— Не уступительный, а... Но он не дал и возразить:

— "Молчи, кар-рамбо! — яростно зарычал Дон-Хозе, и его усы бешено встали дыбом!" Послал запрос в юнкерское, в Казань! К дьяволу всех шпаков! Скоро война, и предстоят тучи подвигов!

Молодой юнкер, молодой юнкер
Полковни-и-чка про-о-сит!...

Хоть и бодрился он, но его что-то удручало.

— Получил от нее? — спросил я его небрежно.

— Dum non... — сказал он, яростно жмя резину. — А ваша милость?

— Nihil dum, — хмуро ответил я. — Знаешь, бросаю все пустяки. Не стоит.

Мне хотелось запрыгать, бешено обнять Женьку и все поведать. Когда выходили из гимназии, я был до того в восторге, что раскланялся с кучкой гимназисток. Они захохотали.

— Да ты... что?! — поразился Женька.

— Очень хорошенькая... заметил, блондиночка с косами? Моя симпатия. Встречаемся иногда в Нескучном!

— Врешь. Это ты с твоей Пашкой развратился. По себе знаю. Всякое соприкосновение с ними вызывает... эмоцию! Не советую, брат, растрачиваться на пустяки. Пойдем-ка переулками... хочу показать тебе одну штуку!

Когда мы свернули в переулок, он остановился у фонаря, посмотрел на меня без мысли, словно прислушивался внутри себя, и поморщился, как от боли.

— Живот болит?... — спросил я его, жалея.

У него часто болел живот — от питательных корешков, должно быть.

— Дурак Г — сказал он шипящим голосом.

— Да что ты сердишься! — крикнул я. — Что у тебя такое? Может быть, мать больна?... Женя... ну, ради Бога!... — сказал я нежно, желая, чтобы он был счастлив. — Мы же друзья навеки.

Тронутый моей дружбой, он вдруг остановился и сказал саркастически:

— А она ведь все-таки ответила, сквернавка!...

— Кто — "сквернавка"? Я совершенно тебя не понимаю... — сказал я сухо.

— Она!... Ну, дама из Амстердама! Твоя любезнейшая...

— Почему... моя?! — возмутился для виду я, но сердце мое возликовало. — И что же она ответила?...

— Поганка, больше ничего! — и он вынул клочок бумажки. Бумажка была совсем простая, — чуть ли не из заборной книжки.

— Духами пахнет?... — вырвалось у меня невольно.

— На, понюхай! Поганка знает! Нет, этого не прощают... нет!...

От бумажки ничем не пахло. Написано было твердым и круглым почерком, совсем не ее рукой. Я прочел, делая озабоченное лицо:

"Из Пушкина"
Вы съединить могли с нахальством вашим подлость:
Из Пушкина стихи посмели вы содрать!
Кто любит Пушкина, тот презирает пошлость,
Но кто — "дерет", того бы надо драть!

Доброжелательница.

122

Меня распирало от восторга! Я понял сразу, что это студент, с дубинкой. Жестоко, но... поделом. Конечно, не она писала. Ни одной ошибки! А у нее, — это меня смущало, — иногда встречались. Например, в последнем ее письме попалось семь ошибок! "Вы пишите" — вместо "пишете", "приклоняетесь", "арамат", "с ума-шедший", "будете во мне", "местечьки"! — ужас! — "в вашем калчане"... — не говоря о знаках препинания! А тут и знаки препинания на месте, и кавычки... Конечно, студент с дубинкой.

— Хороши духи?... Нет, я с ней поговорю!

— Стихи никуда не годятся! — старался я его утешить. — "Подлость" и... "пошлость"! Разве это рифмы?... Я бы написал, ну... "дерзость" и... "мерзость"!

— Да уж ты бы... написал мерзость! — даже и тут сострил Женька. — Стихи дурацкие, но... зачем издеваться над... чувством?! над сердцем, которое всегда... таилось?!. Нет, так оставить... кануть в Лету?... Не-эт, под жабры!...

Я вспомнил о его "чувстве", но промолчал из такта.

— По-моему, Женюк... — хотел я его утешить, — простая шутка! Даю голову на отсечение, она... не хотела тебя обидеть! Она же... развитая, кончила такие курсы...

— А... "надо драть"?! Так... меня никто еще не оскорблял! Такую обиду только кровью смывают, крро-вью!!. — заорал он на переулок. — Если бы мужчина, я бы ему всю рожу растворожил!... Так не шутят с человеком, который со всей искренностью!...

— Но тут же игра слов! Видит, что ты "содрал" у Пушкина, ну и... сострила! "А кто "дерет", того бы надо драть!" Даже в кавычки поставлено, игра слов!

— Игра... ослов! Просто пустая дрянь!

— За что ты оскорбляешь ее?! Если игра слов?... Например, Аспазия у Иловайского... "отличалась удивительным остроумием, для услады пиров"! Это-то и прелесть, когда красивая женщина еще и остроумна! Клеопатра и не так еще издевалась...

— Ты осел! Клеопатра-Клеопатра... на то она и Клеопатра! А она... какая она, к черту, Клеопатра! Акушерка! И еще, поганка, оскорбляет! Нет, я этого... Пошлая баба!...

— Не смеешь ты оскорблять... совершенно невинную девушку... или женщину! — возмутился я. — А если это вовсе и не она?!.

— Как не она?! — совал он кулаками.

— Да... почерк... по-моему, мужской! Женщины, я прекрасно знаю, пишут нежными елочками... или как мелким бисером! Я переписывался с одной дамой и уверяю тебя, что... Ты вглядись!...

— И я переписывался... сто раз! — поглядел Женька на бумажку. — Да, как будто... Почерк уж очень хлесткий! Но тогда... тогда...? Значит, она посмела кому-то показать?... Издеваться над чувствами, самыми интимными!... Смеяться вместе с любовником?! Подлячка!...

Меня полоснуло, как ножом. С любовником?!. Этот студент — любовник! Я вспомнил о своих письмах... — и у меня захолодело в сердце. Неужели они читают вместе?! И все — только ее игра?!. Мне стало тошно. Но... мы же целовались! Сама подбежала у часовни... И такое предположение показалось мне просто кощунственным.

— А представь себе, Женька... — пробовал я оправдать ее. — Ты бросаешь письмо под дверь. Приходят гости, какой-нибудь студент. Он входит в парадное, видит у ног письмо... Ба! письмо! Оно ведь было не запечатано...?

— Да, черт... без конверта. Кончики всунуты, и написано — С. К. П.

— Тем более! С. К. П.?! Ясно, что тут секрет! Он, может быть, давно и безнадежно ухаживает за пей, влюблен безумно, и им овладевает жгучая ревность? Разве это невозможно?!

— Возможно. Ну-ну, жарь...

— Дальше... — нарисовалась мне картина, и я увлекся. — Он нервным движением вскрывает письмецо! О, ужас! Розовая бумажка, с голубком, с веночком?!.

— А, черрт... — прохрипел Женька.

— "Ого! — думает он взволнованно, — голубки воркуют!" И тут же, на лестнице, при свете, падающем из окошечка над дверью, он узнает, к своему ужасу и отчаянию, что ты, ученик седьмого класса, умоляешь о свидании!...

— Да, черт возьми... глупость какую сделал... без конверта! Ну?...

— У него в сердце целый ад! Ты требуешь свиданья! Не просишь, а именно — требуешь!...Я ошибся: ты не умолял, а требовал!

— Нисколько не умолял, а... "ответьте мне, красавица, что да!"

— Вот! Ты уже называешь ее... "красавица"! Словно она Уже дала право называть ее так фривольно. Ты уже требуешь ответа — да! Жизнь или смерть! И что же он, безнадежно влюбленный, должен был ощутить в своей израненной Душе?! Какие муки ада?! Отвергнутый любовник... то есть не любовник, а влюбленный! Он потрясен, обескуражен. Все эмоции возбуждены до крайности! Он уже не владеет своим мозговым аппаратом... Ведь он, может быть, сам шел к ней за ответом, после трудных экзаменов, нес ей свои ужасные стихи, вроде, например, — "Она была девицей скромной, не ела булочки скоромной!" Я недавно как раз такие слышал при очень некультурной обстановке! И она, представь, ему еще отказала!... И он, конечно, не захотел передать ей твоего письма... он просто скрыл его, украл, как вор, в порыве ревности! На что не подвигнется человек в порыве ревности! Ромео душит... то есть не Ромео, а Отелло душит там Джульетту, сам плача! И вот, взял да и хватил тебе со злости! Я почти уверен, что так и вышло. В то время у ней были гости, и как раз был мрачный студент, играл во дворе грустный романс, а она демонически хохотала... над ним! Разве невозможно?...

— Возможно... — уныло ответил Женька. — Но я ведь ей еще два письма катнул, и она не ответила! Впрочем, он мог и перехватывать?...

"Не ответила! А мне ответила страстно-страстно, и сама прибегала целоваться! Боже, какое счастье! Только не покарай меня! — взывало в моей душе. — Я так несчастен и одинок!"

— Мог и перехватить. Но возможно, что... и с ее согласия... — поспешил я разочаровать его, чтобы он не писал ей больше.

— Эти акушерки... все наглые и легко продают себя! Акушерки, фельдшерицы... это такая...!

— Почему — все?... Есть и из них женщины с чутким сердцем! Они могут иногда потерять голову, забыться до... Мне, например, недавно рассказывали случай, как одна поразительной чистоты женщина... — она тоже акушерка, и ее хорошо знает наша тетка, в Сущеве она живет... — и поразительной красоты!...

— Ври, ври... — сердито сказал Женька.

— Не вру, а было! Мне тетка клялась, что это у них на дворе произошло! И она, кристальной чистоты и красоты, сгорая от любви к одному... очень симпатичному молодому человеку, в порыве экстаза... а до того случая она вполне индифферентно относилась даже к докторам, которые ее окружали... — она даже целовала доски и все предметы, к которым прикасался вышеупомянутый мною молодой человек! Тетка так ахала!... — с увлечением говорил я.

— Чепуха! — захохотал дико Женька. — Это ты про "Бедную Лизу" волынку тянешь... "О, сколь ужасно было страдание бедной нашей героини..."! А я знаю целых трех акушерок!... Ты не защищай. Не гетеры даже, а как...

— А я знаю факт! Она целовала даже гнилые доски забора,

125

за которым притаился вышеупомянутый молодой человек! Какая же это должна быть самозабвенность, высший альтруизм, самопожертвование для ближнего... какое всеохватывающее чувство страсти, когда головка ее и сердце закружились в огне желаний самых платонических... и забыт весь мир, и позор, и стыд... когда кругом низменные людишки готовы вывести ее на позор, назвать, как ты сейчас... наглой и даже хуже, чем гетера... и она все, все неглижирует, ей море по колено, и только одно чувство, только один предмет... не предмет, а... а преклонение и восторг перед кристально чистыми чувствами молодого человека, может быть, даже юноши!... Тетка говорила, что ему что-то около... семнадцати лет, а ей... уже двадцать четыре года...

— Скажи еще — сапоги лизала твоему молодому юноше! — злобно хихикнул Женька. — Это ты у Марлинского вытащил. Нет, поговорю! Македонов говорит... это она чтобы раздразнить! Приставай и не отставай, как банный лист, не давай проходу! Раз она хитрая кокетка — напролом! Потребую объяснений... — жадно повел он пальцами, словно разминал резину. — Македонов прямо советует: откажет в свидании — грози, что повесишься или с колокольни бросишься и оставишь записку, что ввиду недостойной игры со стороны такой-то, имя-отчество, проживающей по такой-то улице, покончил самоубийством! Тогда ее могут замотать! Придет на свидание! А раз придет... можно договориться! У него раз так было, и кончилось победой!

Меня это очень обеспокоило.

— А если она уже любит другого?...

— Чепуха! Они могут свободно, брака не признают. Я говорил с ней на эту тему, про Шпильгагена. Сразу видно! Жорзанда какого-то советует, он тоже про свободную любовь.

— И Жорж Занда советовала, она?! — изумился я совпадению. — Но это не "он", а любившая многих, которая писала, как мужчина...

— Знаю и без тебя! А чем я хуже какого-то студента! Я физически как двадцатилетний! — проговорил он басом. — Гм!... Э-э-э... Октава!

Меня очень это обеспокоило. Вспомнилось, как ругался Карих: "Вот это дак мамзель!"

— Завтра катну такое!... Попомню, как "надо драть"!

— Не стоит, Женя. Встретишь еще много юных девушек, которые...

— Это уж мое дело.

126

XXV

По случаю весны у нас выколачивали шубы, и, проходя двором, я видел, что толстуха глядит из-за забора. Я скинул ранец и стал разговаривать со скорняками.

— А скажите, Василь Василич... это чернобурая лисица?

— Самая чернобурая-с. Теперь такой лисички и не най-ти-с, теперь все пошла подделка-с!... Такой лисичке теперь цена-с...

— Тысяча рублей, пожалуй? — спросил я с наивным любопытством и повел глазом на толстуху.

Толстуха навострила ухо, — отлично видел!

Хромой Василь Василич, похожий на вытертую половую щетку, старый скорняк и мой приятель (он учил меня приколачивать к правилкам вымокшие в квасцах шкурки, скор-нячонки его называли "Выхухоль"), поднял жимолостный жигач и погрозился.

— Ты-ща-с? Нет-с, три добавьте!... — сказал он таким тоном, словно его обидели.

Он встряхнул мех таким манером, словно накрывал на стол, и так ловко — воздушно — бросил, что мех заскользил по крышке.

— Да неужели четыре тысячи! — радостно удивился я, приглашая и толстуху подивиться, хотя уже не раз слышал, что "такой лисички и не найти".

— Не неужели, а... Как бы это вам...? — поискал Василь Василич кругом себя, бодаясь железными очками. — Да вот-с... Вы вот, Пелагея Ивановна, приносили лисий спорочек мне надысь, просили три ста!... — сказал он толстухе в бородавках.

Я оглянулся, будто только сейчас заметил, и вежливо поклонился Пелагее Ивановне. Она приветливо закивала мне. Должно быть, стояла она на ящике, — скрипела чем-то. Мне было очень приятно, что Пелагея Ивановна любуется мехами.

— Он и дороже стоил... — сказала Пелагея Ивановна.

— Стоил! Совсем это другой разговор-с. А теперь его и моль поточила, и ости-то уж нету, одна подсада, жидкая да белесая... сами знаете! Не лиса, а прямо... мездра одна! прямо, можно сказать, кошачья выхухоль!...

— Нет, какая же это выхухоль! — обиделась Пелагея Ивановна. — Не так чтобы уж, а... лиса приличная. Что вы уж лисичку-то мою так?...

— Ну, я ничего такого не говорю, ваша лисичка совсем середняя и, понятно, она лисичка... да ведь она сиводушная!... у ей краснины-то и в свадьбу не было! А вы — три ста! Коли уж за

127

вашу сиводуху три ста, чего ж тогда за эту-то положить? Мало, что она чернобура, не в этом дело-с!... А вот хребтовая она вся, чернь чернью-с! Да нет, за такую лисицу и семи мало! Вот как я вам осортирую... десять тыщ, и ни копейки меньше! Вот как хотите-с...

И он принялся поглаживать лисичку.

— Да неужели даже де-сять тысяч?! — приглашал я подивиться со мною и Пелагею Ивановну. — Такая, Василь Василич, маленькая, — и де-сять тысяч!...

— Ма-ленькая?... Это-то, по-вашему, маленькая?! Ну, тогда вы, стало быть, настоящей лисы и не видали-с! Да тут ее будет... шкурок двадцать! Вы вот на Ильинку подите, справьтесь. Всю проедете, а пяти даже шкурок не найдете! Я такую для покойного Государя Александра Николаевича подбирал, от них приезжали камергеры... У Сорокоумовского я тогда был меховщиком! Понятно, я все-таки для их нашел, но... только семнадцать шкурок. И не лучше этих. Ее мастеру дать нельзя! А выколачивать-то как надо совестливо!...

Я покосился на Пелагею Ивановну и воскликнул:

— Неужели даже для Государя Императора могли отыскать всего только семнадцать шкурок, как эти?!. — хотя про "семнадцать шкурок" я и в прошлом году слыхал.

— Для лисы все едино, что царь, что мы с вами... — сказал Василь Василич. — Не стала разводиться, истребилась. Может, и есть где по глухим местам. А на Ильинку не попадает!...

— Ну, а этот бобровый воротник?... Покойный папаша отказал его мне. Когда я выро... то есть по окончании гимназии. Он, должно быть, не очень хороший?...

Про этот воротник я знал. Но мне хотелось, чтобы и Пелагея Ивановна знала.

— Этот не хороший?... — сердито сказал Василь Василич, высматривая поверх очков и так оглядывая воротник, будто только впервые видит. — Да это ж кам-чатский бобрик!...

Он взял воротник за бортики и так перетряхнул ловко, что хлопнуло из него, как из пистолета.

— Да за такого боберчика... на кузнецкие цены ежели... Ну, что за него просить?... — спросил самого себя Василь Василич, задумчиво склонив голову, и оглянул воротник любовно.

Он нежно его погладил, подул до мездры, любуясь, как побежало беловатыми звездочками, задумался...

— Тысячки... три-четыре? Да не найтить. Серебрецо живое-с! Вот будете, сударь, жениться, на плечико шинельку... залюбованье!...

Во мне заиграло смущение и гордость. Пелагея Ивановна засмеялась.

— А на невесту да чернобурую ротонду!... — пропела она льстиво, — и будете такая пара!...

Сердце мое взыграло. Я невольно взглянул на галерею: если бы и она полюбовалась! Но на галерее были одни герани.

Я с восхищением примечал, как Пелагея Ивановна шарила по мехам глазами. Какая масса! Одни еще полеживали в куче, другие, выбитые уже, расчесанные щеткой, висели на веревках спустя рукава и лоснились; третьи — полосовались жигачами. Хотелось крикнуть: "Все, все это — для нее одной Пелагея Ивановна!" Хотелось, чтобы еще и еще рассказывал милый Василь Василич.

— Нет, Василь Василич!... — сказал я нарочно громко, чтобы и с галереи услыхали. — Мне меха не нужны! Я не придаю ни малейшего значения этим... тряпкам! Я думаю посвятить себя науке! Когда кончу университет, то поеду от Географического общества в ученую экспедицию вокруг света, исследовать... Есть еще такие страны, где совсем еще не ступала нога ни одного европейца, как, например, Гренландия и полюсы! Там царство пушных зверей, и попадаются иногда такие роскошные меха, что...

— Вот и нам, может, привезете!... — засмеялась Пелагея Ивановна.

— Что же, я с удовольствием!... — посмотрел я на галерею. — Хотя я с научной целью, а не для торговли, но это очень приятно, привезти... Как, например, знаменитый путешественник Пржевальский, в "Вокруг света" недавно было...

Но тут толстуха, должно быть, оступилась и полетела с ящика.

Все захохотали, высунулся из-за забора Карих, и я ушел.

XXVI

Наскоро пообедав, я сейчас же пошел к себе и достал кованый сундучок-шкатулку, от Сергия-Троицы, где хранились ее разноцветные записочки. Было тут и другое: голубенькое Пашино яичко, шпилька консерваторки Любы, когда-то меня поцеловавшей, коралловый крестик, который подарила мне Фирочка-епархиалка, дочка священника, ее записочка со

129

словами: "не забудь ты меня, что люблю я... не тибя", и локон ее волос. Были и еще редкости: крабья лапка, "выловленная у берегов Африки", — подарок Женьки, "Гималайский камень, привезенный знаменитым путешественником", — тоже подарок Женьки, сухая травка из Палестины, купленная за три копейки у странницы и оказавшаяся полынью, и зуб необыкновенной величины, "тигровый", подарок Василь Василича. Но все покрывалось — ею! Все — пропиталось чудесными ароматами Востока.

Я лег на кровать и в неземном блаженстве перечитывал ее письма, в которых знал наизусть все буковки и кляксы. Читал и читал обжигающие слова — "я хочу лечь своим "прекрасным телом" в постель", "вы что-то во мне затронули", "Буди(е!)те во мне странные ощущения", "а много в вашем ко(а!)лчане стрелок?", "будем охотиться"?...

Что это она хочет сказать — "будем охотиться?" Что значит — "много ли стрелок"? То есть сильно ли я люблю? Я вспоминал в истоме, как она шептала — "дайте ваши губы скорей..." — как прижимала свои зубы к моим зубам...

Я поцеловал полные неги ее письма, полные, быть может, муки... Писала же она — "я очень одинока!..." и "теперь... как бы я хотела не ехать!"...

Одинока!... Боже мой, кто, какие люди окружают ее?! Мать, грубая, развращенная старуха, которая на глазах дочери принимает своего обожателя, этого урода "Рожу"! Пошлый фельдшер, который притаскивает кульки с казенным мясом и коньяком и похож духовной стороной своего существа на Санхо-Панчо! И этот студент с дубинкой, позволяющий себе в ее присутствии говорить: "И я... как Люцифер, тебе возьму... и будешь ты вопить проклятья..." Ты, вопить!... "и вспоминать свово(!) Кузьму!"? И он — Кузьма действительно! Его фельдшер называл Кузьма Кузьмич! Почему же он — ее Кузьма?! Это величайший цинизм и профанация!... И она, бедная, обречена влачить свою жизнь в среде пошлой, так напоминающей Ноздрева, Коробочку, Собакевича, Чичикова и прочих лиц бессмертной поэмы Гоголя! И этот ужасный Карих, который носит на себе некоторые черты Плюшкина и Чичикова, вместе взятых! И она, как бриллиант среди этого грязного навоза, среди этих отбросов человечества, сияет незапятнанной чистотой и красотой! Она массу читает, и, конечно, только это может нравственно поддержать ее в постепенно засасывающей ее зловонной тине! Она инстинктивно хватается за мою нравственную поддержку! Она пишет: "Я недостойна вашей нетронутой чистоты"! Она называет себя грешной, обыкновенной, даже — "бабенкой"! Какая поразительная скромность, которая характеризует ее с самой высокой стороны! Боже, как я ее люблю! Теперь, узнав ее по этим полным скрытой любви и муки письмам, я ее и люблю и уважаю. Я прямо чувствую, как она подымает меня в отношении нравственных оценок! Что я — без нее, без женщины? Значение прекрасной женщины в истории нравственного человеческого роста — очень громадно! Любовь к женщине будит в мужчине таинственные струны, расширяет его кругозор, вызывает самые благотворные эмоции! Вот почему и Зинаида — может быть, тоже предмет страсти И. С. Тургенева? — дала и ему высокоблаготворный толчок для его творчества, как знаменитого писателя! Нет, женщина не ядро каторжника, а огонь, зажигающий кровь... крылья Икара!... Вот я... сразу постиг всю геометрию, сыплю стихами и напишу любое сочинение! О, Серафима! Ты мне даешь восторги, упоенья, и я, как великий поэт Пушкин, восклицаю: да, мне "явилось вновь: и божество, и вдохновенье, и жизнь, и слава, и любовь!" Потом я думал, как Пелагея Ивановна расскажет ей про меха. Женщины так любят одеваться, особенно в меха! Даже Паша купила кошачий воротник! И "молодая" Пастухова... с Костюшкой поругалась, что ей "под соболя" купили, а не соболий! Пелагея Ивановна расскажет ей, какие чудные у нас меха! Она, конечно, поразится и скажет: "Он все положит к моим ногам!" И я рисовал ее себе в ротонде, из голубого бархата. Чернобурый лисий воротник, громадный... полы распахнулись, видно, что чернобурая лисица.

...Я иду сзади, по глубокому снегу, в ботиках. На мне чудесная шинель с бобрами. Я подхватываю полы красивым жестом, спешу за нею... Она оглядывается и устало шепчет: "Ах... я упаду сейчас,...ах, милый, дайте же скорее руку!" Я вижу порозовевшую с мороза щечку, обнимаю нежно за талию, с одного плеча бобры съезжают... Но это так красиво! "Ах... Боже мой, вы простудитесь!" — шепчет она мне нежно. — "Нет, я привык... что за пустяки! Позвольте, я вас закутаю в бобры..." Она колеблется, ей стыдно, что я закутаю ее с собою. "Тепло... тебе?" — нежно шепчу я ей, и дух захватывает от восторга.

Или я вижу зимнюю, далекую дорогу. По сторонам сугробы, льды голубовато блещут. Где-нибудь в Канаде... Полная луна все озаряет своим волшебным колдовским сияньем. Мы мчимся за город на тройке. На мне шинель с бобрами, накинута едва на плечи. На ней — ротонда. Мороз крепчает. Колкий снежок навстречу, бьет в лицо. Она теснее прижимается ко мне: ей страшно! "Что с тобой?" — шепчу я и вижу подозрительные огоньки... зеленоватые, в сугробах. Волки?!. "Ах, мне что-то страшно, милый... — шепчут ее губки, близко-близко. — Там... подозрительные огоньки!" — Я слышу, как она дрожит от страха. — "Боже, как она дорога мне!" — молитвенно шепчу я в небо. Я шучу, чтобы отвлечь от страха: "Взгляни... какие изумруды освещают путь! Нам и луны не нужно!" — Она все жмется. — "Это же светляки, моя малютка... Они слетелись, чтобы нас поздравить... затеплили свои фонарики для нашей брачной ночи, дорогая! Что, холодно тебе?..." Она простосердечно шепчет: "Ах, мне страшно!" Я кутаю ее в бобры, вытягиваю осторожно карабин... "Ну, — думаю себе, — уж будет кому-то жарко! Эй, гони, ямщик, на водку хорошо получишь!" — кричу я и лихо стреляю в волчьи пасти. Мы мчимся, мчимся...

Тпру! И тройка вдруг осела
У знакомого крыльца...

И у меня закололо в носу от счастья. Я подошел к окошку. Тополь совсем раскрылся, стоял зеленый, пышный. За его стеной — сквозило солнцем. Полосовали лихо скорняки. Смеялась Паша.

Цветы?!.

Желтенькие цветы в стакане! Первые цветы, с зеленой травки. Пахнут? Я нагнулся, понюхал... Пахли — детством!... Я вспомнил — первые цветы, которые увидел... Земля, зеленая, густая. Пахнет. Няня меня ведет по ней. И много золотых цветочков, "желтунчиков". Потянешь за головку, — рвутся. Тянешь в рот...

Щекотно, горько на зубах, и пахнет травкой... Радостно, светло. Зеленые деревья, как стена. Няня подбирает юбку и садится. Два башмака, большие, придавили травку. Рвет цветочки, играет ими по моей ручонке. И я играю. А по цветочкам прыгает собачка. Радостно, смешно. Облизываю губы — горько...

С какой радостью я вспомнил! Хотелось прошлое увидеть, все. Не мог увидеть...

Я поцеловал цветочки. В сердце поныло сладко... Паша принесла...

XXVII

Во вторник-среду она напишет!...

Надо было подготовляться к экзаменам, а я только одно и думал: "во вторник-среду..." Уехала... Пустая галерея темнела окнами, и стекла, казалось, тосковали: уехала!

"Но зачем же она уехала?" — спрашивал я пустые стекла.

Стекла темнели и молчали.

Чуть свет — будили меня воробьи в тополе, и я высовывался в окошко.

Все уже распускалось. Бузина у Кариха закурчавила бутоны, где-то цвела черемуха, или мне казалось, что пора бы цвести черемухе, поехать на Воробьевку и наломать огромный букет. Можно предложить и Пелагее Ивановне, с которой я теперь раскланивался из окошка. Березка в нашем саду выкинула колбаски и пустила зеленоватый дымок листочков. Беленькая она была, совсем еще молодая, и я особенно полюбил ее, что она такая молодая и беленькая. А корявая антоновка у беседки казалась похожей на Пелагею Ивановну. Я полюбил и рябинку у забора, пустившую ветки с пушистыми серебристыми листочками туда, к соседям. Еще совсем недавно я взбирался на милую рябинку и устраивал "гнездышко", чтобы читать Эмара и Вальтера Скотта, но теперь это было невозможно. Я хотел вырезать перочинным ножом на ее сочной бурой коре "С. П.", но она захрустела, засочилась, и я пожалел рябинку. Я простаивал у забора, надеясь уловить чудный образ, но стекла пустели и темнели. Уехала! Я искал ее на картинках "Нивы" и находил как будто — то в польской красавице графине, в пушистом мехе, с распущенными волосами и надменной, то — в поражающе-прекрасной, аристократично-горделивой, похожей на Диану, с полумесяцем в волосах, венгерке, с таинственным именем — Вечера, которая полюбила принца и умерла с ним вместе в лесной сторожке. В картинки "Нивы" я теперь всматривался все больше, и не волки под елками на снегу, и не охотники в снежной тайге привлекали мое внимание. Теперь началось другое. Играющие в жмурки графини и маркизы... белокурые пухленькие дамы, в открытых лифах и воздушных платьях, грациозные амазонки в цилиндриках, прыгающие в седло с колена кавалеров, — притягивали мои взгляды, и я находил в них прелесть знакомых очертаний. Шаловливые служанки, потчующие веселых солдат вином, танцующие одалиски, покуривающие кальян красавицы Востока, под опахалами, захваченные

133

врасплох купальщицы, сбрасывающая одежды Фри-на... — вызывали во мне волнение. Я заглядывался на них подолгу, и они выходили из картинок. Их бумажные и бесцветные глаза делались синими, их неживые губы розовели и дрожали, их руки шевелились, а пышные груди за корсажем начинали дышать волненьем...

Я встречал их на улице, в легких прозрачных платьях, любовался изгибом шеи, округлившейся линией корсажа, воровато следил за выгибом колена, за ботинком, вздрагивал от радостного смеха, от летающей юбки гимназистки, от беглых шажков по тротуару...

Пелагея Ивановна вывесила белье, и я затаенно-стыдливо любовался на кружевную рубашечку, на узенькие чулочки... Но тут меня захватил Гришка:

— Чего это вы все глядите?... Петуха, что ль, опять гоняет?

На дворе петуха уже не было: Карих запер его с курами в сарае. Гришка пригляделся в щели, толкнул меня в бок и усмехнулся:

— Эн вы на что глядите! Бабское бельецо... разные разности, редкие преподобности, самые главные истории!... Ишь, ка-кое...! — причмокнул он. — А вон, гляньте, махонькое-то самое... кильсоны это! А какие у них легенькие да короты-шишные!... И все с кружевками, для заманки... Я всякие их штуковинки понимаю, чего к чему. Вы, понятно, еще без непривычки. Что наша Пашка... с деревни еще не отмылась, и то жерсю завела... А белишко, небось, знаете...

Я хотел обругать его. Почему я знаю?! Но было интересно.

— Я этими глупостями не занимаюсь! — сказал я Гришке.

— Каждый скажет, а всем лестно. Я вот вам расскажу, чего я видел...

Он присел под крыжовник и стал скручивать "собачью ножку". Если уж свертывает — значит, хороший рассказ будет.

— Желаете, и вам сверну?... До сердца прочишшает...

— Нет, у меня "Голубка"...

— С ее кашель, а с этой легше. Вот я вам скажу, чего раз вышло... Пошел я со скорняками в такое, понимаете, место! Сотродясь в таком не был, с зеркалами! Скорняков там земляк швейцаром служит. Вы в таком доме не бывали?...

— В каком таком доме?... — пробормотал я, избегая смотреть на Гришку.

— Понятно, в каком! Вот уж всего-то насмотрелся, как для богачей все удобно пристроено!... Пустили через него, только велели не безобразничать. Он там первая голова, через его все происходит... Вышло их штук пятна-дцать, одна к одной, как на

134

параде... и все до одной кра-савицы!... Прямо до чего тонко-деликатно! Как благородные, из хорошего семейства...

— Какой-нибудь бал там был?...

— Чу-дак! Дом такой для холостых мужчин! И жанатые забегают, у кого карахтер. Были бы только деньги, а то какая хочешь раскрасавица любовь подарит. Что хошь... И музыка, и угощение, и... Называется — заведение!

— Врешь ты... — сказал я Гришке, затаив дух.

— Чего там — врешь! Жалованье я, что ли, получаю, врать-то! Сам видел. Ды... — зашептал он таинственно, — желаете, свожу?... Только три рубли надо на расходы! Хоть вечерком сегодня?... За час сгоняем, сами увидите!...

Мне стало неспокойно, в груди сдавило.

— Нет, — сказал я, — это разврат и мерзость!

— Ха... Однако вон все туда бывают! Нам скорняков земляк рассказывал! Образованные-то еще хуже... Не говорите, когда не знаете. Обучают-то не деревенские. Вы мне не говорите напротив. Самые похабники.

— Ну, говоришь — вышли?...

— Ну, вышли. Завитые все, набелены-нарумянены... и по сех пор, все кирсеты открыты... и все в брелеянтах и духами пахнут! А платья брахатные... И на крючочках у них. Только дотронись, она ослобождается...

И он принялся рассказывать такое, что неприятно стало, и я убежал к себе.

Из окна я видел, как подошел к белью Карих. Он долго его рассматривал и все покачивал головой, пошевелил даже шестиком метелки. Я хотел закричать: не смей! Потом я увидел Пашу. Гришка манил ее к забору — скорей, скорей!... Она сиганула к саду, бросив вытряхивать самовар, прильнула к щели — и вдруг, затопотала-заерзалась, словно ее щипали. Гришка шептал ей в ухо и весь ломался. Она закинулась, схватилась за живот и перегнулась от хохота. Карих оглянулся строго, отошел от белья и принялся мести. Похохотав, Паша вернулась к самовару — стала его трясти, но хохот так ее разобрал, что она и с самоваром покатывалась, так что он у ней вырвался и мотался в одной руке. Она присела и тыкалась головой, как пьяная.

Я смотрел, как она моталась, как ее маленькая нога в ботинке на каблучках и в голубом чулочке высунулась из-под платья. Волосы у ней раскололись и рассыпались по спине, по розовой ее кофточке. "А чудесные у ней волосы... — нежно подумал я, — и она стала наряжаться, а ведь сегодня будни! Это потому, что сказал, какая она неряха. Хочет мне больше нравиться. И принесла новые цветочки!..." Я любовался, какие у ней чудесные золотистые волосы и нежно-розовый цвет лица, и мне казалось, что она будет похожа на маркизу, если ее одеть.

Она подхватила волосы, зашпилила их копенкой и опять звонко закатилась.

— Ишь раздирает дуру!... — сказал Гришка, замахиваясь на нее метелкой. — Дать вот!...

Мне стало радостно, что Паша очень хорошенькая, что она меня любит и что мы целовались с нею. И всегда можем целоваться.

Гришка что-то сказал и показал на окна. Она взглянула, увидала, что я смотрю, и погрозилась. И стала еще красивей.

XXVIII

Кажется, было в пятницу. Я шел в гимназию и неожиданно увидал ее. Она подкатила на извозчике, спрыгнула с саквояжем и стала расплачиваться. Я схватился за козырек, но она не заметила, должно быть. Она говорила со студентом! Я в смущении почесал над ухом, стараясь казаться равнодушным. Студент — это был тот самый! — сделал рукой ей так, словно посылал поцелуй, и ткнул извозчика. Извозчик завертел кнутиком и, откинувшись на студента, — должно быть, он был пьяный, — взмахнул вожжами. Пролетка поскакала боком. Откинулся и студент, словно и он был пьяный, и они поскакали дальше. Я проводил дорогой образ за дверь парадного, захлопнувшегося, как гробовая крышка.

Эта встреча меня смутила. Значит, она уезжала со студентом? А может быть, встретил на вокзале и проводил? Возможно, что и студент был на практике, он же медик, и они распрощались, как коллеги. Она же с саквояжем!... Суббота, воскресенье... понедельник... Ответ во вторник... А завтра первый экзамен, латинское экстемпорале!...

Ученья не было: нас только распустили. Женька явился франтом, в воротничке. Домой возвращались вместе. Он шагал "по-полковничьи", не сгибая ног, и все поднимал плечи. Что-то его взбодрило. Всю дорогу гудел ужасно:

Трубят голубые гуса-рры...
И едут из гор-рода вон...

136

Прощаясь, он не удержался.

— Мо-жжете!... — проговорил он глухо, — свиданье!... Нюхай!... — ткнул он мне в нос конвертик. — "Кики-рики, кики-рики! я аллигатор Соляной Реки!" — гаркнул он на всю улицу любимейший "клич победы" из Купера.

У меня завертелись мушки. Ее письмо!...

— Мо-жете прро-читать!...

Лиловый конвертик, с маркой, показался мне необыкновенным, страшным.

— А как па...хнет!... — проговорил он восторженно, не выпуская письма. — Письма любимой женщины всегда пахнут очаровательно!... — тыкал он мне конвертиком.

Пахло "ароматами Востока"!

— Ммааа... запах страсти... действует опьяняюще, — в упоении шептал он, потягивая носом. — Даже руки...! По духам можно узнать характер любимой женщины, есть книга-Один мудрец сказал: "Скажи мне, какие духи она употребляет, — и я тебе скажу, кто ты!" Одуряющий аромат показывает страстную натуру!...

Я вспомнил "одуряющие пары Пифии", но было не до смеха.

— Что же она пишет?...

— Нет, в руки не дается!... Мо-жете!... И я увидал знакомый почерк.

— Нет, я сам... а вы можете любоваться! И он прочитал басом, как диакон:

— "Господин поклонник!..."

— Как?!. "полковник"?! — крикнул я в изумлении.

— "Поклонник"! Слушай ухом, а не брюхом.

— А мне показалось, что "полковник"!...

— "Не скрою, как меня удивило ваше письмо. Вы грозите? Как это все печально! Но раз вы этого хотите, я выслушаю вас. В воскресенье, в 4 часа, на кругу в Нескучном?... И я вам все скажу. Ваша "обидчица"".

Я заглядывал через его руку и проверял. — Три ошибки! — вырвалось у меня с обиды. — "П-и-чально" в "воскресенье" — через "ять" и... после "не скрою" нет запятой перед "как"!

— Ну, мало ли... описки! А... от волнения?! От волнения?... Это было вполне возможно.

— Она все скажет! — проговорил он восторженно.

— Пойдешь?... — спросил я с болью.

— Рубикон перейден!... Жутковато, но раз ищет приключений, идет навстречу... лови момент! — выпятил он кадык и крякнул. — Македонов говорит... раз пишет прямо — "вы этого хотите", — тут-то и хватай под жабры!

— Но это подло! — воскликнул я. — Так смотреть на женщину, которая доверчиво... Это подло, унижать личность другого человека!... Ты подумай...

— Видишь, что... — нерешительно сказал он, — я люблю ее и готов... даже на брак! Впервые в моей жизни так близко... гм!... женщина стоит на моей дороге, гм!... играет в моей жизни такую роль... Если она готова разделить со мной все испытания судьбы, при моей некоторой необеспеченности... Но она зарабатывает, а я через два года офицером...

— Но ты же ломаешь свою карьеру?!. — воскликнул я. — Пойдут дети!... Ты это взвесил?... А если война?...

— Она пойдет в сестры милосердия! В чувствах не рассуждают. Да я вовсе и не желаю брака!... Если она свободно смотрит... Пожалуй, побриться надо, что-то на щеках шероховато...

Он погладил щеки и над губой. Но и над губой не синело, хоть он и натирался редькой.

— Просплюсь если, не оставят на третий год?... Ну, плевать! — и он хватил по тумбе ранцем. — У тебя полтинника не найдется?...

У меня и двугривенного-то не находилось. Он хорошо знал это и сказал так, чтобы шикнуть успехом.

— Продам Шульца-Ходобая и словарь. В юнкерское подаю, не надо. Свидетельство бы за пять классов... дадут, как думаешь?...

Я видел, как в его глазах прошло тревогой.

— Мать жалко... — сказал он грустно. — Мечтала, что буду доктором, все перезаложила... А, дадут?...

— Как-нибудь дотянешь... — попробовал я успокоить.

— Нет у нас паров. На ноги стать скорей бы... А, дадут?... Раз ухожу... ведь не провалят?...

— Конечно, Женя. Раз уходишь из гимназии... из снисхождения, всегда...!

— У меня наклонности к военной службе! А эти чертовы экстемпорале, мертвечина!... Мне живое надо, — для родины!... Голову сложу, не пожалею!... Время пришло — и он не пожалел, сложил геройски!...

Мне стало больно. Вот и разойдемся скоро! Хотелось говорить о дружбе, как мы мечтали — вечно, вместе. Вот уж она и жизнь!...

— Гм!... "Каррамбо! — бешено крикнул Дон Мигуэль дель-Санто-Педро, и из его глаз сверкнуло пламя!" — крикнул

Женька свое любимое, когда одолевали думы, и подбодрился.

— Сельтерской угостить придется или пирожными! А Македошка говорит: "В портерную тащи!" Неудобно, все-таки она приличная?...

Я крикнул:

— Македонов твой скотина!...

XXIX

Входя в ворота, я натолкнулся на такую сцену.

Гришка стоял в окне на сеновале и швырял к конюшне сено. Кучер таскал в конюшню. Паша стояла, поджавши руки, и глупо любовалась. Я вошел в сени — никто меня не видел — и остановился. В окошко было видно. Гришка норовил швырнуть на Пашу, а она вертелась и смеялась. Кончилось тем, что кучер накрыл ее охапкой и сам на нее свалился, а Гришка на них сыпал. Меня это страшно возмутило. Я хотел крикнуть... Но тут случилось!... Кучер зацапал ворох, а с ним и Пашу, и потащил в конюшню, болтались ее ноги, вырывались. Я сорвался и крикнул, как хозяин:

— Что здесь за безобразие?!.

Кучер опустил охапку, а с ней и Пашу. Она выскочила из сена, как чумовая, и умчалась.

— Гадость!... — топал я с криком на Степана. — Похабники!...

— Еще кто похабней!... — нагло сказал Степан. — Мы тебе не мешаем с ней... останется!...

— Как ты смеешь?!. — закричал я. — Это ты гадостями занимаешься!...

— С невестой я все могу, а вам чего? — грубо сказал Степан. — Попользовался, тебе не мешали... и не лезь!...

— Ты?!. Так ты мне — ты?!. — заорал я, как бешеный, и кинулся на Степана кошкой.

Он только повел рукой.

— Ну, чего наскакиваешь-то, глу-пый?... — сказал он мягче. — Мальчик еще вы, а... в такие дела встреваетесь... А "ты" мы и Богу говорим!... Я в ваше корыто еще не лазил, с чего вы такой горячий?...

Мне стало стыдно.

— Я... гадостями не занимаюсь... — примирительно сказал я. — А смеяться над девушкой... нельзя! — Ах вы... Тоничка... да мы ж играем!... Девчонка сама лезет. Сено берем, а ей в диковинку! — подмигнул он Гришке. — Доведись и до вас...

— Обязательно! — смеялся на сеновале Гришка. — Давайте, Тоничка, на косушку, замириться!...

— Барыне-то не сказывайте... — сказал Степан. — Я вам ничего не говорю, если ндравится какая... Ну, балуйтесь... А уж чего она желает, это ее воля! Дело полюбовное...

И он стал собирать сено.

— Дела-а!... — ухмыльнулся Гришка и затянул:

> Сколько лесом ни ходила,
> Крепше дуба не нашла!
> Сколько барина любила,
> А все к Степушке пришла!...

— То-то и есть... — поддержал Степан. — Может, придет и к Гришке!...

— Обязательно. Я клейкой...

Было до того противно, что хотелось плакать. Словно облили грязью.

Я пошел, а сзади меня смеялись. На лестнице меня остановила Паша:

— Чего это вы меня страмите?...

— Я тебя срамлю?!.

— Понятно, на весь двор кричали, острамили!... Ну, прихватил... я бы все равно вырвалась... а вы меня страмите!...

Она даже тряслась от злости! Глаза ее так и прожигали.

— Нарочно буду к нему!... Вот, ей-Богу! — закрестилась она неистово. — Что я, не вижу, что ли, как через забор-то целовались!... Нашли кого, последнюю шлюху!...

И она убежала в кухню.

Я опешил. Паша меня ревнует! Увидала, что я вхожу, и побежала к сену?... Но как же она смеет... шлюхой?!

У меня голова кружилась. А завтра экстемпорале! И она назначила свиданье Женьке, а мне почему-то отложила!... Да что же это? Я перечитал — в который уже раз! — душистые ее письма...

Это не то, что Женьке: "Я выслушаю вас!"

Неужели нас Паша видела?!. Опять принесла цветочки! И потом хохотала у забора... А если это истерика?! Хохотала, потому что душа страдала! Ведь булочница наша хохотала, когда хоронили булочника! Шла за гробом и хохотала...

Экстемпорале будет из Цезаря, "Бегемот" говорил недаром: "Кто желает попасть в шестой, должен проштудировать все, что перевели из Цезаря!..." ...Ужасно, если я провалюсь! Как она посмотрит?... "Провалились! все еще в пятом классе!" Надо достать подстрочник у Волокитина...

Сенька Волокитин жил через улицу, и я побежал к нему: у него все подстрочники! Слепая его бабка сказала мне:

— Да где ему быть-то, пакостнику... Отказалась, батюшка, от него, в солдаты бы его, пакостника!... В саду небось, куревом занимается, пакостник!... Завтра проваливаться пойдет.

Волокитина я нашел в беседке. Он тоже готовился к экзамену. Подстрочники лежали листочками по всей беседке. Но он занимался... с мухами!

— Изображаю эпоху казней! — сказал он мне. — Время Ивана Грозного... по "Князю Серебряному". Завтра у нас "грек", провалюсь! — махнул он рукой на книжки. — Немножко хоть развлечься...

Я тоже заинтересовался. Весь стол представлял очень интересную картину. Мухи висели на ниточках, сидели на колышках из спичек, горели на кострах, ползали, четвертованные, без ножек и без головок. Ожидавшие казни летали, привязанные на ниточках...

— Вот — бояре! — показал Сенька Волокитин на самых крупных, синеватых навозных мух, которые жужжали на ниточках. — Будут четвертованы и посажены на кол... А это у меня — "грек Васька", сейчас ему будет пытка...

Он взял самую большую муху, рыжеватую с проседью, — где он только ее нашел! — и спросил, не нахожу ли я, что она похожа на директора? Она была как будто и в самом деле похожа на директора! Он оторвал ей крылья и посадил задком на иголочку.

— А самое интересное... вот! — сказал он вяло.

Он взял латинский словарь и показал мне "карточки". Это было гораздо хуже, чем у Гришки.

— А ты... этого не знаешь еще?...

Я жадно-смущенно слушал. Выпросил у него подстрочник и вернулся совсем разбитым. Ничего в голову не лезло. Я выписывал самые каверзные фразы: "Верцингеторикс через послов ответил, что он-де посылал к Цезарю, дабы Цезарь не сомневался, что, хотя он еще и не успел доставить съестные припасы, пусть не думает, что, если он и боится коварств Уругов, Лимнитов, Нугавов и всех живущих по сю сторону Рейна, то все же пусть не сомневается, что какие бы события ни произошли, несмотря на преданность вождя Ав-Дуков, коварство сего последнего..."

— Ничего не переведу... провалюсь... — сверлило мою Душу.

А над всей этой чепухой, над Сенькой с мухами, над грязью, мутившей душу, подымалась она, чудесная... Не Серафима, не Паша, а она, скрытая от меня где-то. И желтенькие цветочки на подоконнике, в тесном букетике, как сплошной золотистый бархат, яркая золотая желть, — чем-то мерцали мне, что-то напоминали мне... — словно я сам был ими, родился с ними! Когда это было, где?...

Светлая-светлая река, церковь... желтая, как эти цветочки, церковь... над нею — синее. Небо? Должно быть, небо. Травка, зеленая-зеленая, кто-то меня целует и говорит: "Боженька... бом-бом..." Звенит и звенит кругом — и струящаяся вода, и синее, и желтенькие цветочки... И золотое бежит в лицо. И так хорошо, тепло. И я, засыпая, чувствую, что это и есть весна. Но когда это было?... Может быть, во сне было...

И вот когда я смотрел на желтенькие цветы в стакане, мелькнуло во мне — неуловимое ощущение радости, чистоты и света, необычайной какой-то легкости, словно у меня крылья, и я летаю. Такая радость... И все заливает звоном — боммм... бомм... Невозвратимо-далекое, чего я никак не вспомню. Но — было?... И где-то есть?... Неужели же никогда не повторится?!.

Отсвет забытой радости, чистоты и... Бога?!. — коснулся моей души, и сердце во мне затосковало.

"Пусть же помнят вероломные вожди племен, что, хотя он, Цезарь, вопреки неоднократному их коварству по отношению к римскому народу, терпел их возле себя и даже помогал им военными и съестными припасами и посылал вспомогательные войска, но, что бы там ни случилось, он найдет достаточно средств жестоко наказать их огнем и железом, а их поселения сотрет до основания..."

Подстрочник поехал по столу. Цезарь выглянул на меня из копий, и я куда-то поплыл, в цветах...

XXX

Когда я проснулся, уже смеркалось. Я подобрал разлетевшиеся странички "Цезаря" и с ужасом подумал, что я ничего не знаю.

Я подошел к окошку и увидал на цветах — бумажку, мои стихи! Паша... вернула мне?!. Каракули, по-печатному, словно писал ребенок, карандашом: "отвас мине нинадоть!" "Е" она написала налево лапками.

Меня это сильно укололо. Вернула, гордая девчонка! Значит, входила, когда я спал, и положила прямо на свой букетик: нате!... Горничная — и вдруг вернула!... Из ревности?! оскорбила ее, назвала мне в лицо "последней шлюхой" и швырнула мои стихи!... Прекрасно.

У конюшни играли на гармоньи. И я услыхал Пашу: — А кадрель можете, Степан Трофимыч?...

Она называет его — Степан Трофимыч!... Он ее потащил в конюшню, а она... Степан Трофимыч?! Я высунулся в окно и крикнул:

— Паша, налей мне лампу... скорей!...

— Сейчас, не умрете!... — откликнулась дерзко Паша. Я слышал, как смеялись. Вот нахалы!...

— Чего там, поспеет... — сказал кучер.

— Екзаменты они учут, надо.

— Целоваться тебе с им надо!...

Во мне кипело. Но что же я должен сделать?... Я стиснул зубы и стал дожидаться Паши. Во мне дрожало. А она все не приходила. Пиликала гармонья. Крикнуть?...

— Вчера только наливала лампу! — сказала Паша.

Я даже вздрогнул. Она почему-то не входила, стояла в коридоре. Она почему-то расфрантилась: на ней было светленькое платье в сборках, шумливое ситцевое платье, в незабудках. На лбу — кудряшки.

— Буду заниматься ночью, налейте лампу! — сказал я резко.

— Сами будете наливать скоро... — сказала она дерзко, хватая лампу.

Я заступил дорогу.

— Оставь лампу!... — сказал я, задыхаясь. — И выкиньте эту... дрянь!... — показал я на ее букетик, — и не смейте... дарите вашему Степану Трофимычу... вашему любовнику!...

Она растерянно на меня глядела, усмехнулась.

— Покуда еще не любовник! Это у других по десять любовников, а не брезгуют... А я, думаете, вам принесла?... Я так поставила, для комнаты!... И у барышень поставила. Думаете чего...

Она схватила букетик и швырнула в окно, как камень.

— Ты не мне поставила?!. — шепотом крикнул я, растеривая мысли.

— И не подумала даже!...

143

— Не мне, а... для комнаты?... А ты что же говорила тогда... "цветочки мои швырнули"?... Не мне?!

Я впивался в убегающие глаза ее. Лицо ее похудело и побледнело — или мне показалось в сумерках?

— Было да прошло! — сказала она с усмешкой. — Снегу вон сколько было, да потаял!... Бывают дуры, а потом умнеют. Думала, прынцы какие есть, а... Вот, вот ваши поцелуи... вот!...

И она быстро потерла рот.

— С шлюхами целуйтесь!... — зашептала она со злостью, чуть не плача. — Думала, дура...

— Па-ша... — зашептал я растерянно, боясь слез, — но ты же сама!... как ты себя ведешь!... — А как я себя веду? как?!. Кто меня целовал?!. Кого я целовала?! На что я зарилась?... Бог с вами, Тоничка... Поиграли и... Я вам не тряпка, швыряться... Была дура...

Я схватил ее за руку, но она оттолкнула меня и убежала. Кончилось — и прекрасно! Осталось в душе щемящее что-то, стыдное: смела ее позорить! Но я подумал, что в ревности даже кислотою обливают.

На дворе еще было светло. На кухне ужинали. Проходя мимо окон в садик, я заметил, что Паша сидела скучная, сложив руки, о чем-то думала. Степан, в красной рубахе и жилетке, рассказывал что-то, махая ложкой. "Поженятся — и прекрасно!" — подумал я. Потому и сказала: "Сами будете наливать скоро".

В столбике было пусто. И на галерее было пусто. Я уже хотел вернуться, как вдруг стукнула калитка, и во двор вошел пузан низенького роста, с двумя кулечками.

— Здравствуйте, Павел Тихоныч! — услыхал я толстуху с галереи, — а Симочка в Серпухове на практике!...

— Как же она не предупредила!... — раздраженно сказал пузан, взмахивая кулечками. — То в Коломну, то, черт ее знает... в Серпухов! Это уж... я уж не понимаю!...

— Да вы зайдите, Павел Тихоныч... Самовар у меня горячий...

— Благодарю-с... Извольте передать ей, что или значу я что-нибудь, или... ноль?... Я сюрпризов-с... не терплю-с! да-сс!...

— Да вы зайдите, Павел Тихоныч!... — заискивающе упрашивала толстуха. — На практику вызвали...

— Знаем мы эти пра-ктики! Войти я могу, конечно-с... — размахивая кулечками, сердито сказал толстяк и пошел к ней на галерею.

Я был взбешен, почему этот наглец смеет так говорить о

144

Серафиме. Пузан коротконогий! Говорить — "она"! "Или я что-нибудь..."? Что это такое — "что-нибудь"?

Появился Карих и стал прохаживаться под галереей; видимо, подслушивал разговор. На галерее гудели голоса, словно бубнила в стакане муха. Я видел голову толстяка. Он снял шляпу и оказался совсем плешивым. Арбуз в золотых очках! Он стучал по столу и тряс "арбузом".

— Не одна-с! — выкрикнул он к окну. — С бородатым болваном, знаю-с!... — голос его сорвался и снова вырвался, — благодаря мне-с, да-с! обязаны-с!... — затерялся голос, — ...в портнихи-с, самая верная ей дорога-с!...

Толстуха закрыла окна. Карих присел на корточки и состроил рожу: видимо, был доволен.

"Уехала не одна, а с бородатым болваном"!

Бородатый болван — студент, конечно. Я тоже всегда так думал. Уехала со студентом в Серпухов! Какая же это "практика"?... Стукнула калитка, и появился студент с гитарой, и какой-то еще с футляром, в котором таскают скрипки. Их встретил Карих и торжественно объявил, что Серафимы Константиновны дома нет.

От радости я подпрыгнул. Она уехала! Все — вранье! Не могла она ехать со студентом. Она — чистая, несравненная, ангел-Серафима!

— А не врешь, друг ситный? — засмеялся студент и толкнул Кариха в живот гитарой. — А вот мы посеренадим, и милая птичка выпорхнет!

Он — веселый же был он парень и совсем не болван, по-моему! — задрал картуз на затылок и пустил на гитаре — трам-там-там...

Я здесь, Инезилья,
Пою под окном,
Объята Севилья
И мрраком, и сном!...

Окно открылось, и высунулась толстуха, а за ней и арбуз в очках. Студент — уж и молодчина! — послал им воздушный поцелуй. И воскликнул, словно в порыве страсти:

— О, ди-вное... виде-нье!... Ко-го я ви-жу! Сам фельдшер смо-трит! Сама... манти-лья!...

— Кузьма Кузьмич! Вон он, Кузьма Кузьмич! — воскликнула радостно толстуха.

— А, Кузьма Кузьмич! — весело закричал толстяк. — Входите, у меня что-то есть!...

145

Ай да фершал, фершал клад,
Фершал любит виноград!...

— Но, говорят, ее нет! Обманула! Сама клялась, что в пятницу свобо-дна!... И вот мы притащи-ли скри-пача, и он готов скрипеть, и... обман-ну-ла! Но... человечество не ждет и прет! И посему мы выпьем за здоровье новорожден-ного!...

Студент подхватил скрипача, и они загремели по лестнице.

— Ужинать сели! — окликнула со двора Паша.

Проходя по двору, я заметил, что она у конюшни, болтает с кучером. Заметив меня, она захохотала и стала баловаться дверью: отворит и захлопнет. Я прямо удивился ее бесстыдству.

— А все я дюжей тебя!... — смеялась она Степану, балуясь Дверью: они тянулись.

Только я сел за ужин, явилась Паша. Я глазам даже не поверил: она расфрантилась, как на праздник! Взбила прическу, надела бантик... голубенькую шелковую блузку, с высокими рукавами, и самый парадный фартук. Все так и ахнули!...

— Да ты очумела, что ли? — изумленно сказала мать.

— А что, барыня?... — спросила невинно Паша.

— На бал едешь?!.

— Что оделась-то?... — весело огляделась Паша. — А надеть нечего, в грязное покидала все...

— Как так, все в грязное?...

— Стирать буду. Сама заработала, мне не жалко!...

— Да она прямо одурела?!.

— Ничего не одурела! Может, у меня жених есть?... Ндра-виться ему вот хочу...

— Да ты что... пьяная?!. Да как она отвечает?! — сказала тетка. — Бесстыжая девчонка... про жениха!...

— Да что же я, уж и кофточку не могу надеть? А может, я именинница сегодня?

— Нет, она очумела! — сказала мать, когда Паша ушла на кухню. — Вы, Марья Михайловна, последите. Голову девчонка потеряла! Сирота, Богу за нее ответишь...

— По часу у рукомойника полощется, зубы даже начала начищать! — сказала ехидно тетка. — Катерина говорит, с кучером все смеется... — покосилась на меня тетка.

— А знаете что... — сказала сестра, краснея, — просто у ней... наследственность!

— Что ты какую чушь мелешь! — сказала мать.

— У ней что-то благородное в личике! Посмотрите, какой у ней ротик... и маленькие руки!...

146

— Ну и что же?...

— Ну... родовитая кровь в ней, может быть. Отец у ней был лесник... Романическое что-нибудь случилось... В романах очень часто это! А романы всегда из жизни... Очень, мамаша, возможно! — настаивала сестра, "прочитавшая все романы". — Около них имение графов Замойских-Лоцких. Одна из Замойских фрейлина была даже!...

— А леснику могли и подкинуть! — вмешался я. — Первые римские цари Ромул и Рем были подкинуты и вскормлены волчицей! И у Пушкина, например, есть.

— Аль на фа па дир, — шепнула тетка, заслышав шаги Паши, только всего и знала по-французски. — А нынче и вправду Пелагеи-девы!

Все замолчали. Я украдкой взглянул на Пашу. Вот почему: именины ее сегодня! Она была удивительно сегодня интересна, как маркиза.

"Вполне возможно, что в ее жилах течет кровь аристократов! — подумал я. — Она горда, любит цветы, наряды... У ней даже прирожденные манеры! Как она даже тарелки ставит!... А когда ей грустно, и она шьет, и задумается с ниткой кажется, будто это забытая принцесса!... Вернула мои стихи, положила на свой букетик... "Я вам по-жа-ловала цветы, а мне ничего от вас не надо!"..."

— Нет, Паша, ты поскромнее одевайся... — сказала мать. — Кокетки-то по бульварам ходят!... В девушке скромность ценят... а не финтифлюшки!

Вернувшись к себе, я зажег лампу, чтобы приняться опять за "Цезаря". И вдруг увидал... "уточку"! Она стояла на стеклянных лапках на стопке листков из "Цезаря"! Паша вернула и "уточку"! И прекрасно.

"Уточка" была не тронута: пробочка в носике была заклеена бумажкой. Но та-то была открыта, и Паша при мне душилась. Значит, она купила, не пожалела и тридцати копеек!

С тяжелым сердцем стал я переводить подчеркнутые "Бегемотом" главки.

На какой же стояла "уточка"?... — почему-то пришло мне в голову. Я взглянул на листок и поразился: на самой грязной, исчерканной всякими надписками, — цветными карандашами и чернилами! Над ней мы сидели долго.

"После того, как пришли послы, Цезарь приказал, чтобы их не допускали, и велел сказать: "Он-де доволен, что из страха римского оружия старейшины Урсулов достаточно мудры; что если бы этого не случилось, то до наступления таяния снегов три легиона и наемники внушили бы, как надо отдавать

147

почести и выполнять условия мира, чтобы приобрести благожелательность римского владычества; что пусть-де они не сомневаются, что если будет наблюдена измена, то ничто не могло бы удержать его в самых ужасных планах, ибо"..."

"Будет это! — подумал я. — Паша поставила "уточку" на самое трудное, что было!..."

И я загадал: "Если — это, то..."

И выучил назубок параграф.

XXXI

У Кариха заиграла скрипка, потом гитара. Я высунулся в окошко. Горели под бузиной фонарики, словно там были именины, как на даче. Да, Пелагея Ивановна тоже, должно быть, именинница! Я услыхал бешеный рев студента:

О, Серафима,
О, Хе-ру-ви-ма!...

Она вернулась?!.

Пели под скрипку хором — "Не осенний мелкий дождичек". Я слышал ее нежный голос — "пей, тоска пройдет!" И побежал к забору. Пробегая сенями, я встретил Пашу. — Поздно придете — отпирать не буду!... — сказала она дерзко.

— Не отпирайте, я и через чердак могу спуститься! — сказал я ей. — А... вашу "уточку" я вышвырнул в окошко! Кучеру можете дарить!...

— Уж подарила! — сказала она каким-то фальшивым тоном.

— И прекрасно!...

Вечер был очень теплый. Под бузиной, за большим столом, под фонариками, сидело что-то много, даже Карих! Он был в манишке и сюртуке, в белом галстуке, как на свадьбе, и сидел вытянувшись, словно его приклеили к стулу. Она показалась мне невестой, — в белом воздушном платье. Белая лента стягивала ее головку. Она показалась мне — богиней!...

— Богиня моя! — шептал я страстно. — Ты поешь и не чувствуешь, что я близко, что я молюсь на тебя, богиня!...

Она приставала к Кариху:

— У вас чудесный голос! Вы же говорили, что поете...

— Я только под гармонью, когда тоска... люблю мечтать

под звуки вальса... — стеснялся Карих. — Не стоит нарушать природы!

Все захохотали.

— Друг, нарушь природу! — приставал студент. — У тебя чудный бас, как у Бутенки... Спустись с высот... в юдоль печали и забот!...

— Вы, Степан Кондратьич, по-эт!... — сказала она нежно.

— Где же-с... — смутился Карих. — Я терзаюсь в жизни через голову. Сызмальства опоили. А теперь... встретил небесное творенье... как во сне!...

— Браво! — всплеснула Серафима. — Извольте выпить за "небесное творенье" и спойте для меня!

— Извольте... — сказал уныло Карих. Он принял из ее рук рюмку и объявил:

— За... все прекрасное! Как пропечатано в "Листке":

> Бокал шинпанского Донскова,
> Вспомянем князя Трубецкова!

Так все и покатились. А Карих поправил галстук, выступил, как артист на сцене, и сделал рукой — вот так: внимание! Студент сделал — трам-тамм-тамм...

— Сперва надо, как из-под земли. Значит, уж на него навалили земли! Скоро помрет, через любовь!... — сказал Карих и потер затылок. — Дебют! Называется — "Жгущая Любовь"!

— Жги! — крикнул ему студент.

Серафима завалилась за толстяка, словно хотела спрятаться. Скрипач мотал головой, как пьяный. Толстуха ела халву горстями. Только "Рожа", обвязанная до глаз, сидела, как сфинкс египетский.

— Дебют! — повторил Карих. — "Скажи: ты мой!" Романц без слов! "Жгущая Любовь"!

Он приложил руку к сердцу и начал скороговоркой, шепотом:

> Меня безумно убивает
> Твой взгляд холодный и пустой,
> Но жгущая любовь пылает,
> В груди израненной, больной!
> Скажи: ты — мой!

Припев Карих пропел так тонко, словно петух запел. Все

загоготали от восторга. Карих ободрился, отошел в темноту двора и пустил оттуда рыданием:

Придешь ты на мою могилу,
Восплачешь горькою слезой:
За что его я не любила?...
Сразила смерть его косой!
Сказала — мой!

— Все!

Карих вытер рукой лицо, сел осторожно, словно боялся измять сюртук, и вытянулся, как деревянный. Я был в восторге, когда она взяла из вазочки розовую пастилку и двумя пальчиками подала ему:

— Это вам от меня — за ваш романц без слов! Он ужасно захохотал и сразу проглотил.

— Вся жизнь — обман ужасный! — сказал он мрачно. — Ждешь и не дождешься. Живешь — помрешь!

И опять страшно захохотал. И все захохотали. Потом он стал мотать головой и стучать кулаком по темени. Студент повел его под руки куда-то. Наконец стали расходиться. Скрипач и студент ушли. Толстяк поднялся на галерею. Толстуха сунула "Роже" конфетку под повязку, а он сделал ей ручкой — так. Потом выпила прямо из бутылки. Фонарики погасли. Стало совсем темно. Пропел петух. Пошли кричать петухи кругом. У пастуха напротив протяжно заревел бык. Я хотел дождаться, когда же уйдет толстяк. Неужели он ночевать остался?... Может быть, он их родственник? Не могла же она его полюбить, такого?! Плешивый, жулик, кульки таскает!... Может быть, брат двоюродный... Они чемто ему обязаны... Отца нет, и он ей вместо отца?...

Сени таки заперла Паша, и как я ни царапался за Дверью — а громко стучать боялся, — пришлось лезть по пожарной лестнице. Ее окошечко было закрыто и занавешено. Я не утерпел и стукнул.

— Это называется... нахальство! Кажется, я просил не запирать сени!...

Она не отозвалась ни шорохом. Меня озлило.

— И раз вы горничная, вы обязаны отпирать... — сказал я громче.

— Шлюху свою просите!... — услыхал я несонный голос.

— А вы... кучера своего!...

— Он ко мне по ночам не бегал... заборы не лизал...

— А ты... нахалка!...

150

— А вам не помыкалка!...

Я всегда знал, что она зубастая.

Лампа моя горела. "Уточка" все стояла среди листков, словно вместо меня учила. "На ранней заре Цезарь послал к Верцингеториксу сказать, что он-де нисколько не сомневается..." Ну и пусть не сомневается!...

Я очень сомневался. Сомневался, что выдержу экзамен... сомневался, что она пишет искренно. Я достал ее розовые письма, и оглушающий аромат опять закружил меня. Я вспомнил белоснежное ее платье и роскошные волосы, прихваченные белой лентой. "О, богиня! — шептал я страстно, уже не сомневаясь. — Ты... "очень одинока""! Она же написала: "Будете вспоминать меня?" И потом, когда написала — "роняю три, четыре, пять... самых ароматных лепестков", написала дальше — "а вы?" Конечно, любит! И я нисколько не сомневаюсь, "quin" — и сослагательное! И я скоро буду с ней в Нескучном. Она любит глухие местечки в нем!... Разве подарить ей на память... "уточку"?... Сказать: "Примите от меня этот наивный пустячок и поставьте к себе на столик! пусть эта прозрачная "уточка" напоминает вам о светлой душе и чистом сердце, которое полно самыми ароматными чувствами?..." Или — поднести ландыши? Но они еще не цветут! Но можно купить один стебелек и спрятать?... Поспорить с ней? Подойти с ней к "Чертову оврагу" и сказать: "Для вас хочу найти хотя бы один ландыш!" Она усмехнется, скажет: "Теперь — ландыш?! Еще только цветет черемуха!" Я восторженно скажу ей: "В любви — все возможно!" И брошусь в самую глубь оврага! Там уже должны быть ландышевые листья, в трубочках. Там я всуну оранжерейный ландыш и стремительно упаду к ногам. "Вот, я верил... и я — нашел!!." И она, пораженная, прошепчет: "О, вы нашли с этим волшебным ландышем... что-то великое!..." И стыдливо опустит свои шелковистые ресницы. "Что я нашел? умоляю вас, скажите хоть одно слово!" — прошепчу я ей. В кустах и оврагах будут заливаться влюбленные соловьи. И она, склонившись ко мне, прошепчет: "Любовь". Я убрал "уточку" в сундучок, а письма положил в курточ-ку — "на счастье". Завтра, во время экстемпорале, я буду дышать ими, и их аромат будет придавать мне силы.

При лампе я и не заметил, что на дворе уже рассветает. Порозовело небо. Серые сараи прояснились. Сонные пекаря качали у колодца, несли ушаты, скребя по камням опорками. В тополе бесновались воробьи. Звонили к утрени. У Кариха задребезжали стекла, кто-то открыл окошко. Я высунулся в тополь. Под галереей стоял толстяк и прижимал руку к сердцу.

Я вытянулся дальше в сучья, рискуя упасть на камни. Толстяк поцеловал свои пальцы и послал поцелуй — вот так!... Меня тряхнуло, я чуть было не свалился...

XXXII

Сегодня первый экзамен — латинское экстемпорале. Я лихорадочно умылся, мелко во мне дрожало, щекотало. Трясло за чаем, и я выпил его без хлеба, отломил только у розанчика носик. Паша мела в столовой.

— Сегодня первый экзамен, Паша... — сказал я кротко: не хотелось, чтобы она сердилась, — дурной признак! — Поздравляю тебя с прошедшим Ангелом.

— Спасибо. Ну, авось не провалитесь!... — сказала она неласково, и меня пуще прежнего забило дрожью.

На ней была розовенькая кофточка, и сама она была розовенькая и свежая. Она ступала совсем неслышно. Я украдкой взглянул на ее ноги и увидал, что на ней новые ботинки. "Если бы прошлась "сорокой"!" — подумал я.

— Совсем ничего не ели! — сказала она ворчливо.

— Какая еда, когда экзамен... — сказал я скорбно.

— Бог даст, выдержите!...

— Когда в сердце... ад!... Выдержишь... — чуть не плача сказал я сливкам. — И... никто не любит...

— Еще полю-бят!... — сказала она насмешливо. — Заборов еще много.

Я хотел ей сказать глазами, до чего это бессердечно, но она выметала под диваном, ловко переступая каблучками. Меня перекрестили.

— Тетя Маша, иду... не сердитесь. Я сегодня на краю пропасти... Чувствую, что не переживу, если... — сказал я мрачно.

— А я тебе говорю, что выдержишь! — сказала она уверенно. — Такие твои карты... странные!...

— Странные?...

— Дамы так от тебя и не отходят! По твоим годам это к прибыли! Вот увидишь.

Это меня ободрило. Я подошел к часовне и стал молиться. "Заступнице усердная, Мати Господа Вышняго"... И вдруг выбежала из часовни — Паша! Увидала меня и растерялась.

— Сегодня память... по тятеньке! — сказала она быстро и умчалась.

"Это она за меня молилась... ставила, должно быть, свечку! — ласково пробежало в мыслях. — Еще тогда сказала..."

И меня пуще забило лихорадкой. Я завидовал крикунам-мальчишкам с зеленым луком, подрядчику, ехавшему на дрожках, бутошнику, который со мной раскланялся. Хотелось всем объявить, что сегодня у нас экзамен и я страдаю. Попался знакомый плотник, чинивший у нас беседку, и спросил на ходу, застанет ли мамашу, деньжонок надо. Я сказал, что застанет, и не удержался:

— А я вот иду в гимназию... у нас сегодня страшный экзамен, латинское экстемпорале!...

Он посочувствовал:

— Да, бядовое ваше дело.

Сады в переулках уже зеленели густо. На сиренях лиловые елочки торчали, рябины выпустили белые пенки цвета. Доносило черемухой, травою. На церковном дворе густо золотился одуванчик, ходили с цыплятами наседки. Хотелось прилечь на травке и ни о чем не думать. Пухлые облачка недвижно стояли в небе. Я молился на каких-то угодников на церкви, сухих и строгих, на архангела с мечом и в шлеме, — как будто Цезарь.

Как всегда на экзаменах, в гимназии было празднично и по-другому. Все приоделись, подтянулись, словно сейчас привезут икону. Дозубривали в книжках, тревожно ощупывали карманы. В саду курили. Отчаянные раскачивались на брусьях, прыгали в чехарду и ели завтрак. Первый ученик Соколов 3-й ходил с помощником классного наставника в обнимку. Его перевели без экзамена, и он приехал полюбоваться и похвастать, что едет сегодня в Нижний, а оттуда по Волге и по Каме. Иные, по уголкам, крестились. Женька сидел под гимнастикой и надписывал на манжетах.

Сообщили, что "Бегемот" приехал и кому-то сказал _ "держитесь!"

Женька поглядел страшными глазами:

— Говори все случаи на "quin"! Когда "сомневался", когда "не сомневался"? Ничего в голове не получилось. Когда "si" с чертовым конъюнктивом? Все "ш" ы перепутал! А после "timeo" — "quin"?

Он прямо меня засыпал. Я старался ему втолковать, но он ничего не понял и обругал зубрилой.

— Хочешь моей погибели! Завидуешь, что назначила свиданье? — Я сам имею от нее письма!... — сказал я резко. — Я тебе дам списать. Будет тридцать восьмая глава... увидишь!

— Почем ты знаешь?... — бормотал он, уже отыскивая по

153

"Цезарю". — Это?... "После того, как пришли послы. Цезарь приказал..."?

— Уверен! Я знаю назубок.

Женька вырвал из книжки, и нас потащили на экзамен. Отчаянные засовались по карманам. Робкие вознесли моленья.

"Бегемот", рыжий и толстопузый, вытянул снизу бороду, поймал и погрыз кончики.

— "Листики" выложить на стол! Кого поймаю — выгоню! Caveant consules! Готовы? Место самое легкое, не раз читанное...

"Господи! — глядел я на "Бегемота" с верой, — пусть это будет — "После того, как пришли послы...!""

— Готовы, римляне? Ба-бушкин...! Ба-бушкин!... пойдешь к де-душке! — замотал пальцами "Бегемот". — Вы, близнецы, там...! За доску сядешь!... Готовы? Гм...

"После того, как пришли послы... Цезарь приказал не допускать их..."

В голове сладко зазвенело, и я кротко взглянул на "Бегемота". Женька гымкнул и лихо толкнул меня:

— Откуда ты, черт?!

А я старательно выводил, дыша "ароматами Востока".

Через час работа была готова, с хитрыми изменениями где надо. "Бегемот" подошел ко мне, обдавая табачным духом и тесня животом, как глыбой.

— И раздушился же ты, мой друг... — сказал он, трогая мою голову, словно хотел отвинчивать. — Хороший-то латинист что значит!...

Я был в восторге: даже "Бегемот" восхищается ее духами! Вышли мы, торжествуя.

— К букинисту всю эту ерунду сейчас, на завтра нужно! — сказал Женька "полковником" и даже не простился.

Я отлично помню этот субботний день. Удача ли на экзамене, или одурение от бессонной ночи, — но я решился на то, о чем раньше и не мог подумать.

Я прошел по той стороне, мимо нашего дома и вошел к Кариху. Вошел решительно, не зная, что буду делать. Меня тащило. Навстречу попался Карих.

— Кого?... — спросил он хмуро, оглядывая мутными глазами. Как будто он не узнал меня.

— Мне по делу... Пелагею Ивановну... — сказал я, чувствуя, что сейчас погибну.

И тут же, смутившись, понял: думает, что я по такому делу! — Ах, вы ко мне, молодой человек? — приветствовала меня толстуха с галереи, — пожалуйте, по лесенке сюда...

Я очень развязно поклонился.

Ни о чем не спрашивая, — может быть, и она подумала, что я по такому делу, — она пригласила меня в покои. Я шел и думал: "Что же я делаю, и что сказать?..." Но что-то во мне сидело.

В эту минуту отчаяние мое погасло: я только хотел знать правду. Отчаяние было на дороге.

Я встретил, или мне показалось, что я встретил?... Она прокатила со студентом! Я хорошо рассмотрел студента — черная борода сверкала! — и шляпку с широкими полями, соломенную шляпку с васильками. Издали я заметил, но извозчик помчался в переулок.

Это меня и потащило.

Толстуха ввела в гостиную и показала на продавленное кресло. Пахло какой-то дрянью, чем пахнут акушерки. Лежала "Нива", на вытертом диване дремала Мика, без бантика, валялся комочек из перчаток.

— Что вам угодно, молодой человек?... — сказала таинственно толстуха, и ее бородавки заплясали: это она мило улыбнулась.

По ее лицу я понял, что она ожидает "тайны": должно быть, я был взволнован.

— Может быть, курите... — прохрипела она галантно и подвинула пепельницу с разметавшейся голой дамой.

— Я, вообще, курю... но сейчас что-то голова болит! — сказал я глупо.

— Пожалуйста, не стесняйтесь... — сказала она, оглядываясь, — наше такое дело, если секретно... барышня имеется, в... екстренном положении, что нужно... все грешные, а уж молодому-то человеку...

И она поглядела умильно, ласково.

Я смотрел на фарфоровую даму, вертел фуражку и чувствовал, как мне гадко. Может быть, от волненья, забило в ушах колоколами.

— Видите, Пелагея Ивановна... у меня завязалось знакомство... — начал я как в тумане.

— Так я и думала! — перебила она меня. — Помочь надо?... Будьте спокойны, совсем в секрете! Я же вас знаю, и вашу семью... люди со средствами... понятно, девочка увлеклась...

— Пелагея Ивановна! — воскликнул я. — Ни-ничего подобного!...

Я даже засмеялся. Засмеялась и Пелагея Ивановна.

— Чего уж от нас-то таиться! Уж чего-чего только мы не видим... Поп да бабка — одна повадка!...

155

— Видите... я познакомился с вашей дочерью... Серафимой Константиновной... — Не зна-ла... совсем не знала!... — обрадовалась с чего-то Пелагея Ивановна. — Симочка не говорила... Очень рады, молодой человек... Мы-то с вами давно знакомы!... Помните, шубы-то ваши... уж как же я залюбовалась!... И давно познакомились с Симочкой? Она у меня прямо неравнодушна к молодежи... А уж ухажеров сколько!...

Я опять посмотрел на фарфоровую даму.

— Видите... она обещала мне... написать...

— Написать?... — ласково повторила Пелагея Ивановна, жуя губами. — Хорошо-с... обещала вам написать?...

— Про книги... рекомендовала почитать книги, а я, правду сказать, забыл! Понимаете, масса экзаменов... вот, сейчас только с экзамена, латинское экстемпорале было... Книги очень интересные. Я хотел бы видеть Серафиму Константиновну... или она напишет... про книги... теперь я скоро освобожусь, почитать...

— Да, да... любительница она почитать, да все прахтика... Вот, на два денька уехала отдохнуть к Троице-Сергию... уж так запарилась на приемах!... Там и прахтика у ней, заодно уж... в посаде-то.

— На два дня?... к Троице?

— Значит, сегодня у нас суббота?... Воскресенье, понедельник... вечером в понедельник обещалась быть. Только-только уехала, маленько не захватили...

— Ах!... — притворно воскликнул я, — не ее ли я это встретил? Не в соломенной она шляпке, в желтенькой, большой... кажется, с голубенькими цветами!...

— Ну, она и есть. Новенькую вчера купила только, майскую, с василечками. Дело молодое. А я-то уж, простите, чего подумала... — кокетничала со мной толстуха. — У нас и имназисты иной раз требуют, по секрету. Знаете, может, Мозгов, фабриканта сынок... жениться у них нельзя, а есть любовишка... Симочка и принимала. Да ведь какой мальчишка! Говорит, один-цать фунтов вытянул! Ну, имназист, правда, рослый, солидный... да и бабочка-то ядреная попалась... такого-то мальчонку!... — и она посмеялась мне. — Сколько вам годков-то... небось, семнадцатый?...

— Да, приблизительно... — без смущения сказал я. — Я тоже считаю, что брак — явление естественное!

— Да как же можно!... Молодые, влюбятся... ну, ребеночек! А любовь, она... не спрашивается! Влюбитесь вот в какую, ну и...

156

дело житейское!... Нас уж не забывайте... — пошутила она, смеясь.

Мне было очень приятно беседовать с умной женщиной. Она смотрела на это вполне свободно. Правду говорил Женька, что все акушерки смотрят вполне свободно.

— Ну, я так рано не... не женюсь... — Зачем жениться? А так, в холостом браке случиться может! Подвернется какая хорошенькая да свободная, вот и... будете к ней захаживать...

Я взглянул на фарфоровую даму. Она раскинулась на ковре, прикрывая лицо руками.

— Извините меня... — сказал я, подымаясь, — она... то есть, Серафима Константиновна вернется в понедельник... прошу вас, напомните ей про обещание, она знает...

— С удовольствием. Да уж если Симочка вам сказала, не обманет. Значит, про книжечки. Ночами даже зачитывается! Захаживайте когда, очень ради. Симочка и попоет когда. А уж молодежь она как любит... Самой-то всего двадцать два годика. И всем нравится, веселенькая. Ну и кружатся. А выйдет замуж да пойдут ребятишки... А вы и знакомым своим скажите, кому понадобится... Квартирку имеем для секретных...

— С большим удовольствием... — радостно сказал я, в восторге от Пелагеи Ивановны. — У вас так легко себя чувствуешь... в такой атмосфере... Передайте мой сердечный привет Серафиме Константиновне... и про письмо... то есть она обещалась мне...

— Как же, непременно... С компанией целой поехали... маевочку там отпразднуют...

Я пошел от нее в восторге. Вылетел из ворот и прямо прошел к Нескучному, чтобы никто не видел.

XXXIII

Я вернулся домой разбитый. Возбуждение от экзамена погасло. Я угадал параграф — "уточка" мне сказала, — но что из того, что я написал экстемпорале? Правда, я загадал, что если будет по "уточке" — "если — это, то... все прекрасно выйдет с моей любовью". Вышло по "уточке". Но... она у Троицы со студентом! Правда, Пелагея Ивановна говорила, что с компанией целой она поехала, "маевочку там попразднуют"... Но это простая хитрость, самая женская уловка! Еще бы она сказала: "Я еду с моим любовником!"

Я лежал и терзал себя.

К Троице! Ездят туда не только молиться Богу. Булочник Муравлятников ездил запивать к Троице. Так все и говорили: "А Муравлятников-то опять "к Троице" поехал, недельки на две!" И влюбленные ездят к Троице. И Максимка, когда проживался с Гашкой, частенько катался к Троице. Гришка так и рассказывал: "Возьмут у монахов номер в гостинице — и гуляй! А потом и к отчельникам толкнутся, — грехи замаливать!" Я возмущался и говорил, что там же мощи Преподобного Сергия, самое святое место, великий грех... А Гришка посмеивался только: "Грех в орех, а на том свете уж разберется, кому какое будет происхождение в аду!"

На том свете... Я часто бывал у Троицы и видел в соборе картину во всю стену: "Страшный Суд". В огненных языках в аду тянулся по всей стене, извиваясь жирными кольцами, черно-зеленый Змий. В жутких его извивах терзались грешники. Все они были голые, раскаленные докрасна в огне. И по всему Змию адскому обвивалась беловатая грамота, на которой черными буковками стояло: "воровство", "сребролюбие", "убийство", "пианство", "сквернословие", "блуд"... — все грехи.

И она поехала с ним — туда!...

Я готов был кричать от боли. Виденная у Гришки карточка с монахом и нагой женщиной, этот постыдный грех, сплетался во мне с белым монастырем у Троицы, с розовым огоньком лампады, с красными языками ада, с голыми грешниками, с дьяволами и бесами, с бородатым студентом, от которого пахнет трупами, и с чистенькой, белой Серафимой. Ее, на моих глазах, обесчещивал грязный и жуткий грех.

Сердце мое терзалось, разрывалось. И я заплакал. Лучезарная Зинаида, явившаяся моей душе, и многие-многие, слившиеся в одну, — в неизъяснимо-прелестный образ чистой и нежной девушки, или в другой, столь же прекрасный образ, только более яркий по красоте и обжигающей душу "тайне", — прелестной женщины, — все покрывалось чем-то ужасно грязным. В невыразимой тоске прижимал я к груди под курточкой ароматные ее письма, словно бы прижимал ее. Они уже там теперь! Он ее обнимает страстно, и у них отвратительный, грязный грех. А рядом — горят лампады, звонят к вечерне. В скиту старцы творят молитвы... И она, блудница, вся обнаженная, с распущенными прекрасными волосами, закрыла лицо руками, как на фарфоровой пепельнице, и разметалась. А он, с черной ужасной бородой, обнимает ее грязными лапами, шепчет всякие непристойности, как дьявол на той картине... и она бьется, молит, рыдает от омерзения. Но все напрасно: для нее уже нет исхода. Она — погибла.

Я представлял себе, что не в силах снести позора. Жизнь кончена. Единственно, что осталось, — смерть! Пусть же она почувствует!...

И я рисовал себе...

...Я внезапно опасно заболел. Пока она предавалась ужасной и мерзкой страсти, теряла свою чистоту и честь, я принял ужасный яд, от которого нет спасения. Яд этот действует медленно, но верно. Все перед ним — бессильно. Наш старый доктор Эраст Эрастыч, шатаясь от ряда бессонных ночей и горя, выходит из комнаты, утирая добрые старческие глаза платочком. Долго стоит в полутемном коридоре, не решаясь спуститься вниз. "Доктор, умоляем вас... скажите нам всю правду, не скрывайте! — упрашивают его плачущие родные. — Неужели нельзя спасти?! Он еще так молод! он не испытал ничего радостного в жизни, не знал любви... молодой и прекрасной женщины... это ужасно!... Спасите его, доктор!" — "Увы, наша наука бессильна. Я подозреваю, что Тоничка принял какой-то ужасный яд! Может быть, даже страшнейший растительный яд кураре, который непоправимо делает свое страшное дело разрушения! Через два часа... — доктор вынимает свои часики с веночком на крышке, — самое большее — через три часа все будет кончено!... Наука тут бессильна. Пригласите священника". И в этот миг, среди рыданий всего дома, — Паша бьется в истерике, уже не скрывая своей любви, а Гришка утирает кулаком глаза, — слышится пронзительный вопль: "О, пустите меня к нему, пустите!" Все расступаются и дают дорогу... Это — она... Она, с обезумевшими глазами, стремительно вбегает и падает на колени возле моей кровати. "О, великий Боже!" — вскрикивает она, ломая руки. Я последним усилием беру бледную ее руку и долго гляжу в глаза тускнеющим, уходящим взглядом. "Прощайте... — шепчу я уже коснеющими устами. — Будьте счастливы, если можете... при таких обстоятельствах... Да, я не мог пережить этого... позора. Ваш грех убил мое бренное тело... но душа бессмертна! Молитесь за... себя!... А я... буду молиться там... там мы встретимся, в чистых одеждах, и новая, светлая любовь... соединит нас навеки..." Она падает замертво. Я подношу к холодеющим устам безжизненную ее руку. И слышу, как даже Гришка говорит, жалея: "Ка-кого человека загубила!" Кто-то шепчет угасающим голосом: "Кончается..."

Глухой грохот вырвал меня из сковавшей меня картины.

За окном зелень потемнела. Темное было за нею небо — туча. Закрапал дождик. Весенняя, первая гроза. Гром покатился долгим, глухим раскатом, как всегда это в городе, рухая по стенам и крышам, — не было ему раздолья. И грянул ливень.

Я вскочил и высунулся в окно, под ливень, — первой грозой умылся. Сразу запахло тополями, пылью... Паша выбежала на двор и, затиснув в коленки юбку, совала цветы под дождь. Выбежала и скорнячиха с гераньками и мозольным столетником, и сапожникова кухарка с фикусами в жестянках, и Гришка с громадным филодендром, который он повалил и обозвал "собакой", и наша кухарка Катерина, с лимончиками и бальзаминчиками в банках из-под грибков, и чья-то слабая старушонка с "бабьими сплетнями", и портнишки с месячными розочками в цвету, стрекотавшие, как сороки. Все суетились, срывались с лестниц, роняли горшки и толкали друг дружку в лужи. А дождь порол и порол по камню, смывая грязь, хлестал по стенам струнами, долбил по крышам, звонил-дребезжал по окнам. Ручьи бороздили двор, вышибало из желобов, било из сорванных труб с сараев, хлестало через крыши. Потемневший до сумерек двор резало синей молнией, освещало трескучим громом. Застигнутые ливнем куры ниточками стояли под сараем, обирались. Измокший смешной петух так и закаменел с расставленными ногами, — с него стекало. Сапожниковы мальчишки, завернув на голову фартуки, плясали в лужах. Разбуженный громом кучер стоял в конюшне, распялив в пролете руки, смотрел на дождь. Пробежал под рогожей Гришка. Оба вытащили кисеты, закурили. Стали махать кому-то:

— У нас не замочишься, иди!... Сенцом прикроем!

Должно быть — Паше.

И так ударило, что все попрятались кто куда. Даже кучер с Гришкой захлопнули конюшню.

По промытому до белых камней двору бежали реки чистой теперь воды. Светлело, просветлело. Блеснуло солнце. В затихших лужах юрко купались воробьи, мальчишки пускали щепки. Встряхивались и выходили куры, запел петух. Вымытые цветы зазеленели, заблестели, заслышалась шарманка. Стало парить. Запахло тополями и березой.

XXXIV

Я вышел в залу. Заглядывало солнце — свет вечерний, обои золотились. Ходили золотые рыбки, тихо. Я подошел к окошку.

Булыжники промылись и уже белели, но у заборов еще сияли лужи. От воробьиной гомозни, на солнце, в ушах стучало. Воробьи слеплялись, комками падали с заборов и уносились с писком в листья. На тополях висел малиновыми червячками цвет, желтелся в лужах. Мороженщики звонко заливались; их дальний крик был удивительно отчетлив, тонок. Перекликались петухи с дворов. Певучая шарманка обрывала — и вдруг оказывалась близкой, громкой. Дворники щеголевато подметали мостовую, по-майски, — в ситцевых рубахах, в новых картузах, от Пасхи, в ясных бляхах и новых сапогах. От Воробьевки шли подводы с кирпичом и оставляли красную дорожку пыли. Возчики тряслись, болтали розовыми сапогами, ели ситный. Несли черемуху и желтые цветочки с кладбищ. Коров уже гоняли за заставу, и наш пастух Пахомов, выигравший недавно сорок тысяч, сидел на лавочке напротив, — поджидал быка. Он был нарядный, в новой синей чуйке, в дегтярных сапогах, в цилиндре, седой, но крепкий. Поглядывал к заставе и, шаря по карману, неторопливо выбирал и грыз орехи. Рядом с ним лежал ломоть ржаного хлеба с солью — для быка.

Я стоял между горшками фуксий в розовых висюльках. Напротив, в пастуховом доме, сидела у окошка "молодая". Она мне нравилась, и слово "молодая" звучало для меня как ласка. Я любил шептать, растягивая нежно: "моло-да-я"...!

Совсем недавно она сидела с матерью в лавчонке, рядом с Пастуховым домом. Там были кнутья, лапти, кисеты для карпичников, бутылки с квасом, копченые селедки, мешок подсолнухов, кадушка с дегтем, свистульки, сахарные петушки, орехи в банках, кубари в лукошке... Бывало, побежишь через дорогу и думаешь — увижу Маньку! Так все и звали: "мазаная Манька". Но скоро она выросла и растолстела. Гришка говорил: "Вот, телка стала!" Она мне нравилась — улыбкой, белыми зубами, волосами, молочно-золотистыми, как пшенник. Нравились и красные, как клюква, губы, замазанные сладким, и глаза, голубоватые, стеклянные, как у барашка. Она выглядывала плутовато, снизу. "Таращится, как кот на сало!" — смеялся Гришка. Я любил смотреть, как она крутит голубые бусы, балует ими. Бегали они неслышно, мягко, а шея извивалась, как гармонья, — и хочется погладить Вбежишь и скажешь в угол, где орехи:

— Подсолнушков мне на монетку!... Манька непременно усмехнется:

— А, жени-их! А что ж орешков?... И почему-то станет стыдно.

— Ну, где карман-то?...

Потянет за кармашек и насыплет, всегда прибросит. И непременно пощекочет. Иногда шепнет:

— А целоваться-то умеешь? Ишь, глазастый... А губы близко-близко, даже стыдно.

Пахло от нее — как будто черносливом или дегтем. Всегда она жевала — пряники, стрючки, или хрустела карамелькой, облизывала пальцы и вытирала губы кофтой на груди, бодалась. Грудь у нее была засалена, и там переливалось и возилось. Глядишь на деготь, на кнутики, а там, где Манька, — светло-светло.

Как-то, года тому четыре, я забежал купить орешков. Летом было. Манька была одна и ела красную смородину горстями из корзины, запихивала в рот пучками, выплевывала ветки и кривилась. Увидав меня, она так передернулась от кислоты и вывернула губы, что стала страшной, словно ведьма.

— Сладенького хо-чешь?... — сказала она, дергаясь и морщась, и вытерла об розовую кофту губы. — Уж и смо-ро-дина!...

На ее груди налипли ветки.

— Дай немножко... — сказал я робко.

Она захохотала, достала кисточку, — и так хлестнула по щеке, что ягоды размялись. Я растерялся и обтерся.

— Что, глазастый... сла-дко? И, дура, показала мне язык!

— Ну, давай орешков... — сказал я.

— Ишь, оре-шков! Разбогател, глазастый... Ну, выбирай... каких тебе орешков...? — потягивая бусы, сказала Манька.

Я смотрел на бусы. Она подтягивала их под грудь, таращилась, выглядывала снизу, затаенно, странно.

— Ну, что молчишь, глазастый?... — шепнула она ласково, кося глазами и потягивая бусы. — Таких тебе орешков... крупных, а?... — и ткнула в бусы. — Мягких... сладких?...

— Шпанских... — сказал я робко.

— Шпанских?... Ну, иди сюда...

Орехи были за прилавком в банках. Я вошел к Маньке за прилавок и стал раздумывать: каленых — или шпанских?... Вдруг Манька навалилась на меня, прижала в уголок и стала тискать. Я упал на ящик. Она нашаривала у кармашка и щипалась. Я зажал кармашек: не вытащила как бы деньги!

— Пусти... задушишь... — зашептал я в страхе.

— Шпанских, — шипела она в ухо, — глазастый, шпанских?!.

Я задыхался в кофте, сучил ногами. Она щипалась, покусывала ухо, шею, словно загрызть хотела.

— Шпа-нских тебе... шпа... неких?...

Я рванул за бусы. Посыпалось и заскакало.

— Пусти-и... — шипел я в кофту, — закричу!...

Я укусил ее за палец. Она пустила. Застегнула кофту.

— Выдумал чего, бесстыдник! Ишь, забрался... — сказала она глухо, кося глазами. — Поросенок.

Она смеялась, подбирая бусы. Лицо ее горело.

— Вот и покупай мне бусы... что?...

Глаза ее смотрели мутно, как у пьяной. Она взяла меня за подбородок.

— У, чертенок!... — шепнула она нежно, затаенно. — А я-то думала... в женихи годится! Ну, шпанских, что ли?... — шептала она глухо, нанизывая бусы. — Порвал, чертенок... Ну, шпанских?...

— Ка... леных... — выговорил я чуть слышно.

— Ну, подставляй карман. Не бойся... Вот ей-Богу, не стану...

— Перекрестись...? Она перекрестилась и всыпала мне много — и шпанских, и каленых, и даже грецких. Прибавила стрючков и наказала приходить еще — "за шпанскими".

С той поры я опасался заходить, когда сидела Манька. А хотелось.

В лавочке любил сидеть старик Пахомов. Он восседал на ящике, в своем цилиндре, важно. Постегивал кнутом по стенке, по сапогу, зевал. Или пил чай из толстого стакана с кусочком сахара. Рядом лежало "лимпасе" в бумажке, и Манька грызла. А то попробует свистульки, как свистят. А Манька смотрит. Или возьмет на палец дегтю, сапог помажет, а палец оботрет о стенку. Манька скажет:

— А ну-ка, съешьте! Возьмет и съест. И хвастается:

— С твоего дегтю здоровее буду, смолодею! Бороду выкрашу. А ты чего такая, белая?

— А с дегтю!... — засмеется Манька, глаза таращит. Забежишь, бывало, — Пахомов непременно скажет:

— А, "штаны навыпуск"... пора жениться! Хочешь, посватаю?...

И подмигнет на Маньку:

— Хороша невеста! А, "штаны навыпуск"? Не надо и перины. Посватать, что ли?...

Мне стыдно, а Манька ничего, смеется:

163

— Возьмешь меня, глазастый, замуж? Подсолнушков-то у нас сколько будет, орешков!...

Я побегу и непременно споткнусь на ясную подковку на пороге, прибитую "для счастья".

Недавно Манька стала — "молодая". В прошлый мясоед пастух женил Костюшку. Молодую привезли в атласно-золотой карете, в малиновой ротонде, с лакеем на запятках. Я стоял в толпе и любовался новой Манькой. Мне было грустно: куда-то уходила Манька от меня. Кругом шептались:

— Ка-ак срядили... со-лидная какая!... Ка-кая, сопляку досталась!...

Я знал Костюшку. Бывало, мы менялись голубями, пускали змея. Он гонял коров с подручным, ходил оборванный и грязный, шмыгал носом. Гришка кричит, бывало: "Подбери товар-то!" Говорили, что на Афон уходит, спутался с монахом, "в житие читает"... И вдруг — женили!

Я глазам не верил. Костюшка — стал "молодым", нарядным, в манишке, в сюртуке, с цветочком в белых лентах. Он теперь казался совсем другим, необычайным, как будто приготовили его к чему-то, чего другие недостойны. Все в толпе одеты были, как обычно, — грязно, рвано; а Костюшка — в шубе на хорю, внакидку, — и в цилиндре! Цилиндр отъехал на затылок, тощее лицо, в прыщах, смотрело глупо, глаза стояли, как у мерзлой рыбы. Выпрыгивая из кареты, он наступил на шубу, ткнулся и побежал в ворота. Все засмеялись. Кто-то крикнул:

— Корова убежала! Шафер-москотильщик воротил:

— Эй, а молодую бросил? Тащи под ручку!... Костюшка воротился, разинув рот, и размахнулся, чтобы взять под ручку. Свалилась шуба. Все загоготали. Василь Василич похвалил хоря:

— Знаю, Пастухова шуба... хорь приличный! Старухи говорили: "Не к добру!"

Мне казалось, что Костюшке стыдно и что он хочет убежать от Маньки. А Манька выступала важно, как царица. Шептали:

— Молодая... молодая!...

Я сравнивал себя с Костюшкой и горделиво думал: "Вот я бы... — так прошел под ручку!" Подумал про шинель с бобрами, про чернобурую ротонду: "Вот бы Маньке!..."

Шлейф за ней тащил сын нашего трактирщика. Пашутка Рыжий, "реалист", в мундире. Он его так задрал, что были видны кружевца на панталонах. Гришка меня толкал:

— Гляньте, гляньте... Вот дак те-лка!... Какому сопляку досталась...

Горничные попрыгивали на снегу, хихикали в передник, жалели Маньку.

— Сласть какая, с таким михрюткой. Девчонку только загубили...

— Взял за красоту, в одной рубашке. Все приданое старик поделал! Кровать какую, в розанах...

Я слушал жадно и словно видел — и кровать, и розаны, и Маньку, как она, в розанах, в одной рубашке...

— Вот привалило счастье!

— Старик вдову все спаивал. Придет к ним в лавочку — за полбутылкой спосылает! Она напьется, а он за Маньку... "Ступай за моего Костюшку, все тебе оставлю!" Сорок тыщ выиграл намедни, на билет...

На свадьбе играли четыре гармониста и труба. Я уже шел в гимназию, синело утро, а в пастуховом доме еще огни горели, и пьяный шафер выбежал к воротам и терся снегом.

Потом все говорили:

— А молодая-то, бедняжка... а?!.

Почему — бедняжка?... Гришка мне объяснял:

— Ну, Костюшка не может соответствовать. Как да как... Ну, неполноправный! Жаловаться даже к матери ходила. Понятно, самая-то "молодая", кровь горит. А Костюшка у них дурашный... Заладил: "Хочу и хочу в монахи!" Все в житие читает. Ну, старик его лупцует. А тот свое: "Грех, боюсь греха!" Ну, пастух учуял, ходит кругом ее... Он, понятно, может соответствовать, крепкий еще старик. Харч хороший, солонина всегда своя... И шут их разберет... как ночь — крик, шум, стекла летят-звенят. Намедни городовой уж приходил, справлялся... "чего у вас тут не выходит?" Все смеются.

Из окна я видел "молодую" и думал: "Грех у них... Костюшку на богомолье отпустили после Пасхи, в Воронеж. Одни остались... "Грех" у них теперь..."

Слово — грех — являлось для меня живым и страшным. "Страшный Суд", у Троицы, в соборе... Грех... Его я видел. Он был зеленый, в черных пятнах, Змий, огромный, в толстых кольцах, в черных и красных языках огня. По нем белели узкие полоски, кривые буковки чернели жутко: "грех"... "грех"... "грех"... В кольцах Змия — все гнездышки грехов, "местечки". Грешники страдали в кольцах, — в дыму и пламени. В одном "местечке" лежала молодая толстая блудница, с распущенными волосами. Рядом с ней — иссохший грешник, с седою бородой, весь красный. Над ними — черно-зеленый черт, с крылами, похожими на зонтик. Черно-зеленый грех тянулся, жирный, страшный...

165

Я знал, что в пастуховом доме — грех. Стоило взглянуть на диковатый дом напротив, с раскрытыми воротами, с навесами и сеновалом во дворе, — и я сейчас же видел... Жирный Змий, зеленый, в черных пятнах, лежит на доме, вытянулся дальше... В окошко смотрит "молодая", грехом обвита, — и не знает! Я вижу языки огня. А он, зеленый, с крыльями летучей мыши. Мне жутко: грех так близко!...

И в этот светлый вечер я смотрел. Сидела у окошка "молодая". Через дорогу мне было видно ее пышную фигуру в розоватом платье, пушистые кудряшки и красные, как клюква, губы. Я смотрел и думал: "Моло-да-я"!... Она полулежала на окошке, на локтях, лениво поводила головой, глазами, лениво щелкала орешки, — как одалиска. Падали скорлупки за окошко, на пастуха. Старик Пахомов поглядывал из-под цилиндра кверху. "Молодая" встала, лениво повела локтями и потянулась сладко-сладко. Я затаился, чувствуя: вот — грех!

Со стороны заставы, где густо зеленело по заборам, шло стадо. Слышалось мычанье. Я высунулся из окна — какая впереди корова? Шла рыжая. Хорошая погода завтра! Переливались и качались спины, ревели морды. Посередине шел громадный, тупомордый бык, весь черный. Он подымался на дыбы, валился и опять вздыбался. Мне было омерзительно и жутко, — как становился он горбом над стадом. Чувство жути, грязного греха — мутило. Ну, так бы и ударил по слюнявой морде! Подручный сбил его кнутом и завернул к воротам. Старик Пахомов подзывал на хлеб, а "молодая", высунувшись в окно, кричала:

— Васюх... Васюх... Васюха!...

Бык тяжело вошел в ворота, заревел. В моих глазах зеленое струилось, черное пятно ревело. Тянулась из окошка "молодая"...

Ударили ко всенощной.

Я посмотрел на образ "Всех Праздников" — старинный, в золотом окладе. Посередине был Животворящий Крест. Мне стало радостно-покойно, и сонный огонек лампадки показался мне таким чудесным — аленьким цветочком! Я запел, вполголоса, без слов — "Кресту Твоему поклоняемся, Владыко..." Ходил по солнечному залу, по "дорожкам", и запевал. Ходили золотые рыбки в аквариуме, в солнце, тихо, сонно. Зайчики играли от воды.

Волнение мое утихло.

Чем-то, в глубине, постиг я в этот светлый вечер, что есть две силы — чистота и грех, две жизни. Тихо ступал по коврику. Зеленые и красные полоски когда-то уводили далеко, куда-то...

Теперь — все видно. Но почему же, в детстве, — далеко, теперь — все видно?...

Я вышел за ворота. Светло зеленело по садам, к заставе, — проснулось в ливне. Радостно смотрел я на сады, на небо — тихий свет! В церквах звонили — звон вечерний. Чудесно пахло тополями и березой. Было тепло и тихо. И в сердце — ласка: как хорошо весной!... И грустно. Почему же грустно?... В благовесте я слышал песню — шарманка заводила где-то:

Кого-то нет, ко-го-то жа-аль...

XXXV

Она уехала...

Окна ее квартиры, с кисейными занавесками, в гераньках, были открыты, тихи: чудилась пустота за ними.

У ворот сидел Карих, засунув в карманы руки, смотрел ежом. И он одинок, тоже?... — подумал я. И зеленая улица показалась мне вся печальной. Пройти в Нескучный?...

Вечер был тихий, зелено-золотистый. Такие вечера бывают в мае, после дождя. Хотелось бродить, мечтать. Я прошел далеко, к заставе. Вот и Нескучный, бесконечная желтая ограда. За ней густело, зеленело глянцем березовых листочков. Клены золотились нежно, молочным цветом. Липы еще чернели, но после дождя проснулись, задымились, стояли в сетке, в розовато-зеленых мушках. Тянуло густо черемухойглушило. Грузно она мерцала белым, кисти ее обникли, отцветали. Я вспомнил Пашу: умывалась черемуховым мылом! Я шел и мысленно напевал — "Видевше свет вечер-ний... поем Отца-а-а..." И зелень как будто пела своим молчаньем. Я приостановился и послушал: не слышно ли соловья в глуши?...

Как будто — чокал?...

Было совсем безлюдно. В старых, развесистых березах краснелось солнце. От сада доносило струйки, — чем-то душисто-тонким, розоватым. Не жимолость ли начинала распускаться?

Купы загадочно дремали, обещали...

Налево, за широкой луговиной, шли домики посада. Над ними золотились клены. Я смотрел в очаровании и грусти. Здесь, против Нескучного, когда-то, стоял тот домик, с колонками и садом, резвилась Зинаида...

...Где-то она теперь? Она не могла состариться, превратиться в сухонькую старушку или ожиревшую старуху. Она могла умереть трагически, сгореть от страсти, но ходить с ридикюльчиком к обедне, вязать всякую чепуху, в очках...! А может быть, вышла за какого-нибудь графа, живет где-нибудь в Италии... В Италии — все красавицы. Во всяком случае, лицо ее и в старости прекрасно, ни одной морщинки, локоны снежно белы, и только в глазах, как у Минервы, — холодность, строгость. А ей на смену сколько явилось новых прекрасных женщин, полных неизъяснимой прелести, обаятельно жгучей тайны! Сколько прелестных девушек... Может быть, и сейчас даже, в этих простеньких домиках, таятся перлы!... Может быть, от их связи остался кто-то...? У Тургенева ничего не сказано, а очень интересно... Что она, была уже женщина, когда целовала ему руку?... И за что он ее ударил? Положим, хлыстом ударил... И она же поцеловала ему руку?! За что?! Что она требовала безотчетной любви и полной отдачи страсти? Да, она требовала и имела на это право. Она все отдала ему! Она перешагнула через пошлые предрассудки, она пожертвовала собой во имя любви!... О, лучезарная, дивная из всех женщин!...

Я мечтал, медленно проходя вдоль сада, глухой стеною.

"И вот, и в моей мрачной жизни явилась она, прекрасная, чудная Серафима, полная женской тайны, и я пробудил в ней что-то! Она же пишет: "вы вносите в мою душу смуту, что-то во мне затронуто, какие-то странные ощущения!" Боже мой, неужели она еще никогда не любила так, неужели ей еще незнакомы эти жгучие ощущения, и я своим страстным чувством разбудил в ней таинственное, что скрыто в женщине?! Но почему она написала, что она — уже "сложившаяся женщина"? Физически — сложившаяся или психически, так сказать — морально, нравственно? Надо разуметь последнее. Как поется, на слова Пушкина, — "В душе настало пробужденье, и вот опять явилась ты...!" Явился я... — и зажег в ней, "как солнца луч среди ненастья, и жизнь, и молодость, и счастье!" И во вторник все объяснится..."

Я смотрел на вершины сада. Они дремали, словно хранили тайну. Соловьи уже начинали робко, нежно пускали трели. От затаенно-сладостного их чоканья томилось сердце. Пели они, должно быть, над самой глушью, у "Чертова оврага".

Мы пройдем к самому оврагу, где зыбкий мостик. Сколько там всего было!... Какой-то студент Ребров застрелился на мостике от страстной любви к княгине, был у нее репетитором. Княгиня сошла с ума. И до сих пор барышни вешают веночки на ветви дуба, под которым студент лежал. Весь дуб изрезан, брали кору на память!... Какая-то даже написала: "если бы ты из-за меня!" Какое чувство!...

Я вспомнил мостик и черные перильца. На столбике вырезаны стихи. Мы списали их с Женькой себе на память:

> О, странник, не пытай рассудка:
> Любовь — трагедия иль шутка,
> Богов ли дар — иль смерти яд?
> Познай любовь — и с нею Ад!

Подписано — "Эдип". Я жалел, что в прошлом году сменили столбик и стихи уничтожили. Я бы показал ей и спросил бы, что она думает о любви. Не все, конечно, смотрят пессимистически, но, по крайней мере, здесь нет цинизма! Стихи трагичны и изобличают в авторе, может быть, даже в самоубийце-студенте натуру вдумчивую и глубокую, отравленную горечью любви. Она — графиня, он — простой студент-бедняк, дороги их слишком разны... И стихи подкупают благородством чувства, искренностью... А ниже какой-то "Сенека", вроде бородатого болвана, написал пошлость, изобличающую в авторе натуру легкомысленную и циническую, не вдумывающуюся в кардинальные вопросы жизни. Он написал:

> Странник-дурачина,
> Мой тебе совет:
> Не ищи "причины" —
> Ад любовь — иль нет?
> И не верь "Эдипу",
> Что любовь есть Ад,
> А садись под липу, —
> Будешь очень рад!...
> И целуй без счета Машу и Любовь,
> А придет охота,
> Начинай-ка вновь!

"Сенека"

Когда мы списывали с Женькой в прошлом году, я решительно заявил, что скорее склонюсь к мнению о любви — "Эдипа", а не к размениванию чувства на всяких там "Маш и Люб", как это у "Сенеки". Женька заспорил и назвал "Сенеку" гениальным человеком.

— Прямо мефистофельское отношение! — обрадовался он

чему-то. — Фауст какие вопросы решал, а он подсунул ему Маргариточку да еще глупенькую, — весь Фауст и скапустился!

— Это ничего не доказывает, и ты — болван! — рассердился я. — У Фауста из любви трагедия получилась... то есть у Маргариты! Да и у Фауста!... Черту душу продал, а не получил любви на полтинник! Это твой "Сенека" сидел под липкой с портнишками...

— И я бы посидел!... — сказал Женька. — Нет, гениальный человек! Так и Наполеон смотрел.

— Нет, — сказал я, — тогда никакой поэзии, и все эмоции слез, страданий и радостей, — для чего даны? А чичиковское отношение к жизни, как только приобретателя, — пошлость и торгашество! Все за деньги купить можно? и Машу, и Любовь? И сидеть под липкой?! Чу-вства нельзя купить! "Эдип" заплатил кровью! Графиня сошла с ума!... Вот что значит любовь.

— Оба и дураки! — сказал Женька и потом всю дорогу напевал "Сенеку".

Теперь я еще более уверился, до чего я был прав тогда. Пусть Женька купил бы ее любовь! Она ему отписала. А что назначила свиданье на завтра — ясно, что посмеялась. Ее же нет...

Меня потянуло в сад, но что-то меня держало. Нельзя нарушать очарования! Там будет первая моя встреча с любимой женщиной, с первой женщиной, встретившейся мне в жизни. И пусть в первый раз в эту дивную весну моей жизни, когда я узнал любовь, я войду вместе с нею! И я нежно скажу любимой: "вы — первая женщина, с которой я так вхожу в этот таинственный, полный немого очарования и тайны, исторический сад, где каждый укромный уголок, каждая уходящая в глушь тропинка, беседка, скамейка и эти темнеющие аллеи говорят только о любви!" Как это восхитительно-чудесно будет: "вы — первая!"

Так мечтая, я вынул ее письма. Они по-прежнему одуряюще-дивно пахли. Я перебегал по строчкам, вылавливая любимые: "я знаю, что вы хорошенький"... и готова расцеловать вас, ну, пусть даже — "как женщина"... "вы будите во мне странные ощущения"... "в каждой женщине есть вакханка"...

Вакханка... Это значит — отдающаяся безумной страсти? Они, обнаженные, бегали по полям и холмам, ночью, с горящими факелами, и кричали в исступленном безумии — "эвоэ"! "Грек" Васька так и не объяснил, для чего они это делали. Прошепелявил только: "Ну, это, изворите ри видеть,

170

да-с... к деру не относится! Просто сумашедшие женщины, симвор пороков, исчезнувший с появрением образования и христианства-с...пьяные бабы-с, крикуши-с!..." Но мы отлично поняли, когда намекнул Фед-Владимирыч, что это — "праздник богу Любви, как у предков наших, славян, — Яриле! Любовь просыпается весной! Понятно?..." — "Понятно!" — ответили мы хором. "Ну, то-то!... — усмехнулся Фед-Владимирыч, — но вам, молодые люди, рановато... надо сперва экзамены-с!..."

Они метались, а сатиры на козлиных ногах, "крепкие телом", гнались за ними. И они, загнанные в леса сатирами, отдавались любви, как жертве!... Боже мой, неужели и она тоже, как вакханка?! Пришел ей срок, и она отдалась сатиру, этому бородатому болвану?., и — толстяку?...

Очарование вечера и весны пропало. Захотелось — скорей туда. Вдруг подхожу и вижу: она — в окошке! Целой компанией вернулись!., просто в Сокольниках гуляли...

Я поспешил вернуться. Окошки были по-прежнему открыты. Глядела на улицу толстуха. Я снял фуражку в надежде, что она мне скажет: "а знаете, Симочка-то вернулась!" Но она сказала:

— Гулять ходили? Воздух-то уж очень... гигиена!... Дура! И я ответил:

— Немножко к Нескучному прошелся. Передайте привет, пожалуйста...

— Будьте спокойны, — ласково ответила толстуха. — Может быть, к вечеру завтра и вернется. Отстоит обедню...

Меня охватила радость. "Отстоит обедню!" Может быть, она просто поехала молиться? Девушки, когда любят, ходят по сорок раз к Иверской, обещают!... И она захотела помолиться...

XXXVI

Паша сидела на крылечке. Рядом сидел конторщик, читал газетку.

— А мы с "Чуркиным" увлекаемся. Осипу-то, читали?... голову размозжили! — заторопился Сметкин. — Прекрасный вечер-с!...

— Михаил Васильич очень читает!... — сказала в восторге Паша. — Чисто как шьет машинка!...

— Немножко все-таки грамотны... — сказал приосанясь Сметкин.

Я постоял, помялся. — Поздравьте-с... — сказал горделиво Сметкин, смотря на Пашу, и меня почему-то испугало. — Красненькую прибавили! Полсотни-с получать буду!...

— Михал Василича очень хозяин ценит... — сказала Паша. — Прямо, капитал громадный! Жениться можно... Будете, что ль, жениться?

— При известных условиях, конечно! Могу жениться. Больше околодочного получаю. Раз знаешь итальянскую бухгалтерию, — могу и сотню!

Он нагло хвастал.

— Ах, Михайла Василич... да уж читайте дальше!... — ломалась, как дура, Паша. — Или погулять пройдемтесь?... — услыхал я, идя сенями.

— Хотите, промчу к Нескучному?... Я приостановился.

— Нет, когда со двора пойду, тогда уж...

Я поднялся к себе и лег на подоконник. Крылечко было за уголком. И вдруг услышал:

— А вот за это!... Крикнул как будто кучер?...

— Вы... не имеете права драться!... — закричал Сметкин с плачем. — Не имеете... не смеете!...

— А вот сме-ю! Я ттебе... ноги поломаю, сволочь!... — сказал кучер. — А вот тоже!...

— Я сейчас в часть пойду!... — жаловался плаксиво Сметкин. — Я вам не позволю нарушать... прикосновение личности!

Я слышал, как орала скорнячиха, смеялся Гришка, резонил Василь Василич:

— Вы, Степан Трофимыч, рукам воли не давайте! Ежели племянник ко мне ходит...

— Что ж он, с людьми слова сказать не может?! — кричала скорнячиха. — К девушке подошел молодой человек... Жена ваша?!.

— А может, она ему милей жены?! — смеялся Гришка. — Имеет полное право.

— Ты-то уж молчи, трепало! А она, может, сама с Мишей!

— Нет, тетенька, этого я так не оставлю! — храбрился Сметкин. — У меня околодочный Семен Андреич друг-приятель!... Я протокол составлю!

— Боюсь я твоего протокола! Я тебе сказал... ноги поломаю! — спокойно говорил кучер. — Вон городовой идет... Да что, дурака ломает! Ты, Иван Акимыч, меня знаешь... Ходит по чужим дворам, пристает к девчонке. Я тебе сказывал. Девчонка от него плачет...

— Не годится, Михайла Василич, скандал делать! Ходи по

своему двору... слова тебе не скажут... — узнал я городового. — Не годится скандалу делать, пристав ходит. Ну, свои люди... неприятностей не надо. Девчонку тоже... срамить не дозволяется!...

— В полпивной сидят вместе! Я сама приставу пожалуюсь... — кричала скорнячиха.

— Ну, не шумите, не шумите, Марья Кондратьевна... вы лучше помои-то не лейте в нужник! Да двои у вас без прописки сейчас живут... Я вам ничего не говорю, раз свои люди, знакомые. Чего там, пристав ходит.

Немножко пошумели и затихли. По коридору прошмыгнула Паша. Она еще с самого начала прибежала и, должно быть, подслушивала в окошко.

— Как тебе не стыдно, Паша! — сказал я ей. Она мотнулась, словно ее кольнуло.

— Чего это такой — не стыдно?!. Вы-то чего, всамделе? Что я вам, подначальная досталась? Какой папаша!... Вы лучше за собой глядите, в дрязги лезут!...

Она меня прямо закидала. Ко мне даже не обернулась, стояла боком, крича к чулану. Кудряшки ее дрожали, горели щеки. Я с удивлением увидел, что она и сегодня в новом, в голубенькой матроске! Она стала как будто выше, стройней и краше. И я подумал: какой же у нее изящный носик!

— Ты же себя срамишь... чуть даже не целуешься с мальчишкой... я слышал! Сама тащишь его гулять? Я слышал!...

Она кинула мне в лицо:

— А вам досадно? А когда с другими целовалась... не страмилась?! Бессты-жие!... По бабкам ходят... Вы лучше за собой смотрите! С кем хочусь, с тем и волочусь!

— Да как ты смеешь...? — смутился я. — И ведешь себя, как такая...

Она скакнула ко мне "сорокой", я даже испугался.

— Какая я такая ?! — крикнула она злым шипом. — Вы меня где видали?! Со мной гуляли?! Что ко мне дураки-то лезут, так — такая ?! Почестнее вашей шлюхи!...

— Не смей оскорблять её! Не смеешь!...

Я поднял палец. Она вдруг плюнула и растерла.

— Шлюха и есть шлюха! Нате вот вам, отдайте... вашей шлюхе!...

Она сунула руку за матроску и вышвырнула клочок картона.

— Не надо... — зашептала она, закрывая лицо руками, — не надо вашего ничего... не надо... ду-ра!...

Я узнал свою карточку, которую она стащила из альбома.

— Ааа... — услыхал я всхлипы.

Она уткнулась в стену. Плечи ее дрожали, трепетали. Меня пронизало болью. Я подошел, коснулся... Она рванулась:

— Оставьте... не трожьте меня!... — всхлипнула она громче и затряслась по-детски. — Не тро... жьте... ох, не трожьте!... ой, не могу... закричу сейчас... не трожьте!

Я страшно испугался, растерялся. Такое же было у тети Маши, когда расстроилась ее свадьба с паркетчиком. Она закричала курицей и хотела скакнуть в окошко.

— Паша, голубушка... миленькая, не плачь... ну, Паша... — успокаивал я ее, поглаживая по кофточке.

Она стала еще сильнее плакать. Я почувствовал жалость к ней, что-то еще сильнее, — и мне захотелось ее обнять. Я обнял ее за талию. Она затихла.

— Пашечка, успокойся... это все глупости... — бормотал я в волнении, чувствуя, как она дрожит. — Ах, Паша...

И я поцеловал ее возле ушка.

Но тут... пол подо мной поехал, словно меня ударили.

— Вот так... пре-красно!... — услыхал я ужасный голос.

У лестницы из столовой стояла тетка, как привидение! Она держала полосатую подушку и зачем-то качала ею. И головой качала. Паша пропала, юркнула в свою каморку. А я остался. Осталась и тетя Маша, качала своей подушкой.

— Поди-ка сюда, господин хороший...

И поманила пальцем. Я подошел покорно.

— Это... что же?... — сказала она, как мертвая.

— Ужасная история, тетя... ужа-сная!... — угрожающим голосом сказал я. — Она чуть не умерла! Она... — я уже нашел выход, — лежала без помощи на полу, в истерике... Я выбежал из комнаты и подал помощь, как... беззащитному существу...

— Что ты мне...? — горячо зашептала тетя Маша, — я сама видела, как ты... сделал это?!

— Что же я такое сделал? Не понимаю... — горячо зашептал и я. — Я, я поднял и... стал уговаривать...

— Ты... ее... целовал! — выговорила с трудом тетка. — Ты занимаешься... развра-том?! С таких лет... У тебя с ней роман! Ну-ну... я уж теперь... У тебя... ро-ман?!

— Роман?! — в ужасе вскрикнул я, и слово "роман" показалось мне страшным. — Вы ска-же-те... Вот, могу перекреститься! — и я перекрестился. — Я ее уговаривал, шептал ей — "успокойся, не придавай значения"! Вы сами понимаете, милая тетя Маша, что для невинной девушки значит, когда оскорблена ее честь! Да, ей нанесли ужасное оскорбление! Сейчас на дворе... Можете спросить Катерину, скор-нячиху... В Пашу влюбился Мишка, а кучер ее ударил... все ругались. Паша прибежала и ляпнулась, стало ее трясти, в истерике!... Я первый пришел на помощь, бросил даже заниматься геометрией!...

— Пойдем к тебе... — сказала тетка, махнув подушкой. Она притворила дверь.

— У тебя... с ней... ро-ман! — сказала она холодным тоном, словно приговаривала меня к смерти. — Изволь мне сказать всю правду... Нет, ты прямо гляди, не саркастичествуй, а прямо... я твоя тетка... У тебя, с ней, роман! Да, ро-ман!...

— Не оскорбляйте невинных девушек, тетя Маша! — поднял я руку к небу и погрозил. — Клянусь всеми святыми, что...

— Ты с ней... — она опустила глаза к подушке, — не... У вас ничего нет?

— Ровно ничего... не понимаю, чего вы меня пытаете!... Если бы вы упали, я первый полил бы вас водой... и постарался успокоить!

— Ты успоко-ил бы!... Я тебя, перца, зна-ю!... — и она потянула меня за нос. — Вот что... Повторяй за мной: "Перед Богом клянусь..."

— "Перед Богом клянусь..." — тревожно повторил я, стараясь понять, что будет.

— ..."что я провалюсь..." Повторяй, повторяй...

— Ну... "что я провалюсь..."? — повторил я отчаянно.

— ..."если я соврал, что у меня ничего не было"!

— С удовольствием! — крикнул я, веря, что у меня ровно ничего не было. Разве целоваться — что-то? — "Если я соврал, что у меня ничего не было"! — И я даже добавил: "с Пашей". Ни-чего предосудительного!... Могу поклясться жизнью!...

— Ну, теперь я спокойна... — прошептала тетка, пытливо смотря в глаза. — Помни, Тоня, что это в твои годы очень вредно. Ты можешь иссохнуть, как мумия... и умереть даже! Вася Кашин от этого и помер...

— Вы можете спросить Катерину, как там дрались, а Паша убежала. Я не могу видеть женских слез, тетя, я готов кричать... и мне стало так, жалко невинную сироту, что я готов был даже целовать ее... как ребенка...

— Я знаю, что у тебя доброе сердце...

— Надо же защитить невинную женщину... то есть девушку!... И сказать, наконец, этому мужчине, чтобы он не смел оскорблять публично... У нас не трактир! — с возмущением сказал я, чувствуя нежность к Паше. — Тетя, употребите ваше влияние... вы сами понимаете, что для девушки добрая честь... И увидите, что Господь пошлет вам счастье! увидите, тетя Маша!...

— Это делает тебе честь, и я употреблю влияние... — проговорила задумчиво тетя Маша, и я услыхал, как кто-то поскрипывал за дверью.

Она, наконец, ушла, и я горячо перекрестился. У меня ничего же не было! После ужина ко мне заглянула Паша, в розовой кофточке.

— Ну и хитрущий вы! — сказала она, смеясь. — Я все слыхала...

Я учил геометрию. Приход Паши меня встревожил: опять, пожалуй, начнет про "шлюху". Она стала приготовлять постель.

— Ну и хитру-щий!...

— Вовсе я не хитрущий, а...

— ...злющий, — сказала она шутя. — Пытала меня за вас Марья Михайловна... креститься заставляла! Перевести меня вниз хотят. Катерина ей наболтала бо-знать чего, Марье Михайловне... "ломовик" ей все жалился, Катерине-то...

— Чего он мог жаловаться?

— Сами знаете...

Она вдруг подбежала сзади, обняла и поцеловала в лоб. Я отстранился. Она посмотрела с болью.

— Тетка подслушать может... — шепнул я ей, играя ее рукой.

Она выпорхнула из комнаты. Я представил ее "сорокой", в голубенькой матроске...

— На лестнице скрипит что-то... — шепнула Паша, заглядывая из коридора.

И пропала. На лестнице скрипело. Я раскрыл готовальню и вынул циркуль.

— Не спишь еще?... — пытливо спросила тетка.

— Поспишь тут, с чертовой геометрией!... Тысяча чертежей... — тыкал я циркулем, — концентрические окружности, сегменты, хорды, секторы, касательные!... Можно с ума сойти. И со всякими пустяками пристают.

— То-ня... — сокрушенно сказала тетка. — У меня болит сердце, за тебя. Поклянись, что у тебя... нет с ней...

— Чего у меня нет?! — с недоумением спросил я.

Она покачала головой, словно прощалась со мной навеки.

— И ты не знаешь, что я хочу сказать?...

— Не знаю...

— Ты... не знаешь?! — впивалась она глазами. — Неужели ты и в самом деле еще не знаешь?...

176

— Уверяю вас, не знаю. Объясните, пожалуйста...

— К Паше... ты ничего не чувствуешь?...

— А что же мне к ней чувствовать? — сказал я, глядя на потолок, словно решал задачу. — Я ее не ругаю... Только не люблю, когда она убирает на столе, путает мои тетрадки! Если бы у нас был лакей... Лакеи всегда понятливей.

— Ну, учи екзамены, Бог с тобой. Ты добрый мальчик. Она перекрестила меня и пошла к Пашиной каморке.

Минут через десять она ушла. Сейчас же вьюркнула Паша.

— Тоничка, Тоничка... вы знаете? что она мне сказала!... — фыркала Паша в руки, — сказала, что... — она перегнулась и замоталась в смехе, — сказала... что вы... младенчик!., ничевошеньки-то не знает!...

Я только теперь увидел, что она опять в голубенькой матроске.

— Нравится вам, ка-кая?... — повертелась она "сорокой". — Я знаю, мужчины любят... все барышни пошили!

Она подошла так близко...

— Паша... — прошептал я, — ты, прямо... — вертелось в голове — "вакханка", но я сдержался, — прямо, весенняя...

Она протянула руки, и мы зацеловались.

— Опять любишь?... Никогда не разлюбишь?... Мой будешь...? — шептала она, целуясь.

Я ничего не слышал. Она метнулась. Я видел ее кудряшки, заломленный воротник матроски...

— Боюсь, еще подкрадется... — шепнула она от двери. — Ми-лый!...

Она поцеловала воздух и пропала.

Я долго не мог заснуть. Лежал и думал: "Но ведь я же люблю ее! это же преступно, — любить двоих?"... Но Паша совсем вакханка... Кажется, шептала... — "приду к тебе..." или — "можно прийти к тебе?..."

XXXVII

Приснилась Паша. Подошла к двери и открыла. Стоит, не входит. Она полураздета, в одеяле. Словно чего-то ждет. В коридоре совсем темно, и что-то там есть, опасное, — будто бы тетя Маша или кучер. Я показываю — иди скорей! Мне мучительно хочется, чтобы Паша скорей вошла — и сейчас же на ключ запремся. Но Паше, должно быть, стыдно. Одеяло на ней лоскутное. "Куплю ей одеяло, как у тетки, стеганное цветочками, розовое!" — подумал я. А Паша стоит и манит: скорей идите! Мне стыдно, что я раздетый, и захватывающе приятно, до щекотки, что Паша хочет войти ко мне... И я полетел, как птица. Такая радость!... Стоит ударить ногой, подпрыгнуть, — и вот я легко летаю, плыву, как воздушный шар. Полетел к Волокитину и сел у дома. Виден наш сад с березами. Хочется крикнуть Паше: "Смотри, летаю...!" — как вдруг выбегает Волокитин, в одной рубашке, и прямо бежит, где Паша. Я хочу полететь на помощь, но ноги мои увязли. А там — орут!... Волокитин орет ужасно. Это его бьет кучер?... Может совсем убить!... И я просыпаюсь в страхе.

Кто-то орет ужасно, звериным воем. Кричат голоса, свистки. Драка на улице?... За дверью кричала Паша:

— Тоничка, Тоничка!... Господи, убили кого-то там... в фортку слыхала, кричат — убили!...

"Конторщика убил кучер?!" — подумал я, и меня затрепало лихорадкой.

— Тоничка... я боюсь, пустите... ради Бога, Тоничка! Как я ее пущу... раздетый?

— Погоди, сейчас...

Я совал ноги в куртку, схватил шинель. Паша, в одной юбчонке, стояла и дрожала. Было часа четыре, в комнате уже рассветало.

— Кого-то там убили, у пастуха... Кричат как, слышите?... На улице кричали. Кричали из столовой: "Паша!... Паша!..."

— Беги, Паша, — сказал я ей, а зубы мои скакали, — тетка еще застанет...

— Туда еще погонят, боюсь!... Но она все же побежала.

Пробило внизу — четыре. Я оделся и вышел в залу. Наши, все в одеялах, глядели в окна.

— Да что случилось?... — спросил я крестившуюся тетку. Но она только отмахнулась. Паша побежала одеваться, — должно быть, ее погнали за вестями. У пастуха в окошках горели лампы и, видно было, ходили люди. На мостовой толпились. Гришка кричал с дороги, сияя бляхой:

— Враз, обеих!... — хлопнул он себя в голову. — Колуном. Так рядком и лежат в кровати, как уснумши!...

— Господи!... — перекрестилась тетка.

— Кого же убили, тетя?... — дернул я ее за руку. Желтое ее лицо позеленело, она на меня ощерилась:

— Ну, убили!... Пастуха убили...

— И "молодую"... — сказала сестра, прочитавшая все романы. — Убил Костюшка...

— И молодую?! — в ужасе вскрикнул я. — Костюшка?!

— Я так и знала, что должна быть драма, трагедия... — говорила с собою сестра. — И все отлично знали, что старик с "молодой" живет... Какой ужас!...

— Ли-да!... Аль на фа па дир! — сказала тетка, подумала и заплевалась.

Я выбежал на мостовую. У ворот было трудно протолкаться, весь двор сбежался. Рассказывал что-то Гришка, но его позвали:

— Еноткина пристав требует!...

— Григорий, тебя!... на допрос велели, к приставу! — тревожно-радостно закричали люди.

— Ступай трепаться!...

— Сейчас, докурю маленько!... — сказал Гришка, затягиваясь и сплевывая спешно. — Заканителют. На меня первым делом выбег, дежурил я... Гляжу, бегет человек с колуном через дорогу, в одних исподних... кричит: "Грех убил, берите меня в часть!" Ну, я его зацапал... он мне колуном всю поддевку кровью измазал... вон она, весь подол... Смотрю — Костюшка-сопляк, так!... "Обеих, — говорит, — наказал!" — И давай креститься, а потом завы-ыл, не дай Бог. Да сейчас!... Иду, докуриваю...

— Так и надо! — кругом галдели, — сноха́ча!... Манюшку жалко, бабенка была ласковая...

— И ей поделом, дуре... на что польстилась!...

— А... человека нету?... Надо и в ее положение...

— Про мертвую-то так!... — укорила скорнячиха, — чего уж теперь зря болтать, за все теперь отквитались.

— И ничего не отквитались! Их теперь там, за такие дела, прямо... черту в лапы угодили!...

— Вот те и со-рок тыщ! Счастья не принесли...

— Как так, не принесли? Какую птичку-то прихватил... — весело говорили скорняки.

— По заре-то свежо-то как... Спать, что ль, пойти?... Не пускают туда-то?...

— Пристав прибыл, воспретил, а то пускали. Тащить уж начали, городовой с сапогами захватил, дал по шее щеточнику!... Говорит — на помин души!...

— Сказывали, покрестился сперва на икону, лампадочка горела... А они не чуют, лежат рядышком под одеялом, на его кровати! Вон, Митрий видал. Митрий, ты как видал?...

— Очень хорошо видал, — сказал Митрий, бараночник. — Кручу баранки, гляжу... человек кричит: "Уби-ил!..." Не своим голосом, а как в ведро. Думаю, пьяные подрались, пой-тить

179

посмотреть. Выхожу к воротам, — Григорья наш возится с каким-то мужчиной, у мужчины колун в руке, ржавый словно. Значит, кровь на нем, по заре-то... Я смотрю, а они все мотаются. Рубаха на мужчине белая, залита будто краской. А они все волочутся, друг дружку тянут. Энтот кричит — в часть веди, а Григорий его не желает уводить, — не имею право с убийства отойтить! Свисток подал. Сейчас за городовым, пристава разбудили... А мы глядеть побегли. В сенях его работник Алешка плачет. Я, говорит, и знать не знаю, спал — не слыхал. На дознание его! Пришел, говорит, Костюшка, в одиннадцатом часу, с машины. А те уж спали. Пастухов работник ему предупреждает: "Не ходи кверху, они теперь спят обязательно вместе, а тебе не советую!" Ну, чтобы греха не вышло. А то как он сразу вошел бы да захватил, уж тут не миновать. Ну, он будто ничего, только покрестился, пошептался. Стал он его чаем поить, самовар поставил. А Костюшка просвирки повыклал, образочки всякие, и все крестился. Чайку попил, а сам бле-дный. И все на потолок смотрел, кухня-то у них как раз под горницей, где они лежат. Лексей спать лег, а Костюшка молиться стал, — грех ихний замаливать! Чудной он... А потом неизвестно. Городовой нас пропустил — поглядите! Лежат рядком, волосы только из-под одеялки, а над ними лампадка коптит. Меду хорошего две бутылки на столе, мятные пряники. Тут Степка, сукин кот, допил одну бутылку, пряники тоже расхватали, на память. Пристав всех и погнал. Протоколы пишут.

Я увидал Кариха. Он был страшно взъерошенный, ко всем приставал и кричал: "Что женщина может! Скольких на свете погубила!" Почему-то взял меня за пуговку шинели и повертел. Я даже испугался. Потом уцепился за портниху, которая с околодочным... Портниха отмахивалась, и все смеялись, но он стал ей рассказывать:

— Свяжешься с такой... капиталы растранжирит, любовников наведет, грязь разведет... а снаружи чистенькая, хорошенькая, а сто бесов! Вас всех в святой воде надо окунать, перед венцом! Вы не гримасничайте, я к слову так, а не задеваю по личности. Они секрет имеют на мужчинов! в голову чего вставит — только она и видится. Имейте в виду, я человек на практике! Вста-вили-с! И с петухом было мнение, а теперь дознано! Она... — показал он на жуткий дом, — убийственно сваталась за меня, но я ее отверг! Было у меня мнение! Она неудержная, и такой породы... стыдно говорить в глаза женскому полу. Иверскую надо пригласить, и по всем домам чтобы молебны. Десятого числа пригласил, а то нельзя.

— Ладаном кури больше, Кондратьич! — сказал Василь Василич. — Как с петухом-то, наладился?...

— Петух... Не в петухе дело, а... для раздражения! Они планы имеют, имейте в виду, я на практике достигаю...

— Вот, тоже, — сказал кто-то возле меня, — в опасности человек, а ходит! Возьмет так же вот струмент какой да за здорово живешь и втемькает! У него отец в сумашедшем доме помер, кабак держал.

На улице была ярмарка. Пришел с пышками парень из трактира, расторговался. Потом появился сбитенщик с калачиками и круглым самоваром на долгой дужке, кричал: "Кому сбитню горячего, за упокой помянуть? пастух-покойник, царство небесное, всегда заказывал!" Народу прибывало, и все гудели. Ворота у пастуха закрыли. Слышно было, как бык ревел: шум его напугал, должно быть. Дикий пастухов дом казался мне совершенно черным: может быть, от рассвета, или от ламп в окошках. От жути и от холодной зари зубы мои стучали.

— Шли бы вы спать, Тоничка, чего глядеть... — сказал мне Василь Василич. — Теперь все сниться будет, нехорошо. Казалось невероятным, что Маньку и пастуха убили! что их и на свете нет. Только вчера я видел, как она тянулась из окошка, розовая и белая, с красными яркими губами, красавица, молодая, Манька! Теперь... под лоскутным одеялом, в грехе, и неживая. "Молодую" положат в гроб! И — страшная будет Манька, не женщина. И душа ее вся — в грехе... не беленькая и чистая, которую я видел в поминаньях, взирающая на муки с трепетом, стоя на облачках с ангелом, ручки крестом сложиви, а раскаленная докрасна, с лицом, искаженным мукой, душа-блудница! Я смотрел на дом пастуха и мысленно видел — грех. Зеленый, жирный, черно-пятнистый Змий вытянулся на доме, на сараях, ползет повсюду, опутывая своими кольцами, — грязный, поганый Грех. В петлю попала "молодая", и с ней — пастух. "Молодая" — как та блудница, на "Страшном Суде" в соборе. Похож и пастух — седой. Тот был ужасно тощий и ростом с куколку, а пастух здоровый, в поддевке и в цилиндре. Но теперь и пастух, как куколка...

— А, и вы, молодой человек, любуетесь, — услыхал я скрипучий голос.

Это спросила Пелагея Ивановна, в ковровом платке, по-бабьи.

— Ужасное происшествие! — передернула она плечами. — Симочка, хорошо, не видит... ужасно нервная она.

— Да, ужа-сно!... — сказал я с жутью. — Это ненормально. Люди должны нормально относиться...

— Совершенно верно. А грех-то вот и... — выпятила Пелагея Ивановна губы, — смутил!...

— Да, ужа-сно! — вздохнул и я. — Я счастлив за вашу дочь... Это могло бы на нее ужасно подействовать, панически повлиять на хрупкую... систему!... Я все-таки мужчина, но, знаете... и я чувствую, Пелагея Ивановна, что и мои нервы начинают пошаливать!... — старался я ей понравиться. — Тем более что я... несколько был знаком с "молодой", — я чуть было не сказал — "женщиной", — это было незадолго до ее замужества...

Пелагея Ивановна посмотрела, прищурив глаз.

— Это в каких же смыслах... — знакомы-то вы были? — спросила она, смеясь и растягивая — "знакомы".

Я тоже улыбнулся. Приятно было беседовать с умной женщиной, для которой все так естественно.

— Ну, конечно, не... в романтическом смысле, а просто... встречались в одном доме... — почему-то соврал я ей, — хотя вам можно сказать свободно, Пелагея Ивановна, вы человек без этих предрассудков... — она закивала одобрительно и стала жевать губами, — я однажды убедился, что что-то во мне ей нравилось... может быть, моя юная наивность?...

— Да как же не понравиться-то, Господи! Гляжу-гляжу я на вас, а сама думаю: какой же милый молодой человек! ну, совсем хорошего воспитания, светского...

— Вы мне льстите, Пелагея Ивановна! Может быть, сказывается некоторая начитанность, но я, вообще, конфузлив... — млел я от удовольствия, что разговариваю с Пелагеей Ивановной, совсем как с другом. И тут я сказал совершенно как светский лев: — Я был бы счастлив, с вашего позволения... нанести вам визит.

— Очень ради будем... и Симочка, всегда ради!...

Я ног под собою не слышал, забыл и о пастуховом доме. Вдруг прибежала Паша.

— Идите же, сердятся! — сказала она строго.

Неужели она подслушала?! Я взглянул на нее и понял, что это — страх. Глаза ввалились и стали еще больше; маленький рот поджался, — совсем как детский, — дрожала губка.

Когда мы вошли в ворота, попался кучер. Он тряхнул головой и засмеялся:

— Видали, барин? Сопляк, а как разделал!... Вот чего бывает через бабу.

182

— А потому, что силком женили! — швырнула ему Паша. — Девчонку только загубили... То же и с тобой будет.

— Со мной не бу-дет, не Костюшка...

— С одной гряды... той же лебеды! — без усмешки швырнула Паша, не взглянула.

— Зубы-то чем точишь? — крикнул вдогонку кучер.

— Твоей головой... чем хочешь!... Меня это прямо восхитило.

В сенях, где было еще темно, она остановилась.

— Тоничка... — сказала она с болью, словно вот-вот заплачет.

— Что? — спросил виновато я.

Она стиснула мою руку, прижалась ко мне, как девочка.

— Миленький, Тоничка... вот жуть-то!...

Страх ее передался и мне. Я почувствовал его в ней, в себе, в темных уголках сеней, в реве быка оттуда, в желтых огнях окошек, — во всем, что было.

Мне ее стало жалко. Я почувствовал, что люблю ее, что она больше, чем женщина, и что-то нас с ней связало, что мы еще оба дети, и теперь нам обоим страшно. Я обнял ее, а она меня, и мы постояли молча.

XXXVIII

День этот был особенный, как бывает в большие праздники. Но тогда — радостное и светлое, как ни в какие другие дни, а в этот воскресный день было у всех такое, будто ничего не важно. Экзамен завтра — у "грека" Васьки — казался совсем нестрашным, словно его не будет: какие теперь экзамены! Кухарка сказала, что у ней "руки отвалились", — какие теперь обеды! — и побежала на улицу толпиться. Гришка заявил важно, что он "главный свидетель, и теперь затаскают", и ходил при свистке и бляхе за околодочным и каким-то "казенным господином", не пускал и пускал в ворота того дома, а к обеду совсем шатался. Никто не ходил к обедне, а все — по окнам. Пашу загоняли за вестями. Говорили вполголоса, поглядывали туда и все крестились. Тетя Маша оправила лампадки. Пастухов дом казался проклятым местом, в котором уселся дьявол, — и радом с нами! Я его ясно видел: черно-зеленый, страшный, с козлиными ногами, с крылами, похожими на зонтик. Он жадно стоял над ними, над новой

183

кроватью в розанах, и мерзко глядел на Маньку. Даже окошки дома смотрели грехом и смертью.

Непрестанно кипели самовары, — уж и досталось Паше! Приходили гости за гостями, ужасались. Наползли незнакомые старушки, зашел дьякон, советовал пригласить иконы:

— Духовная атмосфера, знаете!...

От дьякона стало веселее. Зашел на минутку пристав и выпил водки. Сказал — не беспокойтесь! Его просили: "скорей бы похоронили, что ли!..." Обещал ускорить. И опять стало веселее. Тетка сказала, что одна нипочем не ляжет, и стало опять страшно. Решили — всем лечь в гостиной.

Я толкался на улице, в народе. Приезжали на собственных лошадях с округи, — с Зацепы и с Таганки. Смотрели в окошки, на ворота, расспрашивали Гришку. Гришка рассказывал с охоткой:

— Вошел босой, с колуном... видит — они заснули. И заплакал. Говорит — ну, теперь вам конец! Я, говорит, давно через вас страдаю. Выпил меду, пряником закусил... нашли у него в кармане пряник, измазан кровью... Перекрестился на лампадку. Рраз, колуном обеих! Все подушки замазаны мозгами. Доктор при мне глядел скрозь бинок, — во какие дырья! Вешали колун в булочной, — два-дцать три фунта вытянул! Теперь называется орудие убийства, в суд забрали.

Ему совали гривеннички, и он прибавлял охотно:

— Кра-сивая была женчина!... При мне их раскрывали. Картина убийства замечательно зверская! Первый пунхт... так и записали, — что лежат рядышком... рука пожилого мужчины обнимала убитую молодую женщину, это место... под самыми грудями. Так и пристыла. Я сам помогал оттягивать, — заколела. Разные разности... следователь говорит, — все ясно, нечего и резать, нашли при документах!... Что, господа, через женчину-то бывает!... Я видел, как повели Костюшку и Пастухова работника Алешку. Вели городовые. Костюшка был в пальтеце, картуз козырьком на ухо, в валеных сапогах. Лицо его обострилось и посерело, но глаза были ласковые. Он крестился и говорил народу: "Простите, братцы, не поминайте лихом! Не их я убил, — грех на них убил!" Его жалели: "Ничего, Костя... ослободят! Бог с тобой!..." Я не удержался и заплакал. Косте совали деньги, калачики, крестили. Городовой дал даже папироску, но Костя отказался. Алешка ревел, как баба. Ему сказали, что он помогал Костюшке, и он боялся. А был высокого роста и мурластый.

— Пойдемте, со мной пропустят... — шепнул мне Гришка.

184

Мы прошли черным ходом. Городовой сказал, что "сейчас сам прокурор приедет, скорей глядите!" Я боялся, что будет страшно, но было интересно-жутко.

Я увидал полутемную каморку, заставленную большой кроватью, и сразу заметил пышные "розаны" на спинке, в зеленых и золотых разводах, розовые и красные подушки и чьи-то волосы. На кровати горбом подымалось одеяло из цветных клинуш-ков-лоскутков. Головы были накрыты полотенцем, в бурых засохших пятнах. У меня зазвенело в пальцах, когда Гришка попробовал "показать головы" и протянул уже руку... но городовой не дозволил трогать. Гришка хотел было приоткрыть ноги, но. и тут городовой помешал, сказав: "Не годится ему глядеть такое" — и даже пихнул Гришку. Гришка шепнул: "а ноги у ней, как бревна... так разнесло!..." Я вспомнил невесту Маньку, как она выходила из кареты, и ее беленькие ножки. Гришка пошевелил сапогом беловатое что-то у кровати... "А вот ее самые эти... пынталоны!" — сказал он, сплюнув. Городовой запретил касаться. Я заметил розовые подвязки на беловатой кучке. Рядом, согнув пыльные голенища в сборах, лежали громадные дегтярные сапоги и грязные портянки.

— Ат, чего через эту любовь бывает! — сказал мне Гришка. — Беда!

Я был как сонный, челюсти мои сводило, и было тошно. Пахло чем-то ужасно острым, сладковатою кислотой какой-то, а слово "любовь" показалось мне жутким, грязным, как жесткие пятна на сером полотенце. И волосы на розовой подушке, чьи-то... — ужасно страшно.

— Дал бы чего такого, а?... — попросил у городового Гришка. — Целый день мотают, с самой ночи, заслаб... помянуть бы, что ли!...

— Чего я тебе дам помянуть, все запечатали!... — сказал лениво городовой и дал коробок серничков.

— На, помяни серничками, покури. Деньги вот, сказывали, пропали... считал пристав при понятых. Говорит, должны быть капиталы, а их нет! Вот это дак помянули!... — А чего им теперь деньги... — сказал Гришка, пошевеливая ногой сапоги. — К Пасхе только пошил, а кому теперь надевать!...

— Может, тебе достанутся... — подмигнул мне городовой на Гришку. — Костюшка обует, пой-дет по Владимирке гулять!...

— Это чего там, а вот... женчина ни за что пропала, вот! Ах, какая была дивительная! И с чем связалась! Сколько ей говорил...!

Когда мы вышли, я увидал Женьку, и мы пошли к заставе.

185

Он был нарядный, и я вспомнил, что у него свиданье. Я сказал, что ее нет дома. Но он не верил. Я удивился, как это теперь — свиданье!

— Не философствуй, пожалуйста... Завидно?... — сказал он нагло. — Я и говорил, что надо смотреть естественно. Если бы он смотрел на женщину, как на... объект физиологический, не было бы и мерзости! Мог бы найти тысячи женщин! А вот, связался сантиментально с этой, отбил у сына, и...

Я заявил ему, что так рассуждать — цинично. Он зашел вечером, очень злой.

— Подлость, и больше ничего! Она — или струсила, или на нее подействовала драма. Завтра я выясню. Откуда ты знаешь, что она уехала?

— Мне сказала ее матушка, моя хорошая знакомая, — сказал я ему небрежно. — И приглашала меня бывать!... Я же с ними в дружеских отношениях...

— Ты скотина! — бешено крикнул Женька. — Ты просто интригуешь, из зависти... Ты что-нибудь на меня наплел?...

— Клянусь тебе!... — с возмущением сказал я. — Но ты же ее не любишь?! Ты смотришь, как на... объект! На меня все страшно подействовало, и я хочу смотреть на женщину... духовно, благоговеть перед красотою, поклоняться идеалу, смотреть на нее, как на сестру, подымать ее до себя!... Я начинаю убеждаться, что грешить с женщиной — ниже человека и его морального образа! И в Евангелии... "кто смотрит на женщину..." — ты знаешь! И мне легко. Будь выше! Подыми себя духовно... и... Стать на уровень пастуха и этого красивого комка мяса, как эта несчастная Маня, и этого одуревшего от любви Костюшки!... Именно, Дон Кихот, а не Дон Жуан!... И если я буду говорить с ней, я буду будить в ней...

У меня выступили слезы. Я хотел обнять Женьку, умолять его хранить в чистоте душу. Но он сказал:

— Ловко ты поешь. Предсказываю тебе, что ты кончишь развратом! Кривая душа ты, теперь я это отлично вижу. Ты ей про меня наврал, что я добиваюсь только физического обладания?... Ты — скотина! Ты не понимаешь, что я... Ско-ти-на!...

Он даже хлопнул дверью.

А я... я стал на колени перед образами и зашептал: "Дай мне сил оставаться чистым и пробудить в ней..." А перед глазами горели "розаны", жутко чернели пятна. Казалось, что пахнет тем. Я переменил курточку, вымыл руки. Хотелось, чтобы забежала Паша.

На дворе дико закричали. Я выглянул в окошко. У Кари-ха

кричали. По двору бегали бахромщицы, а за ними гонялся Карих. В руках у него была метелка. Вышла и Пелагея Ивановна. Набежало с улицы народу. Отняли у Кариха метелку. Хозяйка-бахромщица орала:

— Совсем-был убил девчонку!... Мерещится дураку, будто она к нему вбегала!... Мои девочки все честные, такими делами не занимаются!...

— Извините-с, когда я самолично видел, как она на кровать садилась, на подушку, разные порошки трясла!... — неистово орал Карих. — Не соблазните! Видите, что вышло, как сгубила!... Можете съезжать, а не соблазните!... Она даже в одной рубахе осмелилась являться!... Запираться должен!... Петуха испортили, теперь за меня взялись?...

— Сумашедший, за городовым надо! — кричали бахромщиы-ны девчонки. — Нельзя выйтить, за ни что попадя хватает!...

— Водой их прыскаю, окаянных! Позвольте-с, а кто мне вчера в фортку?... Если я к кому чувствую, так это... не скажу!... Когда люди благородные, я плохого слова не скажу!... В сумашедчий дом хотите?., завладеть капиталами?... Можете съезжать! Сделайте милость! Одна вон двоих погубила, тоже меня округить хотела. Есть свидетели! Они вон, девчонки ваши, к портным через забор сигают, через забор целуются, в дырку даже! Свидетели есть!... Ихняя барышня, вот Пела-геи Ивановны-с... свидетельницы!

Посмеялись и разошлись. Карих окатился под колодцем и стал расчесываться.

Когда стемнело, мне стало опять страшно. В коридоре скрипели половицы. Прибежала Паша и замахала:

— Ступайте глядеть скорей, в какой их теятор увозят!...

Вся улица была запружена народом. Храпела лошадь. В тишине слышалось — "стой, чо...!". Со двора отзывался бык. Тетя Маша крестила улицу из окна. Когда уехали, все перекрестились: ну, слава Боту. Стало как будто легче. Во дворе заиграл на гар-монье кучер. Отдежуривший сутки Гришка напился пьяный. Легли все рано, все двери закрестили и замкнули.

Я учил греческий, когда постучала Паша.

— Пустите меня, Тоничка... боюсь... — просилась она робко. — Я буду тихо...?

— Ну, иди... — сказал я великодушно. — Я буду заниматься, а ты поспи на моей постели...

— Нет, нет... что вы!... Я тут посижу, на креслах...

В углу у меня стояло продавленное кресло. Она села конфузливо и осторожно.

— Ты же не спала, бегала... — старался я говорить спокойно, а в голове стояло: "Пришла ко мне, сама, ночью!..." — Почему же не хочешь лечь?...

Паша заплела на ночь косы, перекинула их на грудь и стала совсем девчонкой.

— А вы-то?... Тоже ведь не спали... Завтра у вас екзамент.

— Я мужчина, — сказал я ей. — Конечно, одной жутко. Хотя это предрассудки. Они теперь уже трупы.

— И их-то страшно... — передернула плечом Паша... — а еще... Степан выпил, поймал меня на дворе... говорит: "А что, приду я к тебе сегодня!., через чердак у тебя не запирается, заберусь!" С пьяных глаз-то и самделе... еще напугает!...

— Негодяй! Да как он смеет?!

— Охальник. Говорит, не все тебе с ним, с вами, значит... Такой негодяй-охальник!... Он мне давеча чего сказал!... "Что, змея... хочешь меня губить?!" Я ему плюнула, а он: "Я себя не знаю, что ты со мной сделала, чисто опоила!... Себя не помню!..." А глазищи, как у чумового!... "Лучше ты, говорит, не шути... а то..." — и загрозился. Ну, гоняется за мной, как вихорь... Я его боюсь прямо!...

Я спросил, заперты ли в коридор двери. Запер на ключ свою.

— Все пристает — давай венчаться!... — шептала Паша. — Накопил, говорит, три сотни... сманивает к графу Голицыну, в именье.

— Паша... — сказал я ей, — может быть, так лучше?... Она посмотрела на меня, как будто издалека.

— К вам привыкла... — сказала она просто. — День не видала, все скучала... Да вы учитесь, а я подремлю немножко.

Но я не мог учиться: из уголка белелось, дышала Паша. Я чувствовал волненье... Меня толкнуло, и я подошел к Паше. Она поглядела робко...

— Паша...

Она прошептала нежно:

— Ну что?...

Я упал перед ней на колени, но она выставила руки, не пускала.

— Миленький, не надо...а то уйду... И опустила руки.

— Паша...

— Ну что?...

Я стал целовать ей руки. Она мотнулась.

— Что вы со мною делаете... не надо... Она обняла меня за шею и крепко поцеловала в губы.

— Нет, будемте только целоваться... милый... первенький мой, хорошенький, чистенький... Никого не любил, правда? Никого, я знаю... мне тетя Маша говорила... дестенник он... мальчик...

— А ты, Паша?... — спросил я ее, целуя.

— Вот побожиться, вот... твоя буду... только... все равно, твоя буду... жениться тебе на мне нельзя, а... твоя буду...

Я молил ее, не зная о чем:

— Паша!...

Она вскочила и затрясла руками.

— Тебе учиться надо... на душе грех будет... Пойду вниз ляжу.

— Ну, посиди немножко... Я тебя не пущу, Паша... Я коснулся пуговки на кофте.

— Ну, не на-до... — шептала она стыдливо, ежась.

— Я хочу видеть, Паша... — шептал я, бредил.

— Ну, видишь... — сказала она нежно, робко. — Девочка я совсем...

И она быстро запахнулась.

— Нет, не дамся... нет, ни за что!., тебе грех будет, и мне грех... учиться тебе... еще провалишься из-за меня!... Ложитесь спать лучше, не спали... завтра в гимназию вам... Ах, миленький!...

Она меня чуть не задушила. Я слышал, как побежала она по лестнице.

Ночь прошла для меня в кошмаре.

XXXIX

Паша бежала от кого-то, а я спасал. В дверь кто-то ломился, страшный... — и я проснулся в оцепенении. На улице свистели, топотали. Орали: "Держи!., держи-и!..." "Неужто опять убили?! — в страхе подумал я. — Кучер убил... Пашу! Господи, Пашечку убили!..."

"Она вышла, а он подстерег и стукнул...? мог задушить, он сильный... и грозился! И это его ловят!..."

И на дворе кричали, летели по камням в опорках.

— Господи-батюшки... — услыхал я пронзительный голос скорнячихи, — да когда ж это кончится-то?... Поймали, что ли?...

— Поймаешь его!... Он теперь по-кажет!... Тут бы его перехватить бы надо, да Гришка, пьяный черт, растопырил руки... он его рраз, — и сшиб! Как черт, здоровый!... Это уж как пойдет... не дай Бог. Стоит против больницы, а оттуда сдерживают, дворники набегли...

— Я его голой рукой возьму!... — услыхал я Степанов голос. — Я умею!

"Нет, не кучер! Пашу не убили, милую ласточку!..." — нежно подумал я и перекрестился.

— Хоть бы скорей его приструнили, чумового!... "Ка-рих?! — блеснуло мне. — Карих сошел с ума, и его теперь ловят... он сбесился!..."

На улице орали. Донесло издалека рев... Бык?! Убежал черный бык, тот самый)...

Я оделся и кинулся в зал, к окнам. Опять все проснулись и смотрели. Паша смотрела в мое окошко. Лицо ее было рядом, она даже касалась волосами.

— Всю ночь не спала... Не спали?

— Не спал, о тебе все думал...

— А я... об одном миленьком дружке... — шепнула она сладко и потерлась щекой о курточку.

Можно было хоть целоваться: все глядели на улицу. Бежали с рынка. Городовой устанавливал "запруду":

— Крепче держись, смотри! Как побежит, левым флангом заходи, к воротам его дави!... Ори-махай. Не пропущай на рынок!...

Высунувшись совсем в окошко, я увидел картину.

Поднявшееся солнце золотило уже деревья и заборы. И улица была, как золотая. И на золотой улице, на светло-золотой дали, стояло черное — пастухов бык Васюха. Он бешено ковырял рогами, крутил хвостом и подбрыкивал, словно в пляске. Сзаду его пугали, но он не подавался.

— Да что же они не напирают?! — кричали от "запруды". — Эй, нажима-ай там лише!... А-а, боятся, стариков нагнали...

— Я его один приведу, гляди! Какого испугались! Самого черта за рога приведу!... — крикнул кучер и вышел из "запруды".

— Вот дуролом-то наш, вызвался!... — тревожно шепнула Паша и потерлась. — Жизни своей не жалко. Дурак-то, пошел... глядите!...

И она высунулась до пояса в окошко.

— Да он тебя на рога посодит!... — крикнула она вдогонку. Степан посмотрел на окна, заметил Пашу.

190

— Пойдем вместе, найдем двести!... — махнул он лихо. — Эх, молись за меня Богу, на помогу!...

— Как же, ста-ла!... За дурака такого...

Пашу одернули: неприлично кричать из окон! Но она все забыла, высунулась с локтями на карнизик.

— Упадешь же, Паша!... — шептал я ей, придерживая ее за платье.

— Ах, да не мешайте вы!... — сказала она со злостью.

— Стой, не пугай там!... — кричал городовой к больнице, грозя "селедкой". — Степан один желает!...

Все так и зашумели. Булочник закричал:

— Красную ему бью, возьмет если! Мясник подскочил к Муравлятникову:

— Идет полсотни? Этого ему не взять, что хочешь! Сотню ставлю. Я этого Васюху знаю!...

— И я Степуху знаю! Бей сотню!...

— Желаете на пятерку спору, не взять ему на себя бычка!... — вступился и Василь Василич. — Красненькую желаете?... Пусть ему на поправку заклад пойдет. Пропорет ему Васюха!...

— Идет!

Но было уже не до разговоров. Степан натянул картуз, сбросил кучерскую куртку и уже подходил к быку боком. Бык перестал брыкаться и пошел головищей книзу, словно обнюхал камни. Степан сделал рукой вот так, распялил пальцы...

— Он его ши-пом напужает... — сказал кто-то, — шипу они во боятся!...

У меня замирало сердце. Я уже простил Степану: выходит на смерть! Паша возле меня дышала часто.

— Ах, дурак чумовой... Господи... вот проучит... А все смеются!...

Степан подходил красиво, смело. Лихо примял картуз, и... бык ахнул рогом!... Он откинул его, мотнулся к нему опять и снова ахнул... И ахнуло все кругом. Визгнула дико Паша, упала со стула тетка, захлопали окошки, побежали...

— Ну, что?! — вскрикнула со слезами Паша, — за что ?! Ни за что пропал!...

Она глядела с такой тоскою, мольбою и острой болью, что я заплакал.

— Господи, какой грех... грех какой... Я же ему и насказала... Она опустилась на пол и стала плакать. На нее крикнули: и так всем страшно, а она еще тут воет. Тетка плеснула на нее графином.

XL

Пришел, наконец, Гришка, полупьяный, и сообщил, как вышло:

— Помер, царство небесное... Свезли в градскую больницу, как раз напротив. Он ему под самое сердце, рогом, с одного разу. А потом еще, все кишки!... Городовому здорово нагорит!... На похороны набрали сто восемнадцать целковых, закладу и... так сколько давали! А быка в больницу загнали, в сад. Реве-от!... За солдатами послали, убить. Наш мясник и деньги вперед выклал. Вот он, грех-то!... Господь меня уберег, как он мимо меня промчался!...

А через час я уже писал греческое экстемпорале. "Васька" спросил, отчего я такой зеленый. Я объяснил, что не спал две ночи. О первой он уже прочел в газетах.

— Да-с, изворите ри видеть-с... вот это — ро-ок! Как у греков-с, да-с... Достойно самого Софокра-с!... Именно, рок!., и через бычий рог!... Игра сров.

Он был в очень хорошем настроении, ласково потрепал меня, при мне подчеркнул ошибки, залив все "кровью", — ошибок была масса! — и поставил тройку. Посмотрел на мое лицо и почему-то прибавил +. Я вспомнил гаданье тетки: "А бубновому хлапу успех выходит!"

Два чувства во мне боролись: темное, которого я стыдился, — что уже нет Степана, и Паше теперь не угрожает, и другое, — острая жалость к человеку.

Подходя к воротам, я посмотрел на страшный пастухов дом, и у меня сжалось сердце. Словно он был живое, смотревшее так несчастно. И дикая окраска, и наглухо закрытые ворота. Выкосило всех смертью. И даже бык... И с нашего дома зацепило. Красавец Степан, бедняга... Не может быть!... Это же сон ужасный!... Шел он красиво, дерзко, зубарил с Пашей... Умер вон в той больнице...

А вдруг — не умер?! Если бы не умер!...

И так мне ужасно захотелось, чтобы он не умер, что зазвенело в пальцах. Может быть, напутал Гришка? Ведь я на ходу услышал. Попалась Паша, скромненькая, в платочке черном, тащила узел.

— В часовне он... Мамаша послали распорядиться, старушку нанять обмыть, вот белье чистое и саван... панихидку надо... — и у ней задрожали губы. — За меня это... похвалился.

Тонкое ее лицо перекосилось, и она зарыдала в узел. Мы были на дворе, никто не видел. У меня тоже задрожали губы, и

192

я не сказал ни слова. Она встряхнулась, ласково заморгала, словно ей стало стыдно. Хотела улыбнуться... побежала.

Нет, умер. Красавец, умер. Конечно, он был красавец! Солдат-гвардеец. И его не любила Паша?... Но почему так плачет? Не пойти ли и мне в часовню?... А сердцем думал: "Пусть они будут вместе, в духовной связи..." И еще думал сердцем: "Любила Паша!..." И стало мне грустно-грустно.

Встретила тетя Маша:

— Ну что, несчастный? Ну, слава Богу, что выдержал. Все мы сбились, а ты еще тут томишься...

— Тетя!... — воскликнул я, — лучше бы все мы умерли!... Да что же это?

Я помню только, как она подняла руку с тремя перстами, и лицо ее стало страшным... Я помню, как отдалось где-то: "Да что же это?!" — каким-то визгливым криком, — моим криком? — и заглушилось шумом, словно забило ливнем.

Я лежал на своей постели. Пахло эфирным спиртом. По носу стекала капля, щекотала. Я понял, что на лбу у меня компрессик, и мешает смотреть бахрома. Я понял, что я о чем-то думал и спорил с кем-то. Кто-то, с кем я горячо спорил, ушел за занавеску, усмехнувшись. И так и не ответил!... Я помнил, что он не мог ответить... Я убедил его, но он не хотел сознаться. Не мог сознаться, что я убедил его. А я убедил его и спросил: "За что же... это?!" И Паша когда-то говорила: "За что?!" И он не должен был сказать: "Ни за что, а... так, просто..." Через мешавшую мне бахрому я увидал икону. "За что?" — спросил я ее глазами. Богоматерь, лик ее грустно смотрит на что-то книзу... Не на что-то, а на него. И я улыбнулся сердцем. Она сказала — за что!... Да это же и я думал, и это я сам ушел за занавеску. Потому что мне стало страшно. Не "ни за что", и не "так, просто", а — за что-то, за грех, за неправду, за ложь, за прелюбодеяние, за корысть, за... все! И вот, Богоматерь знает. И я знаю... Но и все же знают! Но почему же — все так? И всегда будет — так?... Рок?... Но тогда — для чего же Рок?...

— Для чего — Рок?... — спросил я сидевшую возле тетю Машу.

— Какой еще там рог? Нет никакого рога. Постарайся-ка, Тоничка, опять уснуть.

— А я разве спал, тетя?

— Немножко поспал, а потом все бормотал что-то. Да не думай...

— А почему Степан умер? Это же несправедливо! Он, как тореадор в "Кармен", помните?... Пошел за нее, блеснуть отвагой, без шпаги, рукава засучил даже!... И если бы он победил, она бы полюбила и вышла замуж... Тетя, за что!— спрашивал я упрямо: во мне кричало.

— Вот, опять бредить начал... — сказала тетя Маша, а я смеялся. — Чего ты, успокойся, ничего смешного...

— Ничего вы не понимаете! Никакого рога нет, то есть... был рог... и убил Степана-красавца, но есть будто бы еще Рок! За что ?!. Нет, тетя, лучше бы всем умереть на свете. Это все чепуха, и самый простой рог! или — Рок?...

— Надо послать за Эраст Эрастычем!... — сказала кому-то тетя. — Он весь горит, и может начаться воспаление.

— Я сейчас пошлю Пашу... — сказала сестра шепотом. — Мамаша лежит тоже.

— Никакого Эраст Эрастыча не надо! — сказал я твердо и что-то вспомнил. — Яду я не принимал и не стану. Она религиозна и уехала к обедне, а не с болваном!... А если с ним, то ей будет Рок! Не "рог", а — Рок!...

Я говорил сознательно, но они меня не понимали. Потом-то они признали, что я говорил сознательно.

— Посылай скорей Пашу или беги сама!... Этого еще недоставало, чтобы и он...

— Извините, пожалуйста, я вовсе еще не больной, как Карих! — насмешливо сказал я. — А когда-то я мечтал отравиться растительным ядом кураре, но тогда никакой Эраст Эрастыч, а будет Рок!

Уже были сумерки, когда я услыхал сигарный запах: приехал Эраст Эрастыч. Он показал мне лысину, слушая мою грудь, а я слушал, как в нем хрипело. Прописал, как всегда, слабительного и горчишник, а потом успокоительного, — "и все пройдет".

И действительно, все прошло. Утром я встал с постели.

XLI

Когда я проснулся, захотелось увидеть Пашу. Но она где-то пропадала. И только когда убедилась тетя Маша, что я здоров, она сказала, что "твоя Паша пошла провожать Степана". И сестра тоже провожала.

Когда вернулась Паша и принесла мне кутьи и заупокойную просвирку, я так обрадовался и был растроган, что поцеловал ей руку. Она была удивительно красива во всем черном. Она вся вспыхнула, а была совсем бледная, — и поцеловала то место, повыше кисти, где поцеловал я руку.

— И за вас молилась... — сказала она печально. — И не думала, что плакать на его могилке буду...

— Ты плакала?... — спросил я ее, любуясь, какая же она добрая, но что-то кольнуло сердце.

— Плакала, много плакала... — сказала она просто. — Он ведь очень меня любил... Только у него слов таких не было. Бывало, толкнет да обругает в шутку. А раз на коленках ползал. Ну, Господь с ним... — и она перекрестилась.

Завтра был праздник, Николин день, а послезавтра нестрашный "русский", и я мог отдохнуть свободно. Погода была чудесная, сирень уже начинала распускаться. Я прошел мимо Кариха и оглянулся. Она!... Она стояла у окошка и кивала. Я быстро сорвал фуражку. Она высунулась в окошко и прокричала:

— Найдете там!...

Она откинулась в комнату и сделала мне рукой — вот так. Я ничего не видел. Нет, я видел... белую кофточку, с открытой шеей, и две косы, перекинутые на грудь, как змеи. Она, должно быть, только еще вставала, одевалась. Меня шатало, вертелась мостовая, окна. Кто-то сказал: "Не видите дороги?..." Помню, я снял фуражку, пошел к заставе. Она вернулась! Еще вчера вернулась. Пелагея Ивановна сказала ей о моем визите, о встрече утром... что я "светского воспитания"... И она вчера еще написала! Сказала ясно, что — "найдете!" Совершенный вид! Ступайте сейчас же и — "найдете!..."

И я нашел... розовенький конвертик! Надушенный, плотный. Я сразу понял, что это не записка.

Она писала:

"Я только что вернулась, устала, и, представьте, первое, что я сделала, — стала перечитывать безумные ваши письма. Странно, я очень без вас скучала!" — "Ми-лая!..." — прошептал я молитвенно. — "Чего-то мне не хватало. Даже, молясь в соборе..." — "Маргарита!" — воскликнул я. — "...в соборе, я часто грешила в мыслях... о вас, странный и нежный мальчик! Не обижайтесь, что называю так. Но вы для меня юное существо, полное свежести души и сердца, а это нравится женщинам, как сложившемуся мужчине нравятся юные девушки. В вас много романтизма, а мне суждено вертеться в самой грубой действительности, среди пошлых людей..." — "Это же она о бородатом студенте и пошлом толстяке, бедняжка!..." — подумал я с радостью и болью. — "...пошлых людей, которые не понимают, что душа женщины очень тонкий и хрупкий инструмент, который ждет нежного музыканта..." — "Нежного музыканта!" — "...нежного музыканта, идеала..." — "Да, именно идеала, которого и я жду, а не какого-то Кузьму Кузьмича Ноздрева или фельдшера Чичикова!..." — "...идеала, как Ромео, про которого вы упомянули, юного, красивого, свежего, пылкого, поэтичного..." "...Господи, "поэтичного"!..." — "который умеет благоговеть перед женщиной! Ну, я вам много должна сказать. Я знаю, что наше свидание ничем не кончится, вы так юны, а я уже слишком много пережила, мне уже двадцать пять лет!" — "а Пелагея Ивановна сказала — двадцать два" — "но между нами могут быть братские отношения. Просто мне нужно освежить душу и сердце... почти материнские отношения... вы на минутку станете моим хорошеньким мальчиком — ребенком, и я хочу слушать ваши наивные, прелестные и даже страстные излияния, полные аромата юности, судя по письмам. Конечно, вы... не пошлости же добиваетесь от меня? Вы уже не дитя и знаете, что "пошлость" продается на улицах. Ну, одним словом, я долго думала, прежде чем решиться на этот шаг, прийти на свиданье к вам. Хотите, приходите накануне Николина дня, в седьмом часу, ко всенощной, у Риз Положения? Я всегда в этот день в церкви, в память моего покойного брата, которого я любила. Я буду стоять у колонны, а после "Хвалите имя Господне" я выйду. Мы пройдем в Нескучный? Ну, хорошо, хоть в "аллею вздохов", как вы хотели. Значит, завтра, во вторник? Покрываю вас "лепестками". Как я устала! Вы держите экзамены, бедняжка! Мне уже говорила мама, которая вами положительно очарована. Она говорит, что в вас что-то аристократическое! Целую ваши глаза. Я очень хорошо разглядела их. В них есть что-то... Вы — особенный. Ваша "бессмертная и благословенная" — ну, как не стыдно! — С."

Это письмо рассеяло все сомнения. Она — страдающая душа, она тоже стремится к идеалу, романтична, презирает пошлость... тонкий и хрупкий инструмент! Она проводила все дни в соборе, готовилась, может быть, к решительному шагу?... Или — отрекалась от бурного прошлого, которое отравляло ее душу?... Ей только двадцать пять лет, мне шестнадцать, на каких-нибудь девять лет! Но ей не дашь больше двадцати двух. Когда мне исполнится девятнадцать и я поступлю в университет, — студентам разрешается жениться, — ей будет всего двадцать восемь... Но женщина даже в тридцать лет в полном расцвете сил и красоты, как роза. Вон Лаврихе тридцать пять, а она прямо расцветает, заглядишься! А Мария Вечера!... А артистка Коровина в Большом театре! Дело не в годах, а в красоте и породе. Есть порода женщин, которые с трудом стареют, как, например, северного типа! А она северного, несомненно. Хотя у ней фамилия малоросская, но это от отца... Но и малороссы очень моложавый народ. Например, Тарас Бульба был молодцом в свои шестьдесят пять лет!... А хохлушки, например, у того же Гоголя, самые нежные натуры, как, например, красавица Катерина из "Страшной мести" и прочие!...

— Что это не ешь ничего? — спросили за обедом.

Я был на седьмом небе, но это "небо" таил в себе и... боялся свидания в Нескучном.

— Кажется, лихорадка... — устало ответил я, и мне захотелось сыграть комедию: так все во мне играло! И я начал: — Я полон предчувствий, самых мрачных, и весь аппетит пропал. Ужасный я видел сон... старца!...

— Что ты видел?... какого старца?! — так все и всполошились.

— Я не хотел бы рассказывать... — сказал я, прикрывая лицо салфеткой, словно хотел заплакать. А во мне все играло!

— Господи, что такое с ним?... какого еще он старца видел! — отозвалась первая тетя Маша. — Час от часу не легче!

— Нет, ты должен сказать, Тоня... Это же может иметь отношение ко всем нам! — сказала сестра поменьше.

Мне стали даже приказывать — рассказать.

— Хорошо... Но я не виноват! Явился старец, в черной одежде, с костями и черепами... — Схимонах?! Неужели?... Это такая редкость... я никогда во сне схимонаха не видала!... — испуганно прошептала тетя Маша.

— Я раз видала, кажется... — сказала самая маленькая сестра, у которой болели зубки. — Он с помелом был...

— Это трубочиста ты видала!... И не лезь не в свое дело.

— Да, это редкость — увидеть схимонаха! Нам на Законе Божьем батюшка говорил, что явление во сне святых мужей бывает только праведникам и для исполнения воли Божией! — сказала сестра поменьше. — Ты, Тоня, праведник!

— Может быть... — задумчиво сказал я.

— А ты не возгордись. Знаю я, какой ты праведник! — погрозилась мне тетя Маша.

— Ну, страшный грешник! И мне сказал схимонах, похожий на Савву преподобного, из Звенигорода. А вот что сказал... — я посмотрел на Пашу, глядевшую на меня со страхом и лукаво, — "Горе, кто обидит сироту-девушку! Скажи всем, а то будет великое несчастье и..." Но дальше мне очень страшно...

— Изволь говорить, все равно! Говори, Тоничка, ради Бога!... — все так и закричали.

197

— Хорошо... "несчастье, и будут... разные знамения... перед ужасным горем!" И затряс костями... Я заплакал, а он положил мне на голову епитрахиль, как на исповеди, и три раза перекрестил... И пропал.

— Странный сон... — прошептала тетка.

— Он выдумал! — крикнула сестра, прочитавшая все романы. — Даю руку на отсечение, что выдумал!

— Поклясться?! — трагически крикнул я.

— Не смей клясться! — замахала тетка. — Этим нельзя шутить! Что же мы, не поверим словам Угодника?... Он явился, а мы искушаем?... Но кто же — сирота? какую сироту?...

— Не знаю... — встряхнулся я. — Какую-то сироту!... Девушку-сироту... Может быть, про вас, тетя Маша?... У вас ни отца, ни матери...

Тетя Маша перекрестилась. Все замолкли.

— У нас Паша еще сирота... — сказала сестра поменьше, дарившая Паше ленточки и кофточки.

— Знамения бывают... Вот, например, у пастуха бык ревел накануне! — сказала тетка.

— А оракулы?! в Древней Греции?! Сказал Эдипу: "Убьешь своего отца и женишься на своей матери! и будет у тебя дочь Антигона!"

— Про дочь ничего не говорил, врешь! — крикнула старшая сестра.

— У нас в хрестоматии сказано. И Софокл написал трагедию! И все вышло. Рок!

— Гадостям у вас учат! — строго сказала мать.

— Софокл?! Это же величайший!...

"Софос — софоклес — софотерос — дэврипидес — андрон — де — пантон — Сократэс — софотатос!"

— Три степени сравнения! И Сократ верил в знамения, — софотатос наимудрейший!...

— Да какой же ты у-мный! — радостная, сказала тетя Маша.

— И он сказал вообще... всякую девушку-сироту!

Зачем я такое выдумал — не знаю. Нервы мои дрожали, хотелось плакать. Было не по себе, — мучила совесть перед Пашей? Степан за нее погиб, она готова всем для меня пожертвовать... а я — о другой мечтаю, обманываю Пашу. И она это чувствует. Какая драма! Я же иду на... грех?...

Я думал и не думал. Думал — какую курточку? Конечно, белую. Она очень ко мне идет. Надо непременно надушиться, почистить ногти. Если бы к парикмахеру, чуть подвиться?... Если бы чуть подлиннее волосы!... Вихры какие, ужасные... Боже мой!...

Я тщательно чистил ногти, точил подпилком. Ужасные заусеницы... Она непременно станет играть рукой! Женщины всегда "играют рукой", во всех романах... "Она задумчиво поиграла его рукой!" Или — "она нежно коснулась его руки"... "Она взяла его мужественную руку и, играя, приложила к своим глазам!" Зубы, кажется, ничего, блестят... "Его крепкие зубы блестели из-под усов настоящей слоновой костью!" С зазубринками немножко, но ничего... "Уточка" тонко пахнет... и непременно помазать губы, а то сохнут...

Я рассматривал себя в зеркале, что же во мне красивого? Заячье лицо какое-то, и вихры! Что же нравится женщинам? "Она положила на свои колени его красивую, благородно очерченную голову и рассеянно провела по волосам", или — "и, балуясь, взъерошила ему волосы". "О, нет, так ты мне больше нравишься! — сказала она, любуясь, — в таком поэтическом беспорядке!" Только этот вихор, словно у лавочного мальчишки! Я примасливал мокрой щеткой, но он упорно торчал, как чертик. Вымыл в ушах, и шею, вычистил зубы мелом, сжевал гвоздичку. Только бы изо рта не пахло! И пошел к тете Маше.

— Не пахнет у меня изо рта? С зубом что-то... — сказал я, морщась.

— А ну, дыхни... Гвоздикой от тебя пахнет! Ты жевал гвоздичку?! Что за новости?...

— Болел зуб, и я положил гвоздичку... Теперь лучше.

— Знаешь, от тебя... мужчиной пахнет!... — удивленно сказала тетя Маша. — Правда... — понюхала она у шеи, — такой запах... И она поцеловала нежно, под самым ухом. Я был в восторге.

— Я не знаю, как это такое, мужчиной?! Что я, собака, что ли?... — сказал я притворно-удивленно.

Она захохотала.

— Ах, дурачок-дурачок!... В комнате у мужчин всегда... как-то по-особенному пахнет... И от тебя, как будто... тоже!

— Может быть, табаком?... Я попробовал курнуть от боли, лавочник посоветовал, дал окурок...

— И нисколько не табаком, а чем-то... ужасно свежим!... А ты не видал его... Пантелеева?...

— Ах, конечно, видал... забыл!... Он велел кланяться. Я вчера проходил по рынку, а он как раз выкинул голубям совок.

— Он... веселый?...

— Он был... ужасно грустный, ужасно! Взглянул на меня и говорит: "Ах, передайте мой горячий поклон Марье Михайловне!..." — находчиво сказал я, желая ее обрадовать.

— Боже мой!... И сказал — "ах"? И — "горячий"? Так и сказал — "горячий"?!

Я подтвердил и попросил кольд-крема:

— У вас чудесный кольд-крем... а у меня что-то губы больно. Должно быть, лихорадка выступает.

— Знаешь, Тонька... У тебя очень красивый рот... Как у карасика... Ты будешь нравиться!...

— Кому, тетя? И зачем надо кому-то нравиться! По-моему, это глупости. Надо развивать ум... А кому я могу нравиться?...

— Будущей невесте, глупенький!...

— Какие глупости! Дайте же мне кольд-крему, у меня горят губы...

Она поцеловала меня в губы и сама намазала их кольдкремом. Потом я отчистил пояс и лавры на фуражке. Сапоги вычистил до блеска. Совсем молодчик. И "уточкой" пахнет, как от Паши.

XLII

— Куда это вы такой нарядный? — спросила Паша.

— Ко всенощной. Завтра ведь Николая Чудотворца, великий праздник.

— А мне и помолиться-то некогда!...

Меня заточила совесть, и я вздохнул. Паша взглянула благодарным взглядом, — подумала, должно быть, что я по ней вздыхаю. А я подумал — какой я гадкий! Она мне швырнула "уточку", а я душусь. Никакой гордости, все ниже опускаюсь. Женька сказал: "Предсказываю тебе, что ты кончишь развратом!" Неужели это путь к разврату?... Что-то мне говорило — да, к разврату! — но я уже не владел собою.

Меня колотило лихорадкой, звенело в пальцах, — так все во мне дрожало. Не вернуться ль?... Звонили по церквам, и в этом звоне было для меня томленье, — голова кружилась. Проходившая мимо дама сказала господину: "Какой он бледный!" — про меня, должно быть. Это ужасно, если бледный!... Не было магазинных окон — посмотреться: сады, заборы. Вот и "Риз-Положения", в березах.

Ноги мои дрожали и немели, когда я поднимался по ступенькам. Вместе со мною в церковь входил священник — служба еще не начиналась, — приветливо поглядел, — какой, дескать, примерный мальчик! — а я подумал, что это не к добру

— священник. Шмыгали неслышно богаделки, стелили коврики, обмахивали перьями иконы, роняли свечки. Я встал направо, к стенке. "Направо, у колонны!" Посмотрел к колонне: отлично видно. Или встать поближе? Заслонят ведь. Вон уже встал один, лохматый, и старушонка. Звяканье дверей пронизывало искрой. "Прошкина тут стоят... вперед пройдите, места много!" — сказала богаделка и ткнула костью. Это меня озлило, и я уперся. "Разве у вас по билетам?" — сказал я резко. "Шмоняться ходят только..." — шипела богаделка, проходя. А я подумал: и это не к добру, пожалуй... Выйти на паперть, встретить? Было стыдно. Она же помолиться хочет, а я, как искуситель!... Церковь понемногу наполнялась. Батюшка прошел с кадилом, диакон со свечою. Батюшка меня заметил и покадил отдельно, — дескать, примерный мальчик, покажу-ка ему отдельно, как в награду! Томила совесть, я пробовал молиться, но все напрасно: она не отходила. Бухало дверями, в сердце, — я косился. Запели: "Свете ти-хий... свят-ты-ыя сла-а-вы..." Сердце мое упало и рванулось... Соломенная шляпа, с широкими полями, с васильками!... Она, вся в белом, как невеста, как божество!... Белое "жерсе"! Пышные волосы, золотистого каштана, покрывали плечи, красиво обрамляли... Но лица ее я не видел. Она стала направо, у колонны. И там, где она стояла, струилось светом... Она молилась. Она горячо молилась! Я взирал восхищенным взглядом, как склонялась ее головка, как изгибалась шея. Маргарита!... Чистая и невинная, как Маргарита...

Я стал осторожно продвигаться и стал неподалеку, у колонны. Какое это было счастье — стоять так близко! Я уже не слышал певчих; я слышал: она дышала! Я слышал, как шелестело ее платье, как переливались волны золотистого каштана, когда она молилась. Я смотрел с восхищеньем, как шевелились пряди, и в них трепетала и играла, как золотая рыбка, цепочка на полной шее. Крестильная цепочка! Я следил, как мраморные пальцы игриво поправляли падавшие на щеки пряди. С благоговением я смотрел, как падали складки ее юбки, белой, чудесной юбки, когда преклоняла она колени; как выглядывал крохотный каблучок-катушка из-под милой ее оборки, как прятался стыдливо. Я вдыхал чарующий аромат ее — как будто гиацинтов? — сладкий. Я прожигал возмущенным взглядом широкую спину какого-то болвана с подрубленными волосами, который встал почему-то перед нею и закрыл иконы. Он бухался перед нею на колени, и его сапоги с гвоздями касались ее платья. Как она горячо молилась! Она опустилась

201

на колени и поникла... А я... — над нею. Мелькало в мыслях, что это ужасно дурно, что я же искушаю. Она предалась молитве, душу открыла Богу, а я, как Демон. "К тебе стану прилетать!..." За шестопсалмием мне звучало: "И будешь ты царицей... ми...и...ра-а-аааа...!" Вспоминался и Мефистофель, как он из-за колонны, в храме: "Маргарита, ты когда-то была невинна... теперь погибла... спасенья не-эт!"

Должно быть, мои взгляды и вздохи сказали ей... Она повернула голову и чуть взглянула. Она улыбнулась даже?! Я уронил фуражку. Она взглянула и мило улыбнулась. Я нервно оправил пояс и стал креститься. Я разглядел родинку, другую... и вспомнил Пелагею Ивановну. У той были просто бородавки! А это — милые родинки, как "мушки". Я разглядел полные, розовые губы, не розовые, а пунцовые, как пурпур, выгнутые капризно, нежно. И милый подбородок, немного полный, и носик, вздернутый чуть капризно, но очень мило, и щечки, пушистые, как персик. Я созерцал, забывшись, и вдруг — меня затрепало дрожью, толкнуло в сердце...

"Хвалите имя Господне, хвалите раби Го-спода... Аллилу-й-я!"

Она пошла, скользнувши взглядом через пенсне. Прошла, — и повеяло сладкими духами. Дыхание во мне остановилось. Я замялся... — и невольно пошел за нею. Кажется, все смотрели, но я не владел собою.

"Пусть, все равно... погибну... — мелькало во мне, как счастье, — и с нею вместе! С тобой мне ад, как рай чудесный... — вспомнилось из последнего моего. — Какое счастье!..."

Я шел на веревочке, за нею. Меня тащило. Мы вышли вместе, и я совершенно растерялся. Ноги мои сводило — счастьем, страхом. А она выступала так свободно, небрежно даже, чуть-чуть поводя плечами. Мелькало в мыслях: "Соблазняет... увлекает в бездну..." Я шел, как опьяненный, и в голове играло и стыдило: "Шла де-ви-ца... за-а-а во-одой... за ней парень молодой..." Я громко споткнулся — она не обернулась. Но все ее движенья говорили, что она знает, что я иду за нею. Меня тащило. И было нестерпимо стыдно, ...кричит — "девица, постой... красавица, подожди-и!..." Она выступала затаенно, томно, — как будто ожидала: "Ну же...?" Соломенная шляпка говорила: "Так что же?!" Синие васильки кивали: "Можно, можно!..." И, кажется, ласточки кричали от восторга: можно!...

Мы очутились в переулке, за оградой. Я снова споткнулся, и меня окатило жаром. И вдруг она обернулась, улыбнулась... — и сразу ослепило.

— Ах, вы...! — спела она игриво. — Мы... знакомы?...

Я запнулся, обдернул пояс, сорвал фуражку. Она протянула руку, ужасно мило. Но что же надо?... знакомиться?...

— То... Тоня... — выдавил я смущенно.

— Ах, если вы То-ня... ну, тогда я Сима?... И она звонко засмеялась.

— Что же вы ничего не скажете? А так писали?! Вы смущены, То-ня? Чем вы смущены? что идете впервые с... женщиной?... Да ну-у же, начинайте смело. Что? боитесь вашего надзирателя?...

— Нисколько, а... вообще! И потом я уже в старшем... У нас просто... можно сказать — с сестрой!... — выговорил я бойко, и стало легче.

— В таком случае, берите под руку. Да не так, не с правой руки! Ну, вот. Вы будете отличным кавалером. Не шагайте так, по-военному... я прямо задыхаюсь.

Я боялся взглянуть в лицо. Но она смотрела.

— Какой вы юный! Вам пятнадцать? Шестнадцать?! Да вы мужчина! Но... детское лицо какое! — сказала она нежно.

Я шел, ничего не видя.

— Пе-рышко раздавил! — заорал мальчишка, игравший в перышки. — Черт слепой!...

Я чувствовал ее дыханье, ее благоуханье. Плечо ее каса; лось, обжигало. Она прижимала мою руку.

— Но какой вы, однако, взрослый... в письмах! Вы прямо как мужчина!

— Когда выражаешь чувства... вообще, чувства к женщине... Простите... я, кажется, не так выразился?...

— "К женщине..." Ну, что? Ну, говорите... — сказала она, касаясь меня плечом. — "Чувства к женщине...?"

Я видел ее губки, похожие на херувимов, и вдруг подумал: "Мы будем целоваться?!"

— Что с вами?... — сказала она быстро, — как побледнели?...

— Разве?... — смутился я. — Не знаю... Может быть, от экзаменов... от всего пережитого?... Как я счастлив, что вы... вообще, не видали ужасов... этого потрясающего... Я видел картину преступления, этого потрясающего... — Да, мама говорила... Ах, да... оказывается, вы были знакомы... с этой толстой красавицей, которая все по окошечкам валялась! Были влюблены? Нет, правда? Что-то у вас было...?

— Так, пустяки... — уклончиво сказал я, рисуясь. — Она... вообще, дарила меня вниманием, но... это до замужества еще...

— Ка-ак, давно?! — захохотала она. — Вот не ожидала! Да вы, молодой человек, оказывается, уже о-пытный в "амурах"?!

203

И целовались? и что-нибудь... серьезное?... Посмотрите в глаза... "дарила вниманием"?

— Ах... — загорелся я и почувствовал, что опять бледнею, — вы не так поняли, Серафима Констан...

Она перебила бойко:

— Говорите — Симочка! Мы же совсем друзья!

— Ах, я не могу... Серафима Константиновна... мне трудно так...

— То-ничка, скажите — Си-мочка! Ну, я так хочу!... — повторила она настойчивей и притиснула мою руку локтем.

— Си...мочка... — робко повторил я и покосился: губы ее смеялись.

— Я же вам позволяю! Ах, какой вы стеснюга... А что писали?... "Целую твои... божественные ноги"?! Вы же позволили себе написать? А тут вдруг... Вы даже позволили себе такую интимность... написали про мою грудь! "Как пена вод морских"! А? В письме вы смели, а...

— Простите... — прошептал я, — но там это, вообще... как "поэтический беспорядок", сфера поэзии...

— Значит, вы все выдумали? И ваше чувство, ваша...?

— О, нет, нет!!! — воскликнул я горячо, — мои чувства вполне гармонируют с...

— Письмами? Прекрасно. И вы позволили себе называть меня "прекрасным телом, ароматы которого кружат..." ваши мечты! Так, "кружат"? а? Вы хотели... "расцеловать всю" меня?... — шептала она, заглядывая в лицо. — А теперь стыдно, а?... А если, — она опять притиснула мой локоть, и меня охватило жаром, — если вы вызвали во мне что-то?... Ваши письма прямо вулканического происхождения! Вы — мальчик, но в чувствах вы, как опытный мужчина! О-о... — погрозилась она перчаткой, — надо смелей, что думаете, то и делать! Не надо раздваиваться. Почитайте Шпильгагена, Жорж Санд... Они говорят, что в любви надо быть смелым! Любовь между мужчиной и женщиной... а мы мужчина и женщина? правда?... — это же так естественно!... — болтала она, а я замирал от счастья, я видел сон. — Вы какой-то "роман" уже имели? Поглядите в мои глаза...

Я посмотрел в ее синеватое пенсне, за которым чаровали меня глаза. Они казались огромными, сияньем неба. — О, вы о-чень большой плутяга! И глазки вовсе не невинного мальчика! Серьезно, вы целовали женщин? Ага, сознались. Если вы целовали женщин, я не поверю, чтобы у вас еще не было романа!...

— Клянусь, Серафима Констан...

204

— Се-ра-фи-ма! Я так хочу. Мы достаточно близки, правда? А кто так страстно целовал заборы? Вы забыли?...

— О, Серафима... — прошептал я, и во мне зазвучало смутно: "О, Серафи-ма... о, Херуви-ма..." — слова студента.

— Вы ловко тогда меня поймали! Умеете, сладко чмокаете, мальчи-шка! То-ня... — прошептала она мечтательно, и я еще более смутился. — Помните, я писала, что я немножко... вакханка? А, романа не было? Вы — чистый, в таком смысле? Я еще впервые целовалась с "ангелочком"...? — сказала она взволнованно, показалось мне, и мне стало совсем легко.

Я понял, что с ней можно говорить совсем свободно: она смотрит на все естественно!

— Итак, я вам очень нравлюсь? Вы не разочаровались? Я красива?...

Она забросала меня словами и все прижимала локтем. И я невольно поддавался ее порывам. Было такое чувство — как будто таю.

"Боже мой, — спохватился я, — я и забыл про ландыш!"

— Что вы так вздрогнули? Вам страшно с... женщиной?...

— С вами... нет, Серафима... — пролепетал я. — Кого безумно любишь... Я не знаю, я схожу с ума от любви к вам...

— Что же вы хотели бы от меня?... Вы писали... осыпать поцелуями, вечно сидеть у моих ног и даже лобызать край моего платья! Будете довольны этим?... — прошептала она, склоняясь. — Вы читали "Дафниса и Хлою"? Нет?! Так надо вам дать прочесть. Это такая прелесть!...

— А там про что же?... — спросил я, стыдясь чего-то.

— Да про любовь! Один мальчик любил девочку, а попал на опытную женщину! И она научила его любви.

— Научила любви?... Как же она... научила?! Это же так само собой понятно... любовь! Научить любить нельзя! — сказал я с жаром. — Если человек не питает в душе чувства к... женщине, то чувству научить нельзя!...

— Говорите, говорите... это интересно! — сказала она, что-то во мне разглядывая.

Я смутился: что же еще сказать?

— А что такое — чувство? Ну, например, что вы чувствуете ко мне?... Что-то во мне вам нравится? Что же вам нравится?...

— Все! Ваши волосы, ваш голос... ваш стан богини!...

— Так... — сказала она нежно, — а видали богинь?...

— Статуи, скульптуры... — смешался я. — Но они без платья! Значит, вы меня воображаете... как статую? И вам нравится мое тело, да?...

— Нет, это... я не могу выразить. Что-то такое... вообще,

таинственное, как тайна. В каждой красивой женщине... кажется мне, есть что-то особенное... таинственная прелесть...

— И вы хотите узнать, какая это... тайна?! — наклонилась она ко мне, и я скользнул боязливым взглядом по ее белой шее, по линиям ее корсажа. — Что же вы молчите, Тоня? Ну, что вы чувствуете сейчас?...

— О, я так счастлив!... — воскликнул я и с ужасом заметил, как проходившая баба усмехнулась. — Я иду с вами, и во мне такая радость... Я так мечтал!... что встречу таинственную и необыкновенную...

— "Царицу солнечных лучей?"... Мне ужасно понравились стихи, все стихи! И еще... "прелестны, невинны как ландыш весны"! Я выучила наизусть.

Я вспомнил опять про ландыш.

— Стихи стихами, но вы еще написали, что "ваш телесный образ божественно наполняет мою душу"! И выходит, что вы желаете чего-то "телесного"? а? правда, Тоничка?... Говорите прямо, я люблю, когда говорят прямо...

— Но я тогда горел безумием, Серафима Константиновна...

— Симочка! Нет, лучше говорите — Серафима.

— Я тогда ничего не помнил...

— А теперь, когда мы идем рядом, и я прижимаю вашу руку? Теперь вам уже... что вас наполняет?...

— Я вас люблю безумно, страстно... Серафима... — шептал я, уже ничего не видя, и голова кружилась.

Нет, я видел носочек ее туфли, выпрыгивавший из-под края платья, выгиб ее колена...

— Вот и Нескучный! — сказала она, — совсем и незаметно дошли мы с вами.

Зеленые березы золотились, качались в солнце. Было тихо, но как будто они качались. Солнце стояло низко, за кустами, и дрожало.

Она на меня взглянула.

— Теперь вы румяный стали, а были бледноваты. Глаза горят, что это с вами? Так разволновались?... Какой интересный вы, свеженькое лицо какое, как девочка... — шептала она нежно и прижимала локтем. — Посмотрите, как на нас смотрит сторож. Интересно, что думает?...

Старичок, с красным околышем, добродушно смотрел на нас.

— До которого часу можно гулять? — спросила Серафима. — А сколько погуляется, барышня... хоть до одинцати. Соловьи петь стали. Свои, знаю... Гуляйте на здоровье.

206

— Чудесный старик! — сказала она, смеясь. — Он сразу понял и покровительствует... влюбленным, правда?...

— Симпатичный старик, я ему дам на чай... — сказал я важно. — Копеек двадцать, я думаю?...

— Какой богач! Гривенника довольно.

— Что такое гри-венник! — шикнул я своим богатством, хоть и было у меня всего двугривенный. — Знаете, мой принцип, вообще... давать всегда хорошо на чай. Люди рабочие, все-таки... Пусть выпьет за ваше здоровье!

— За наше! — сказала Серафима, засматривая в глаза. Сердце мое вспорхнуло: какое счастье!... И все осветилось счастьем: и сторож в придавленной фуражке, с буковками "Д. В." — Дворцового Ведомства, конечно, — а мне припомнилось, как Женька называл этих сторожей — "Дай В зубы"! — и желтые корпуса построек, и купы дерев, дремавших, хранивших тайну.

Мы прошли предсадовую длинную аллею. Липы уже зелено дымились. В сочной траве под ними, у стен построек, слабо желтели одуванчики, закрывшись к ночи. Пахло весенне-тонко. За каменной оградой сирени начинали распускаться.

— Идемте совсем поглуше, — сказала Серафима. — Где соловьи.

— У Чертова оврага? И еще, в Аллее Вздохов, там заросли! Ах, Серафима... я чувствую, что вы разбудили во мне мечты, поэзию. Этот старинный сад на меня производит чарующее впечатление!... — мечтательно сказал я. — Мне хочется сочинить вам стихи, воспеть наше первое свидание...

Она восхитительно взглянула.

— О, я знаю, что вы поэт!... Ну, попробуйте, интересно.

XLIII

Я углубился в мысли. Она посмотрела с любопытством.

— Вы сочиняете?... Это очень трудно?

— Пустяки! Впрочем, зависит от настроения. Но когда около тебя любимое существо, мысли слетают роем!... — говорил я дрожащим голосом. — Вы, Серафима... не глядите. Я вам сейчас... Вы устали, дорогая?... присядем, если хотите, под эту липу...

И я вспомнил:

А садись под липу,
Будешь очень рад!...

— И вы сейчас сочините?... Ну, посмотрим. Она побежала, подхватив меня под руку.

— Какая же вы бегунья!... Как девочка, честное слово...

— О, я с вами еще побегаю!... — крикнула она, падая на скамейку и увлекая меня. И вдруг, поцеловала!

Я даже вздрогнул.

— Нет, нет... — зашептала она, смеясь, — немножко рано. Вы меня поцелуете, когда мы услышим соловья, да?

— А если не услышим?...

— И тогда поцелуете. Стемнеет, и мы повторим то... помните, у забора?...

И она стиснула мне руку.

— У, мальчишка... совсем увлекли меня!... Ну, стихи?... Стихи у меня были с утра готовы, когда я ее увидел. Но я все думал. Она пожимала мои пальцы, играла ими.

— Кажется, я могу... Вот, что-то... Дайте мне вашу руку, и я сейчас сочиню стихи!...

— Она у вас.

Я стал целовать руку, пахнувшую как будто ландышами. Как это кстати!...

— Как ваша прелестная ручка пахнет ландышами! — воскликнул я. — У меня кружится голова...

Правда, голова у меня кружилась. Маленькая ее ножка царапала по песку носочком.

— Как вы, однако, ловко умеете целовать руки!... Кто вам давал уроки? Оставьте, не поверю.

— Совсем ландышами, ландышами... — шептал я, целуя уже выше кисти.

— Вы угадали. Я всегда мою руки ландышевой водой. Это очень гигиенично, — сказала она. — Слышите, птичка...?

Над нами, в липе, посвистывала какая-то пичужка. Мимо прошел худой и бледный молодой человек и болезненно посмотрел на нас.

— Он нам завидует, как вы думаете? — спросила она и засмеялась нарочно громко.

А я все разглядывал пичужку, вспоминая свои стихи.

— Пойдемте туда, поглуше. Да, а стихи-то что же?...

— Вот, что-то у меня вышло...

О, если б ландыш скромный, нежный
Я мог найти один для вас,

Как вы... чудесно белоснежный,
Я услыхал бы Неба глас:
Любовь тебе открыла рай,
В душе твоей душистый май!

— Вы?! — воскликнула она, крепко сжимая руку. — Да вы совсем поэт!...

— Немножко... — сказал я скромно, замирая от похвалы. — Это ваши душистые руки дают мне силу!

— Идемте. Мы должны непременно найти соловушку. Идемте к Чертову оврагу.

Она подхватила под руку и потянула.

— Правда, как хорошо? Когда любишь, может быть, впервые?...

Я не помнил себя от счастья. Я хотел бы остановиться в аллее и целовать ее маленькие ножки. Но она все бежала. Волосы ее щекотали мои щеки.

— Постойте, — сказала она, — мы почти одного роста с вами? Давайте меряться...

Она стала ко мне лицом, вплотную. Я почувствовал даже ее ноги.

— Ну, что же... мои губы чуть-чуть повыше, на полвершочка... — шептала она, и я слышал ее ароматное дыханье. — Вы... чего это побледнели?... Ми-лый... — шепнула она и поцеловала в губы.

— Догоняйте!... — повернулась она и побежала.

Я видел, как волосы ее взметнулись, разлетелись, как завертелась над каблучками юбка. Я сейчас же поймал ее за локоть.

— Кажется, соловей...? Постойте... — зашептала она, дыша. — Слышите?... Не дышите, тише!... Что вы такой... дышучий?...

Она затопотала.

Соловей нежно чокал, как будто целовались. В темно-зеленых елях, на поляне, к Москве-реке, черемуха еще мерцала грузно, осыпалась. Но пахла сильно. Я обнял Серафиму, осторожно...

— Ми-лый... — шепнула она, — увидят...?

Я быстро отдернул руку, но было совсем пустынно. Прямо, за рекой, красно садилось солнце. Молодые клены розовели.

— Скорей, идемте, где соловьи... — сказала Серафима нервно. — Здесь очень солнце, вредно моим глазам. Да, свет мне вреден, потому я и не снимаю пенсне. Так вот... Странно, как у нас с вами вышло! Мы все уже сказали в письмах!...

Теперь, что же у нас с вами... дальше? Нет, постойте... сперва скажите, что вы во мне нашли?...

— Я в вас нашел... идеал! — страстно воскликнул я. — Я мечтал, что вот, я встречу когда-нибудь... женщину, лучезарную женщину... как... я не знаю!... Ваш нежный голос, ваши движения, ваши чудные волосы, ваши глаза... О, снимите пенсне... дайте мне ваши глаза... лучезарные глаза, как небо!... — умоляюще шептал я.

Она отстранила мою руку. — Успеете, это будет там... — сказала она стыдливо. — Ну, как это вы сказали... "лучезарную женщину, как..." кто же?... Держите меня крепче, прижмите к себе... крепче!... Нет, оставьте пенсне, после!

И она сама прижала меня к себе, охватив голову.

— Какой горя-чий. Почему вы такой... жаркий? Так волнуетесь? Почему это? боитесь... женщины? а? Ну, так — как кто же?...

— Я не знаю... что-то волшебное, нежное, как... Зинаида, в "Первой любви" Тургенева... вы читали?...

— Конечно. Чудесная девушка... или там... женщина...

— Она любила его отца, и поселила в душе Володи страшные муки ада!... Он не спал ночи, целовал ее в мыслях... И со мной, то же... явились вы, и я полюбил вас безумно, с того вечера... помните, за забором Мика?...

— И... живая интересней для вас, конечно? И не будет "ада"? Вас я не буду мучить, как ваша Зинаида. Дайте скорее ваши губы...

Она сама нашла мои губы и даже надкусила.

— Ах, сладкий какой... мальчи-шка!... — сказала она нежно и потрясла за плечи. — Не надо "ада", правда?...

— Нет... — сказал я тихо. — Но... может быть, вы читали, на мостике Чертова оврага стихи? Теперь их нет... Как вы смотрите?... "Эдип" написал, что "ад", а "Сенека"...

— И вы читали?! — воскликнула она и засмеялась. — Это же когда еще Кузик написал! Один знакомый студент, мы его зовем — Кузик! — И она пропела:

И не верь "Эдипу",
Что любовь есть ад!
А присядь под ли-пу
И целуй-ка Ли-пу...
Будешь о-чень рад!...

— Это самое?...

— Но там не было — "и целуй-ка Липу!" — сказал я.

210

— Это мы уж потом присочинили. И даже больше...

— Это тот студент, с бородой? Я его видел у вас...

— Ревнуете? — спросила она, смеясь. — Он тоже в меня влюблен, и очень даже...

— А вы? Ради Бога, скажите правду... я так измучен!... Вы... его любите?... Ради Бога, умоляю вас!... — воскликнул я, падая перед нею на колени.

— Отку-да вы вообразили?! Успокойтесь, встаньте... увидеть могут!... — прошептала она, оглядываясь. — Боже, вы плачете?! Ну, что вам... какой-то пустяк! Просто, знакомый наш... И она подняла меня. Она сама вытерла мне глаза платочком, сказала мило: "Какой бяка!" Я отвернулся, ломая руки от возбужденья, от стыда, от боли.

— Но я же видел! вы ездили к Троице!... — сказал я, подавляя слезы. — Видел вас на извозчике. Он обнимал за талию...

— Однако, какой вы сыщик! Успокойтесь, милый... — потрепала она ласково по руке, — не раздирайте сердца. Сейчас я люблю то-лько одного... То-ничку!...

Она вдруг обняла меня, прижала к груди и стала ласкать и гладить.

— Идем туда... Я тебе все скажу... все... Ты мой, и я твоя... вся твоя, мой чистый, юный... мой... — шептала она нежно, увлекая меня куда-то.

Мы перебегали темневшие тропинки, пробегали кустами, спустились к каменному павильону с колоннами, прошли мимо глухого пруда, в холмах, завернули по кривой аллейке, к темному и сырому гроту. В голове у меня стучало, словно шумело ливнем.

— Стойте, Тоник... — сказала она, как будто не своим голосом, когда мы проходили гротом. — Поцелуй меня... крепче поцелуй!... — шептала она, сжимая мои плечи. — О, как ты сладко целуешь... мальчик!...

Она меня чуть не задушила. Она перегнула мою голову и целовала-впивалась сверху, обжигала своим дыханием, волосами...

— Идем, я тебе все скажу, мой первый... мой... — сказала она, куснув мне ухо. — Почему ты такой смирный? а?... Ты боишься? Ах, какой ты мешок, мишка!... — Она потрепала мои щеки, словно взбивала сливки, потом сжала мое лицо ладошками и потянула к себе на грудь. — Да какой же ты расчудесный... и горячий! Почему горячий, скажи? Ну, почему такой горячий?... Ну, что же ты молчишь?...

211

У меня голова кружилась и горела, серые стены грота колыхались...

— Ах, Серафима... — воскликнул я, — что-то со мной странное...

— До чего же ты интересный... глаза какие, как угольки! — шепнула Серафима и потянула меня на воздух.

Мы выбежали из проходного грота, прошли ущельем. Здесь было совершенно глухо.

— Нет, нет, дальше... Тут сторож иногда проходит... — торопила она куда-то. — Пойдем к самой окраине, к оврагу... Почему ты закрыл лицо?... Как ты мне нравишься... до чего же ты еще ма-льчик!...

Я говорил ей что-то, она не слушала. Она потянула меня в горку, шептала что-то, наклоняясь к моим губам, и ее васильки мелькали. Я не узнавал ее голоса, — странный какой-то шелест! Пальцы ее дрожали, куда-то торопили, скользили сухо в моей руке, казались ледяными. Мы попали в глухое, сырое место. Солнце уже закатилось, и здесь было зеленовато-светло, под сводом кленов. Она беспокойно осмотрелась, ее васильки мотались.

— Ах, это не здесь, подальше... — шепнула она рассеянно, и мы побежали дальше.

Белое ее платье шелестело, волосы развевались, веяли мне в лицо, цеплялись... "Вакханка... вакханки такие, безумные... — путались мои мысли, — бегают по полям и лесам, с дикими криками..."

— Вот сюда... — шепнула она, сжимая мои пальцы.

Мы выбежали на откос, где было еще гуще. Черемухи висели над Чертовым оврагом, кривились молодые липки и рябины.

— Немножко дальше... Я знаю одно местечко, похоже на беседку!...

Она подхватила юбку и показала ноги, под белым платьем. Я только и видел — ноги. Они мелькали, чернелись и манили. Она оглядывалась, бегу ли, смеялась и кивала, — совсем вакханка! Шинель моя путалась полами и цеплялась.

— Фу, задыхаюсь... — шепнула Серафима, улыбаясь. Она закинула за голову руки и дышала. Я видел ее шею, плечи. — Вот, здесь...

Это было самое глухое место, у Чертова оврага.

— Правда, здесь уютно, ми-лый?... Как ты меня волнуешь... — сказала Серафима не своим голосом. — Ну, поцелуй же меня, Тоник!...

Она протянула губы, схватила меня и сжала. Голова у меня кружилась...

— Сядем... — слышал я, как во сне, — какой ты странный! Что же ты все молчишь?... Какое бледное у тебя лицо?... Хочешь? — протянула она тонкую папироску. — Ах, Тоник... какой ты славный!...

Орешник и рябины вверху сплетались, и было похоже на беседку. Совсем под нами темнел овраг, откуда тянуло сыростью. Я сразу узнал место: резали мы здесь ореховые палки, с Женькой. Широкий пень от росшего когда-то дуба был весь исчеркан.

— Здесь бывают только влюбленные... — шепнула Серафима. — Знаешь, что такое, когда хочешь любить безумно, страстно?... Не знаешь?...

Она притянула меня к себе.

— Обойми же меня, крепче, креп-че!... — шептала она, целуя. Я обнял ее за талию. Руки мои ослабли. — А кто писал такие страстные письма? а кто хотел... всю меня? Да обними же крепче... как женщину!... — шептала она устало. — Ведь ты же мужчина!... ты То-ня... мальчик То-ня!...

Ее отрывистые слова отдавались во мне, как взрывы. Я вздрагивал, словно просыпался от испуга. Мне было тошно, голова кружилась, в глазах ломило. Зачем она завела в овраг?... зачем мы пришли сюда?... Я устал... мне хотелось тихо любить ее, говорить нежные-нежные слова, сидеть рядом и говорить о моей любви. А она беспрестанно обнимала, тормошила, сжимала мои руки, кричала в уши и пахла до тошноты духами.

Словно сквозь сон я слышал:

— Ты очень меня любишь, очень?... Ну, что ты такой... Тоня? Ну, покажи... как любишь!...

Я вспомнил, что так говорят детям: "А ну, покажи, как любишь!" Она нагнулась ко мне, впивалась в мои губы. Мне было душно. Я слышал ее дыханье, зубы, сладкий запах ее волос...

— Да целуй же... крепче целуй!... — шептала она, целуя. — Постой, я сниму шляпку...

Она сорвала шляпку.

— Мой первый... ты мой первый... мы так случайно... — шептала она бессвязно, — я должна тебе сказать все... как я несчастна!... Я еще не знала самой настоящей, чистой любви! Все на меня смотрели, как на... ты понимаешь? Мой чистый, мой невинный!... У меня был роман... Я тебе писала, какая я грешная... А каждая женщина тоже мечтает об идеале, видит в мужчине тайну!... И теперь я нашла ее... в твоей чистоте, в этих

213

невинных глазках... — шептала она страстно и обжигала меня дыханием.

Свод надо мною закачался, и все поплыло...

— Что с тобой... мальчик?... — слышал я чей-то шепот. — Тоничка, придите в себя!... То-ничка! Гос-поди...!

Она стояла на коленях, терла мои виски и за ушами. Курточка и сорочка были расстегнуты. Мне стало стыдно, и все понеслось куда-то...

— То-ничка!... — услыхал я ужасный голос.

Серафима стояла на коленях, терла мне грудь и целовала.

— Как же я испугалась, Тоник... нежный мой, славный мальчик!... До чего ты чувствительный... Что, голова болит?... Горячая... Ты болен, мальчик?...

— Нет, ничего... — прошептал я горевшими губами, — домой... воды дайте... ужасно хочется пить.

Мне казалось, что где-то шумит вода. Меня погрузило в холод, и я очнулся. Она прижалась к моей груди, шептала:

— Милое мое тельце... Тоник... Славный ты мой... До чего я тебя люблю, цветочек!... Она повернулась ко мне лицом, и я увидал глаза... Я увидал только один глаз... страшный! Я увидал темные, кровяные веки, напухшие, без ресниц, и неподвижный, стеклянный глаз! Этот ужасный глаз смотрел на меня безжизненно... "Не хотела снимать пенсне... — прошло у меня в сознании, — она кривая... урод!..."

— Глаз!... какой у вас... глаз!!... — вырвалось у меня невольно, в страхе.

Она вскочила, закрыла лицо руками. Я услыхал молящий, зажатый стон.

— Ах!... Ты видел мое несчастье!... — вырвалось у нее с мольбою. — Ах, Тоничка... ты теперь не станешь меня любить...! — Она подняла пенсне. — Ну, довольно... Пора идти...

Я опять почувствовал себя дурно. Серафима взяла мою руку, щупала пульс, шептала:

— Да, ты болен... Ну, как?... можешь пойти? Милый, надо... уже поздно... — уговаривала она меня, прикалывая шляпку. — От этих экзаменов, переутомился... Лучше?... Какие мы оба сумасшедшие!... Мой мальчик... — она закрыла лицо руками, — не надо... дальше тебе не надо, ты уже почти знаешь, как любит женщина. Ты все забудешь, все?... Я наглупила немножко... Ну, дорогой, можешь пойти? Уже поздно...

Во мне боролись сознание и слабость. Хотелось уснуть, не двигаться. И хотелось скорей в постель.

Она застегнула на мне рубашку, поцеловала шею. Потом долго возилась с курточкой, отыскивая крючочки и пуговки.

— Что, опять дурно?... — спрашивала она испуганно.

Я хотел улыбнуться, хотел поблагодарить ее, что она так обо мне заботится, но губы мои не шевелились.

— Сейчас мы возьмем извозчика, и я тебя отвезу домой. Скажешь, что стало дурно... упал, а я случайно попалась и помогла тебе... Ты понял?... — спрашивала она в тревоге. — Чтобы не было сплетен, понимаешь?... Ах, Боже мой, извозчиков нет поблизости... Ты пока посидишь у сторожей в казарме, а я приведу извозчика. Ты понял?... Почему ты закрыл глаза?... опять плохо?... — слышал я смутно в шуме.

Вспоминаю, как сон. Проходили темневшим садом. Белая беседка, колонны и блеск воды. Черные ветви в небе, зеленые и голубые звезды. Как будто чокали соловьи, пускали трели. Она вела меня под руку, сажала на скамейки, веяла на лицо платочком, целовала и называла мальчиком. Наконец выбрались на широкую дорогу, постучались в какую-то казарму. Горели огоньки в окошках. Я с жадностью напился. Сидел в высокой и скучной комнате, с голыми белыми стенами, с красными занавесками на окнах. Сидел на табуретке, придерживаясь за стол, смотрел на Государя в рамке, на спавшую канарейку в клетке. Они качались. Усатый старик в розовой рубахе пил чай с баранками и все приставал налить:

— А то бы выпили. У меня чай дворцовый, по знакомству. Чай знаменитый. А то налью?... Когда Государь здесь был, самый этот чай пил. И от головы оттянет... А то бы выпили, а?... Значит, сестрица это вам, барышня-то с вами?...

Он макал в чай баранки и все приставал с чаем. Я пробовал что-то говорить, но было тошно. Комната качалась, и самовар, и розовый старик усатый, и занавески с клеткой. Сверчки трещали.

— Водка у меня есть! — выпалили усы, как пушка, и закачалось в треске. — Первое дело, как слабость, — водки выпить!...

Я помню серые усы, и рюмку, и баранки. Помню седую лошадь, гремучую пролетку, чоканье подков, ночь... соломенную шляпку, щекочущую васильками щеки, руку за спиной, томящие духи, ужасные... прикосновенье губ, тревожный шепот... Я забывался, вздрагивал от стука. Узнавал заборы. Вот и дом...?

— Помни... — шептал мне кто-то, — дурно... встретила тебя...

— Прощайте... — шептал я фонарю, который падал. Ворчал извозчик. Хлопала калитка. Мотался Гришка... — узнал я

215

бляху. Со свечкой кто-то... Кричали... куда-то подняли и опустили на потолок в сенях...

Кто-то возился около меня, шептался: "Доктор!., доктор!..." Нашатырный спирт, одеколон... лампадка, тени... сигарный запах...

...На голову лед... лед!.. лед!...

XLIV

Я потерял сознание этой жизни — был где-то, вне. Сразу я был как будто во многих жизнях, но странного в этом не было. Это уже потом, когда вспоминалось смутно, казалось странным, как я себя мог видеть, с собой кружиться, видеть себя умершим, куда-то убегавшим с нею... И столько было чудесного! Звенели такие звоны, сияли такие светы!...

Но что я помню?...

Кружило меня в пространстве. Я взлетал на качелях, над чудесным, великим садом. Шумели внизу деревья. Я падал в ужас. Помню цветы... — таких никогда не видел, таких и нет: как будто розы, живые, в воздушных тканях, — цветы из волшебного балета, сквозного живого блеска, как драгоценный камень. Они перебегали, распускались, летели ко мне веяли мне в лицо, качались со мною вместе... Я взбегал по мостам над морем, которое пылало, — и падал в бездну. Множество странных женщин — как будто весталок и вакханок, словно с картинок "Нивы" — кружилось со мной в огнях, и мне становилось дурно от их круженья. Множество обнаженных рук, осыпанных драгоценными камнями невиданного блеска, куда-то меня манили... И черный, мохнатый бык гнался за мною ужасом.

Склонялась лысая голова, в очках, я слышал сигарный запах, меня томивший, узнавал комнату, чьи-то скорбно смотревшие на меня глаза, лампадку... Лысая голова хрипела, и я понимал как будто, что это доктор. Он меня нежно гладил, и мы уплывали с ним. Он показывал мне на льдины, мерцавшие синими огнями, плывшие на нас глыбами. Великое золотое море, расплавленное, в огнях, плескалось у самых глаз, плавилось нестерпимым жаром, — ломило глаза от блеска...

Являлась она, вся в белом... — всюду она являлась! — льнула ко мне, шептала, играла своими волосами... — тянула меня куда-то, торопила, — и мы убегали в сад. Дымное огненное солнце срывалось с неба, катилось, как красный шарик. Темнело сразу, и становилось страшно. Она тянула меня в овраг. В чернеющей глубине его подымались пунцовые жирные цветы, похожие на огромные пионы. Я падал с нею в мертвую черноту оврага...

Я пел удивительные песни! Были они без слов, одни напевы. От этих чудесных звуков сыпались хрустали, как крупный роскошный бисер, светившийся изнутри огнями, — и она делалась стеклянной и вся сияла... — дремала в зеленоватой воде, за стеклами, в чем-то большом хрустальном, в бриллиантовой чешуе, в огнях, привлекала жемчужными руками, воздыхала атласной грудью, небывалая рыба-женщина, "чудо моря", на которую мы смотрели где-то...

Помню ужас — извивавшихся толстых змей, черных, в зеленых пятнах. Они клубились за мной по комнатам. Я кидался от них на стены, и стены загорались...

Помню старенькое лицо... — священник? — маленькую золотую чашу, закрывавшую мне глаза, бледное лицо чье-то... — Паша?... почему она плачет?... — медный сиявший таз, откуда сверкали льдины, сквозившую восковую свечку...

Помню — самое страшное — мохнатого черного быка. Он гнался за мною всюду. Я взбегал на страшную высоту, над бурным, пылавшим морем, — он лез за мною... Он ревел в темноте оврага, подстерегал меня за стеной, за дверью. Он был огромный, с кроваво зиявшим глазом. Кровью мутился глаз, истекал ужасом, отвращением, — прожигал меня. Смерть была в нем — я знал. И вот, мохнатый настиг меня. Он поднялся черным горбом, и смрадный, палящий глаз брызнул в меня огнями. Что-то спасло меня... — сверкающая льдина?... Она закрыла. Меня понесло, качая... накрыло белым. Мне стало холодно...

— Теперь я тебе скажу, голубчик... — говорил мне Эраст Эрастыч, когда я совсем поправился. — Чудо тебя спасло. Ты на том свете уж побывал... тридцать два часика трупиком, под простынкой вылежал... под образами! И головенка твоя была вот под этим местом, между лопатками... — Он меня нежно обнял и поцеловал в голову. — Доклад о тебе пишу. Воспа-ление мозга у тебя было, да ка-кое!... О-те-ки уже появлялись... — Он поднял плечи от удивления и недоуменно развел руками. — Уж как ты это?., как-то уж сам, брат, выдрался!...

— Ну, конец, думаю, нашему Тоничке... — рассказывала тетя Маша. — Уж и причащали тебя, и гробовщики у ворот дежурили, негодяи. Ну, думаю, поеду-ка в Вознесенский

217

монастырь, положу на гроб шапочку... вот эту самую, шелко-
венькую, Паша сшила... слезами всю измочила, глупая...
Положу на гроб преподобной княгини Евфросинии, пусть
разрешит... к какому-нибудь уж одному концу. Ведь две недели
лежал без памяти! Надели мы на тебя, а ты и обмер!...
Переложили мы тебя под образа, простынкой накрыли. Два
дня не дышал, как мертвый... А вот — и опять Тоничка у нас!...
— воскликнула тетя Маша, сияющая, необыкновенная тетя
Маша. — А сколько ты раз с кровати-то скидывался...
привязывали даже! И чего-чего ты только ни наболтал!... Такое
ужасное говорил... ах, Тонька-Тонька!., да какой же ты... аааа!...
Ну, постой, уж поговорю я потом с тобой!...

Первое время, дня три-четыре, когда я пришел в себя, я как
будто забыл слова. Когда Паша меня спросила: "Хотите
клюковной пастилы?" — я даже засмеялся:

— Почему ты так... "клюковная... па-стель"?! Она
защебетала:

— Вот, болтушка яишная... Да не велит же вам доктор
говорить!...

Она поерошила мне "ежик", — меня обрили, — и потерлась
щекой по одеялу.

— Бледненький вы мой, совсем сквознюшка...
картофельный росточек... — зашептала она сквозь слезы. — Уж
как я измучилась об вас!

Она опустилась на колени, прильнула ко мне и стихла. Я
погладил ее светлую головку. Комната вдруг качнулась и
поплыла... и явилась опять, как чудо. Чудесны, свежи были
легкие голубые занавески, живые занавески! завитушки на
потолке, бронзовый шар над лампой — с чудесной дробью! —
книжки мои на этажерке, белый бюстик милого Пушкина
лобзик с блестящей пилкой, пышный букет сирени, сиявшей
белыми крестиками, живыми, новыми!... Чудесной казалась
мне золотистая милая головка Паши. Она уткнулась в
белоснежную простыню, сжимала и целовала мою руку, и я
увидел вздрагивающие плечи в голубой кофточке, нежную ее
шею, в голубоватых жилках, в вьющемся золотом пушку,
услыхал сдавленные всхлипы. Мне стало беспокойно.

— Паша... — выговорил я тревожно, — почему ты...?
Она вдруг резко откинулась, словно я испугал ее,
выглянула сквозь слезы, издалека, — новая моя, голубоглазка...

— Ласточка ты моя... залетная!... — шепнула она надрывно,
с болью, тряхнула кровать и убежала.

Но это было уже потом. А когда я пришел оттуда, где был

вне жизни, открыл глаза... — я сразу не мог понять, что же такое — это?...

Это было — радость живого света.

Случилось это на третий день, как сняли с меня простынку, когда я ушел оттуда.

Я проснулся. Должно быть, было еще очень рано. Я увидал золотисто-розовое окно, легкие голубые занавески, новые на них ромашки. Они играли, кивали, пропадали, — ромашки по голубому полю. Солнце сквозило в них. За ними струился тополь — зелено-золотые струйки играли в нем. Густой, золотой, зеленый, — чудесный тополь! Голубою полоской сияло над ним небо. Оно дышало. Оно надувало занавески. Оно дохнуло и на меня свежей, густой струей, — земляникой, как будто... травкой?... — впивалось такою радостью!... Я потянулся к свету... Руки мои упали, комната помутнела, заструилась, — мне стало дурно. Прошло. Я открыл глаза. Чудесное, новое, живое!...

Я вдыхал голубую свежесть, и первое мое слово, которое я вспомнил, было -

Утро?...

Сколько было в этом немом звучании — утро!...

Я лежал, очарованный. Лился в меня поток — солнечный, голубой поток, — вливался жизнью. Занавески вздувались, опадали. Играли на них цветочки, и все за ними: струившийся за окошком тополь, золотисто-розовые пятна на косяке, от листьев, язычок задуваемой лампадки, утренний стук колодца, журчливые голоса на воле, звонкие петушиные разливы... — все трепетало, играло, жило. Я ловил и вбирал в себя очарование новых звуков, — открывшееся мне чудо...

"Господи... это — жизнь!..." — пело во мне беззвучно.

И струившиеся голубые занавески пели, и радостные на них ромашки, и пятна солнца, и радость холодочка... И вот, когда я лежал один, очарованный первым утром, забытым утром, которое вернулось, — радостный, нежный шепот коснулся сердца:

— Ми...лый...!

Первое слово, которое я услышал, придя оттуда, — Милый-Белая Паша — она спала на полу, возле моей постели, — наклонилась ко мне, придерживая на груди рубашку.

— Тоничка...!

Нежный, чудесный шепот! Я сейчас же узнал ее.

— Паша... — выговорил я слабо, — ты... Паша?...

— Нельзя, милый, — шепнула она, как ласка, — не говорите.

Она отошла куда-то. Опять явилась и дала мне попить из ложки.

— Господи... — слышал я радостный, торопливый шепот, шуршанье платья. — Слава Богу... и узнает уж!

Я понял, что Паша одевалась: мелькало и шуршало голубое. Я видел, как она подошла к окну, обдернула скрученную занавеску, оправила лампадку.

— Паша... — позвал я слабо.

— Нельзя! — зашептала она тревожно, подбежала на цыпочках и ласково потрепала мои губы. — Нельзя же... ну ради Бога!... — шептала она с мольбою, — доктор никак не велел... милый!...

Она нагнулась и поцеловала мне глаз, другой... — едва коснулась. Опять отошла, вернулась, поцеловала в губы. Опять отошла куда-то, и я увидал цветы... много цветов, в белых, чудесных крестиках. Их я как будто помнил, но как они называются — забыл. Чудесная белая сирень! Пышная, свежая, как утро. Паша достала ветку, провела по моим глазам, пощекотала...

— Милый...

Нагнулась, — я видел через ветку, — поцеловала в губы, под самой веткой.

— Ласточка ты моя... залетная!...

Мне было сладко от этой ласки — в первое утро жизни.

Меня заливало холодочком, зеленовато-белым, душистым, влажным. Через этот прохладный свет, через пышную веточку сирени, я видел новую комнату, новые занавески, вздувавшиеся от ветра пузырями. Они набегали на меня, обливали сияньем, небом...

Пропала Паша. Ушли голубые занавески. Ушло утро.

Я проснулся от щекотанья, от холодка. По мне струилось, приятно холодило. Радостный, звонкий вскрик раздался за моими подушками, и я увидал мордочку сестренки, тонкие ее пальчики, бегавшие у меня за шеей, за рубашкой. Я увидал миндалик, выпрыгнувший, сверкнувший, чудесно-белый... еще миндалик, выюркнувший у крестика на моей груди... Миндалики брызгали на меня, прыгали рыбками за шеей, скользили под рубашкой. Это моя сестренка сыпала мне миндалики, детскую свою радость. Я поймал у себя на шее один миндалик, холодный, мокрый, — и раскусил... Какая радость!... А она прыгала и хлопала в ладошки:

— Смотрите, смотрите... он совсем выздоровел!... То-ничка наш совсем здоровый... он съел миндалик!

Кто-то сказал — шшш... шшш... Зеленое окно за занавеской

220

закрылось темным. Комната вдруг пропала. Сияла одна лампадка. Скрипнула тихо дверь.

Дремавшей мыслью прошло во мне — чудесное, радостное- Завтра...

XLV

Завтра пришло и прошло. Я понемногу поправлялся. Закрывшееся болезнью прошлое начинало сливаться с новым. Серафима... О ней я боялся думать, но она выступала ярко и казалась совсем не Серафимой, а какой-то другой, без имени. Она будила во мне острое ощущение чего-то ужасно стыдного, связывалась со страшным и отвратительным, с Пастуховым домом, с ужасным черным быком, с грехом. Я мысленно напевал молитвы, но она выплывала и томила. В этом чувстве чего-то ужасно стыдного, в ощущении грязного чего-то, к чему я прикоснулся и что всегда связывалось с нею, были и сожаление, и тоска, и боль. Что-то я потерял, и оно уже не вернется. Дурного я ничего не сделал, — и все же меня томило, и было чего-то стыдно. Самым темным — вспоминалась прогулка с нею, ее разгоревшееся лицо, обнимавшие до щекотки и душившие меня руки, одуряющие духи, страстный и торопящий шепот, темневшие надо мной деревья... и так потрясший меня мертвый стеклянный глаз, в сине-багровых веках. В этом мертвом стеклянном взгляде вдруг мне открылось что-то, ужасно стыдное и отвратительно-грязное, связанное с грехом и — смертью?... Оно закрыло-замазало нежный, чудесный образ, живую Серафиму, чистую, первую мою, женщину-девушку...

"Она скрывала... обманывала меня!... — горело во мне стыдом. — Кривая... стеклянный глаз... грязный, ужасный глаз!., я мог полюбить такую... писал ей такие письма и так вознес!..."

Вся ее красота, все ее обаяние — пропали. Серафима ушла. Осталась тоска утраты чего-то светлого.

Сидя один, в подушках, я плакал о ней, о прежней. И было до боли стыдно. Неужели — знают?! Я боялся спросить об этом. Знают?... — вглядывался я в тетю Машу, пытаясь прочесть в лице. Мне иногда казалось, что тетя Маша по-особенному поджимает губы и странно как-то поглядывает, словно хочет спросить о чем-то. Знает?... Сестра Лида, "прочитавшая все романы", поглядывала тоже как-то, с загадочной усмешкой. Знают...

Как-то, давая мне микстуру, Лида переглянулась с теткой и надула от смеха щеки.

— Ну, пей... писатель... — сказала она с намеком, — пей, "царица души моей"!...

Меня обварило варом. Тетя Маша зафыркала. "Царица души моей"?! Но это же... из письма к ней!... Они узнали, читали мои бумажки, черновики...?!

— Ты чего это разгорелся так... заморгал?... — спросила Лида насмешливо. — А?... не болит головка... "прекрасный ангел рая"?... Нет, холодная, ничего... — приложилась она губами.

— А глазки как у него? — участливо наклонилась тетя Маша. — Ничего, шустрые, ясненькие... Его глаза... — сказала она баском, словно декламировала на сцене, — "достойны кисти художника — Творца"!...

Меня обожгло стыдом, я даже задохнулся, и глаза налились слезами. А Лида побежала к двери, сделала так руками, словно посылала поцелуи, и пропела:

— "Ваши глаза, как звезды ночи, будут отныне озарять для меня потемки будущего... и поведут меня в прекрасное далеко!..."

Она прыснула и выскочила из комнаты. За ней убежала и тетя Маша.

Я вскрикнул в бешенстве:

— Подло!., подло так поступать!... Утащили мои бумажки... опозорили все мое!...

И я закричал в истерике. Они вбежали, обмотали мне голову мокрым полотенцем и стали перекоряться, что "так нельзя". Я неистово закричал: "Мозг мой горит пожаром!" — и повалился без памяти. Они перепугались, начали целовать меня и уговаривать: "Ничего, успокойся же, Тоничка... Боже мой!..." Лида упала на колени перед образами и принялась бешено креститься, — я это отлично видел, сощурив глаз. Они все плакали надо мной, притащили тазы со льдом и снегом, хотели даже приложить к пяткам горчичники. Мне это надоело, и я простонал чуть слышно:

— Дайте же мне хоть умереть спокойно... Я в полном сознании, но... может повториться... Оставьте меня, уйдите... хочу уснуть.

Крестясь и озираясь, они вышли на цыпочках. С этого случая — они больше не издевались, до полного моего выздоровления. Они узнали?! Боже мой, а где же ее письма?!

Меня охватило ужасом. Были они в шкатулке... Значит, обшарили, все узнали!...

Заглянула Паша.

— Ну, как вы... Тоничка?... — спросила она робко.

— Паша... — умоляюще сказал я. — Я совсем здоров, но... меня терзают... меня истерзали, Паша!... — не мог я сдержать рыданий. — Они... Дай мне шкатулочку от Сергия-Троицы... и уйди. Мне надо успокоиться.

Она принесла шкатулочку. Я перебрал все "редкости". Даже записочка Фирочки пропиталась ее духами, даже кра-бья лапка и хрустальное Пашино яичко. Хлынуло в меня прошлое, чудесная, неземная Серафима... — и стыд, и грех. Но розовых писем не было. Они утащили мои письма, мое последнее!... И я зарыдал над заветной моей шкатулочкой, в серебряной-золотой фольге, с чуднейшими "елочками" в морозце. Я долго плакал, накрывшись одеялом. Плакал и от обиды, и от стыда, и от обмана, и от сознания, что было такое чудесное и ушло, замазалось чем-то гадким.

"Боже мой... — в ужасе думал я, — все теперь знают все... я совершенно опозорен!., лучше не жить на свете... отравиться..."

И вдруг я вспомнил, что в самый тот день письма ее были со мной, у сердца! Я кликнул Пашу, спросил, — где моя белая курточка? Она сказала, что курточка готова, — "опять можете щеголять".

— Хороши вы тогда явились, от всенощной! — сказала она с усмешкой. — Так-то изгваздались... Где только вас вываляло в глине, — в церкви, что ли?... Вон, ваша курточка, выстирала...

— Там... ничего нет, в кармашках?

— Марья Михайловна все выбрала, что было... все ваши бумажонки душистые! — сказала она ворчливо. — Ничего, опять напишут...

Я промолчал, ни слова. "Взяли, ограбили... Эраст Эра-стыч не велел меня волновать... на цыпочках даже ходят... — с горечью думал я, — дают по часам лекарство... но стоит мне только выздороветь, они все примутся меня мучить". Я вспомнил мои письма... знал я их наизусть, до самой последней буквы, — и они казались теперь бесстыдными. Я сгорал от стыда, от которого не мог никуда укрыться: словно меня раздели перед всеми, на улице. Как же мне теперь быть?...

Спросить Пашу...? В Паше я был уверен, в одной Паше. Она меня любит больше всего на свете, — я это чувствовал. Я знал, как она страдала, как она "ревела", — рассказывала тетя Маша, — когда я горел в болезни, скидывался с кровати, бредил. Я знал, как она бегала в часовню, к Великомученику

Пантелеймону, шила шапочку — "всю залитую слезами". Тетя Маша как-то сказала ей:

— Раз дала обещание, надо... а то Бог накажет, смо-три!... Я спросил, что за обещание. Тетя Маша сказала:

— Ну, мы все за тебя молились. Я вот дала обет десять раз сходить к "Нечаянной Радости" — и схожу!...

"А для мучника Пантелеева, если на ней женится, сорок раз сходить к Иверской обещалась! — подумал с досадой я. — А для меня только десять!"

— А Паша вон дала... к Сергию-Троице взад и вперед пешком сходить. Вот сколько ты хлопот наделал!

— Лучше бы уж я умер, чем доставлять такое беспокойство... — сказал я сдавленным от рыданий голосом: после болезни я часто плакал.

— Не смей так... ужасный человек, безбожник! — затрясла на меня пальцем тетя Маша. — Ему жизнь вернули, а он, так...!

— Кто это мне вернул? кто?! — зарыдал я в голос. — Не вы, а Бог! И пусть Он и возьмет ее!!! Не хочу жить, не надо, не надо мне!...

— Ну, успокойся, голубчик... не нервничай... Мы поговорим, когда ты выздоровеешь... обо всем!... — сказала, поджимая губы, тетя Маша.

Я знал, о чем будут говорить, мучители! Надеяться можно было только на одну Пашуточку. Все эти дни она была необыкновенно нежна со мной, такой не видал еще. Оставаясь одна со мной, она опускалась на колени возле моей кровати, гладила и целовала мою руку и тискалась головой к груди. И все шептала:

— Ласточка вы моя залетная... Тоничка мой, сердечный... Никого у меня, окроме вас, Тониночек мой...!

Мне становилось сладко и грустно-грустно, — словно мы только одни на свете.

И вот я спросил у Паши:

— Паша, скажи мне все... что было!...

Она насторожилась. Сине-голубые глаза ее взглянули на меня тревожно, горестно.

— Чего было...? Да ничего не было... захворали — и все.

— Нет, нет... я отлично помню, что было — до... А когда меня привезли на извозчике, что потом было?... Паша, скажи мне все!... А то я могу умереть совсем... — прибавил я, чтобы напугать ее. — Мне это нужно! я мучаюсь, у меня может зайти ум за разум... опять что-то начинается с головой...

Она затормошила мою руку.

— Тоничка, только не заходите за разум... — зашептала она,

трогая мою голову, — я все скажу... только не сказывайте, не велели, чтобы тревожить вас... боюсь я!... Тоничка... — Клянусь жизнью! — воскликнул я, — я унесу с собой в... затаю на сердце!... Знаешь, у меня украли ее письма!... Ты знаешь!...

Она отвернулась, поджала губы, тяжело вздохнула...

— Да что ж... всякого хламу было... все перешарила ваша тетя Маша с Лидочкой! И мою "уточку" выкрали... от ее, говорят!... Все бумажки из курточки вышарили. И вы-то тоже хороши... со всякой кривой шлюхой...! Тьфу!... И что тут только бы-ло!...

И она рассказала все. Оказывается, не только украли письма, выкрали все записочки и стихи: они посмели даже пойти туда, к ней, и устроили такой постыдный скандал, что чуть не дошло до мирового.

— Мамаша еще, спасибо, ничего не знают. Им уж и не говорят, вас чтобы не тревожили. А бахромщицы все слыхали, как там шумели. Марья Михайловна последний глаз той хотела выдрать, так и обозвала: "Кривая шлюха, мальчишку, поганка, соблазняла".

— Она так... сме-ла?! — в ужасе слушал я.

— Самыми последними словами ее... а той и сказать нечего, письма-то на руках у тетки. Вьюноша так соблажнять! Она замертво прямо повалилась, водой уж отливали. И все записочки ваши отдала: "Возьмите, говорит, эти детские записочки!" И зарыдала.

— Она... отдала им мои письма?! — вскрикнул я так страшно, что Паша кинулась ко мне и зажала рот.

— Тоничка, не расстраивайтесь!... Стала плакать, что была как сестра, жалела, будто... успокоить хотела... мальчика! А у ней будто... жених есть, фершал. Ну, они и стали все читать-хохотать. Заперлись с теткой и ужахались, смеялись. Я все слыхала. Ах, Тоничка... — зашептала Паша, моля глазами, — скажите уж хоть мне, по правде... никому не скажу... были вы с ней... в любови?...

Я перекрестился, что не было ничего, решительно.

— Тоничка... поглядите на меня, в глаза... у вас чего-нибудь... было? Я сама слыхала, как тетка шушукалась с сестрицей — "руку на отсечение отдам, она его совратила!" А Лидочка не верит. Они еще вас будут выпытывать, увидите! Скажите... было?! Хоть шепните...

— Клянусь! Жизнью клянусь... пусть опять воспаление мозгов...!

Она порывисто обняла меня и прижалась к губам щекой.

— Господи!... — вздрогнула она вся и стала меня крестить.

— Что я, сумасшедшая... Головка не болит?... — приложила она губы к виску и шее, как делала тетя Маша, и стала целовать и глаза, и губы, и все лицо. — Кажется, ничего... Ах, какие у вас глазищи стали огромадные... как Михаил Архангел у Казанской!... Вредно вам... сволнуетесь опять...

Я не мог удержаться от рыданий. Она целовала мои слезы.

— Паша... все меня опозорили, ненавидят... одна ты меня жалеешь...

Я плакал от жалости к себе. Я выплакался, и мне стало легче. Паша сидела на полу, опершись локтями на подушку, и грустно смотрела на меня. Помню, был тихий вечер. Кто-то за окном пел грустно так, тенорком: "Святый Боже, Свя-тый Крепкий"... Душу мою обвеяло молитвой.

— Кто это... хорошо так поет у нас?... — с удивлением спросил я. — Монах зашел?

— Нет, Степан наш, кучер.

— Как, Степан-кучер?! — даже испугался я. — Да он же...?

— А новый, тоже Степан... уж три недели у нас живет... — сказала вздыхая Паша. — А верно сказали вы, что монах. Мы его все зовем монахом, такой чудной. Он хороший, священный. Библию все читает, самую толстую книгу. Такой громадный, русый... красивый мужик, и молодой вовсе, а в монахи готовится, ей-Богу!... Говорит, на миру один грех, надо в монастырь спасаться, как святые отцы. И все-то знает!... — она вздохнула. — Да и верно, как по писанию... от греха надо дальше. Он нам уж все рассказывает про Адам-Еву, про монастыри. Непьющий, некурящий, одно только духовное поет. И на лицо не смотрит, глаза все так... на руки себе смотрит. Как вот девушка, а здоровенный!... Ни-когда худого слова не скажет... Гришка и то его не дразнит. Говорит — "святой урод", есть такие...

Меня это почему-то заинтересовало, обрадовало даже. И тоже — Степан! Один ушел, другой пришел. И совсем другой.

Мы слушали, как сладко пел тенорок. Пропел "Достойно", потом стал колоть дрова у сарая, и доносило в треске сухой березы: "...Бога истинна от Бога истинна-ааа... рожден-на, несотворенна, единосущна Отцу-у"... Пели за ним вечерние петухи. Ударили ко всенощной.

— Ну, а потом что было?... — спросил я Пашу. — Простили ее?...

— Давно уж и съехала от Кариха, унесло. А что-о тут бы-ло-о...! Скандал такой... Карих-то ведь с ума сошел! Да, совсем спятил! Вы три недели без себя были, а тут у нас скандал за скандалом. Как с вами случилось это, они на другой день к ней побежали, к вечерку. Письма отымать. А тут толстый фершал пришел, заступаться стал, что не смеют оскорблять. А Марья Михайловна ему прямо: "Я главному доктору Эраст Эрастычу нашему пожалуюсь, он тебя с места долой!" Ну, тот испугался, что его места решат, стал тоже на нее кричать, на нашу сторону стал! На другой день съехали на Ордынку куда-то, как ветром сдуло. А Карих тоже тут шуметь стал, и спуталось у него в мозгах. Выбег голяком на мостовую, да с петухом! Стал петуха щипать, пух полетел... да за ноги и разорвал пополам, при народе! Наро-ду собралось...! "Вот, — кричал, — какое она колдовство мне делала! петуха подсунула, чтобы женился!..." Хохоту было...! Побег во двор, схватил метелку, окна побил, за бахромщи-цами гоняться стал, так одну бил по голове... ну, его городовой с Гришкой, и еще помогали... связали... в сумашедший дом отправили. Стеклами все руки порезал... так из него, ключом!... Бахромщицы рассказывали, будто она его соблазняла, дом чтобы подписал... мать, будто их сводила... а ей-то он не ндравился...

В ту ночь я долго не мог заснуть, все плакал.

XLVI

Наконец ко мне допустили Женьку. Сперва он прислал записку на голубых клеточках из математической тетрадки. Паша передала тайком. Писал Женька с росчерком, лихо:

"Дружище Тон! Хорошо, что ты выдрался из когтей смерти. Целую тебя, чертушка, в глупую твою мордасию и имею честь сообщить вашему превосходительству, что Рубикон перейден! Я шестиклассник, как и ты, дубина. Ты, должно быть, уже знаешь, что перевели тебя по годовым отметкам, Васька даже троечку натянул, во внимание "к мукам любви!" Что я говорил: "Не верь восторгам упоенья!" Все — чепуха. Надо индифферентно относиться к этому вопросу. Обязательно притащу тебе два тома "Жизнеописания Наполеона". Вот это книжица! Скажи домочадцам, чтобы скорей допустили меня, я тебе расскажу такое, что даже твоя дурацкая голова треснет. Я дежурил под твоим окошком в самые критические часы и чуть не срезался у историка. Лобызаю твои глазки и остаюсь неразрывно-вечным другом. Дон Хозе дель Санта Педро. Двинем-ка пешедралом к Троице? Идет?... Имею капитал — 2 рубля 75 копеек. Хватит!"

Я читал и плакал, что имею такого друга. Записочка окончательно подняла меня. Все — впереди, чудесная, радостная жизнь!

Эраст Эрастыч сказал, что теперь я "на рельсах" и можно допускать посетителей. Помню, я сидел в кресле, еще в подушках, и любовался на воробьев. Тетя Маша принесла тазик, умываться. — Ну-с, умойте "ваше ангельское лицо"... и я допущу Женьку. Все пороги у нас обил.

— Тетя Маша!... — радостно вскричал я. — Но... зачем вы мучаете меня? Зачем взяли мои письма?! — вырвалось у меня с мольбою, и я зарыдал от радости, что увижу Женьку, и от обиды, и от стыда — за все.

Она вдумчиво поглядела, с лаской, и взяла нежно за уши.

— И ты еще можешь вспоминать об этом?! Благодари еще, что это наша тайна, твои эти ловеласничества! И кто развратил тебя?!

— Если бы вы сами пережили, вы бы не говорили... вам непонятно все поэтическое в любви... самое...

— Мне все понятно! — сказала она гордо. — Что ты вообразил... что мне не могут написать такое?... Только не с тобой мне говорить о таком... — продолжала она загадочно, отводя глаза. — Но я горю со стыда, что... Посмотри на меня... Нет, ты прямо смотри, не моргай, а чистыми глазами посмотри!... Ну...?

Она впивалась в меня зеленоватыми глазками, в которых сияла... радость? Последние дни она что-то все напевала, вертелась даже и прыгала, как девчонка. Она пышно взбивала челочку на лбу, напоминавшую мне новую мочалку, душилась даже! Неужели мучник Пантелеев сделал ей предложение?

— Могу поглядеть в глаза хоть всему свету! — вызывающе сказал я.

— Ты... косишь! — воскликнула тетя Маша. — Ты... у тебя бегают бесенята в глазках, ты не тот, не тот!... Ты... испорчен!... Я чувствую, чувствую!... Можешь сколько угодно креститься... — бесенята в глазах играют!...

— Может быть, потому, что я выздоравливаю, тетя...?

— А... такие письма?... такие... страстные!... — почему-то зарделась тетя Маша. — Ах, какие ты... и ты, ты мог писать так! Только самые настоящие мужчины, опытные мужчины могут так... завлекать!... И Лида... она все романы прочитала... она прямо... только у французов так, порывисто!... Ну, я еще тебя... Умывайся.

Она принесла тазик с теплой водой, сама меня умыла с необыкновенно душистым мылом, какой-то "весной любви" —

"Для тебя только, дурачок, пожертвую!" — шепнула она мне, мотая челкой и целуя мои глаза. Исцеловала до затылка и шептала:

— Первого такого вижу, маль-чишку... — душила она меня. — Какой же ты ужасный будешь, если уже теперь... такое!!! Ты же еще совсем, совсем... ангельчик!...

Она ущипнула меня за щеку, говоря, что надо "подрумянить", щипнула за другую. Полюбовалась, как разгорелись мои ввалившиеся щеки, всплеснула на меня руками: "Глаза у тебя какие, Тонька!..." — и упала ко мне на грудь. Я даже испугался.

— Только тебе, по секрету... Слушай... Мне сделали предложение! Но это тайна. Он... удивительно благородный человек... красавец... и брюнет!...

— Пантелеев! — воскликнул я. — Я же вам предсказал...!

— Ничего подобного! Тот грубый торгаш, а этот... кончил коммерческое училище, сорок три года ему и... у него посудная торговля. И это мыло... первый его подарок! "Весна любви"... Он прислал мне признание... в любви... — прошептала она, пряча лицо в подушки, и вдруг захохотала, вскочила и закружилась по комнате. И вдруг пропела... мои стихи!

Скажи мне — да! — и бросься в бездну!
Умру рабой у ног твоих!...

Я выпучил глаза, а тетя Маша вылетела из комнаты, — и появился Женька. Он сделал два гордых шага, остановился и торжественно скрестил руки. Я еще сидел в кресле, был еще очень слаб, и только полюбовался. Устремив на меня взгляд любви, но строгий, Женька втянул подбородок в грудь и выговорил удивительным басом — гмм!... Не сводя с меня чарующего взгляда, он полез за новую, парусиновую курточку и вытащил знаменитый кавказский кинжал, "по преданию нашего семейства, принадлежавший самому Шамилю, орлу Кавказа"! У меня задрожало сердце, и слезы заволокли глаза.

— Друг... — мрачно прохрипел Женька, — в этот час встречи... я дарю тебе эту историческую... гм... штуку, с которой не расставался в самые трагические минуты жизни! Храни его, как... символ мужества!...

Он показал мне лезвие с ржавыми пятнышками.

— Смотри, это капли крови... прошлого!... — шепнул он и так меня крепко обнял, что захрустели кости. На его загоревшем лице я уловил предательскую слезу. Потом, в волнении, мы молчали. Он мерил шагами комнату.

229

— Меня сейчас попрут... разрешили только на десять минут. Но... мы поговорим потом. Я рад. С ней... — неожиданно сказал он, — все кончено! Был обман. Она — кривая! И у ней — стеклянный, фальшивый глаз! Я понимаю твое потрясение, чуть не стоившее тебе жизни. Не стоит размениваться на мелочи. К черту увлечения, недостойные мыслящей личности. Я давно предвидел, что она кривая, во всех отношениях, и потому относился иронически. Ты, как идеалист, попался в ловко расставленные сети. Тон... — сказал он, отворотившись, глухо. — Как друг, скажи... Ты остался... девственной натурой... или...? Одно слово, ты... пал?...

— Клянусь...! я был на краю... но моя сила воли удержала от рокового шага!... — взволнованно прошептал я.

— Верю, и кончим этот щекотливый разговор, — сказал он, очень довольный. — А то бы ты сильно упал в моих глазах! Я спокоен. Прочти "Страдания молодого Вертера" — и ты все поймешь. Одна удивительная особа, гимназистка, с нашего двора... чарующая блондинка... та самая, которой ты когда-то так нахально поклонился и наврал, что у тебя с ней встречи... она только что к нам переехала... дала мне эту потрясающую книгу гения, и я отхватал ее за один присест. Я под страшным впечатлением этой любви, и только один Наполеон еще может соперничать в моей душе с новыми чувствами. Теперь — вперед, к университету, к цели! Надо слагать, наконец, собственное мировоззрение.

Эта встреча меня благотворно взволновала. До чего же прекрасно — жить!...

XLVII

Новый Степан принес в мою комнату огромную цинковую ванну, грохнул. И улыбнулся в меня чудесными белыми зубами.

— Доброго здоровьица, сударь! — весело сказал он, и меня просто осияло.

Он был огромный, тяжелый, мягкий, пушистый даже. Белая его рубаха, из деревенской холстины, блистала белизною, подчеркивала здоровое, крепко румяное, ясное лицо его, светлые, голубые его глаза, — удивительно добрые, радостно и спокойно смотревшие на меня, в улыбке. Большая русая голова, в добрых вихрах, мягко курчавившаяся пушком

230

бородка — придавали ему пушистость огромного, доброго медведя. От него пахло полем, раздольем, солнцем. И это раздолье слышалось в медленной, чуть с напевом, ласковой его речи.

— А я помыть вас хочу, все ваши болести смыть... как говорится, "банею водною во глаголе"... Чистая душа — чистое тело-плоть. И помоемся, и Богу помолимся... вот и хорошо, ладно будет. Водички вам сейчас наношу. Образа у вас благолепно хороши! Древлии, старого письма. Ну, за водичкой пошел.

Я вдруг полюбил его, этого нового Степана, — у меня заиграло в сердце. До чего же чудесно жить!... И чудесно-ловко позвякивает он ведрами, опрокидывает их в ванну, как чашечки, идет плывуче, любуется, как шипит вода. — Ну, с Господом... вот худященький вы какой! Это ничего, душа была бы в духовном теле, а... Не горяча водичка-то? — напевал он, лаская меня мочалкой. — Напечатано в книгах — пустынники не мылись... — разговаривал он со мной, с собой, с водичкой, с мыльцем, казалось мне. — Но я полагаю, что это не от Господа, а от мнения. Мойся, питайся, радуйся... — будь как лилия полевая, умывайся росой-красой, солнышком вытирайся... — а душа петь будет Господу красоту Его! У вас вот горе было, мозги горели... а это в очищение! Послал Бог. Я знаю, мне Паша говорила... а вы радуйтесь! Господь огонь посылает — опалить тело, как свинью палят к празднику! И Иоанн Златоуст говорит: "Опалитесь и обновитесь!" В глазок попало?... А вот когда в сердце оружие пройдет, горе... — надо живой водой омыться, от Писания: "Аз есмь вода живая"!

Он напевал как будто ласкающую песню. Он обвивал мое сердце светом, — пушистый, мягкий мужик Степан. От него веяло чистотой и волей. Сидя в ванне, под его светлыми глазами, под его мягкими и ловкими руками, я чувствовал, как мне славно. Взмывала моя душа, и темное, что в ней было, стекало в ванну.

— После баньки всегда легчает. Еще окачу разок... — ласково говорил Степан. — Ну, Господь даст, на здоровье будет... так-то-ся. И лошадки любят, как мыть поведешь к колодцу, а человечья душа играется!... А пустынники это от мнения. Будь чистый... а то есть нечистый! Ему так определено. Он — те-мный... и дела его темные. Есть свет, и есть тьма. Есть зло, и есть добро... и каждый в себе понимает. "Аз есмь — Свет! — сказано в святой книге. — Берегите Свет, и тьма его не обья!" Вот. С легким паром.

Он накинул на меня простынку и перенес перышком на

кровать. Он нежно обтер меня, перекрестил почему-то и поцеловал в голову.

— Здоровей рости, братик... — перешел он со мной на "ты", и я — заплакал... от этой ласковости, от мягкости его рук, от синеватого света глаз, — от Света.

В этот памятный день выздоровления, первой моей встречи со Степаном, с другим Степаном, я особенно глубоко почувствовал, гораздо глубже, чем в золотистый субботний вечер, когда я смотрел на стадо, что есть две силы: добро и зло, чистота и грех, — две жизни! Чистота и — грязь... что разлиты они в людях, и люди блуждают в них.

— А теперь, братик, Господний сон на тебя найдет, после баньки всегда бывает. И вот, погляди... кататься с тобой поедем скоро.

Через смыкавшиеся глаза я видел светлого мужика, возившегося с водою, пушистого, мягко ступавшего, ласково громыхавшего. Я думал дремотной мыслью: "Как хорошо на свете... милый какой Степан... как легко на сердце... все прошло... петушки поют ласково... светлое какое небо, вечернее... если бы все такие были... как славно поет молитву..."

Степан подымал ванну, взвалил на спину, поволок. Уже со двора доходило пение: "Без нетления Бога-Слово ро-о-одшу-юуууу..."

И засыпая, я мысленно закончил:

"...сущую Богородицу Тя велича-ем!..."

XLVIII

Я проснулся свежий и радостный. Я — здоров?... И зная, что я здоров, я потянулся сладко. Троицын День сегодня!... Вон и зеленые березки под образами и по углам, над дверью, над моей кроватью. Березовой рощей пахнет. Я смотрю через голову — повисли зубчатые листочки, крупные, — зеленые колбаски. Срываю, разминаю... — пахнет лесною глушью. На подоконнике — беленькие кудряшки ландышей, в сочных листьях, пунцовые пионы в банке, — Троицын День. Я из кровати слышу, как пахнет ландышами, их сладкой и горькой свежестью, — шуршащим холодочком. Я — здоров!... Руки мои тревожны, хотят свободы. В доме, кажется, никого, — ушли с цветами. В кухне, внизу, выстукивает котлетный нож — кухарка начинку рубит, пирог готовит. Господи, я здоров!... Милые мои

232

березки, тихие... Стучит-прокатывает рубель, — это Паша белье катает, — торопится, кофточку будет гладить. В передней, за моей дверью, кукушка прокуковала — десять. Кукушка, березовая роща... — праздник!...

Заглядывает Паша, новая, незабудковая Паша. Платье на ней шумит. Белое платье, в незабудках.

— Паша, а я здоров! — весело кричу я. — Совсем не кружится...

— Будете одеваться?... А то полежите... обедня нонче долгая.

Грустная она сегодня. Да и все эти дни — какая-то... Словно что потеряла — и не найдет.

— Слава Богу... вот вы и выздоровели. Будете жить, долго...

Она ходит по комнате, что-то ищет. Поправила голубые занавески. Нагнулась к ландышам.

— Хотите, на столик к вам?...

Теперь — она почему-то не говорит мне "ты", не шепчет. Потому что я выздоровел?... А еще недавно шептала "милый" и целовала руки. Я чувствую — что-то с нею, случилось что-то. Ее я люблю больше всего на свете. Чисто ее люблю, духовно. Духовно — мне очень нравится. Вот: так и надо — любить, духовно. То есть, идеально?...

— Тоничка... — говорит Паша и не смотрит — в окошко смотрит. — Помолиться хочу за вас... к Троице завтра пойду пешком... Ах, какие веселые березки!... Пойду, цветочки собирать буду, сплету веночек...

Я вижу ее профиль, тонкий, с впалою щечкой, с заострившимся носиком... косит голубой глазок.

— Ты хочешь исполнить обещание? Сколько я причинил хлопот... Помнишь, сказала тетя Маша?...

— Глупости какие!... Я даже рада... пойду и пойду ходить, в деревне где заночую... хорошо-о!... А скучать станете без меня?...

Она нагибается к ландышам, долго-долго...

— Немножко буду скучать... — хочется подразнить ее. — Чуточку поскучаю. А ты?...

Она отрывает лицо от ландышей, смотрит ко мне, идет... Я вижу ее глаза. Они печальны. Она тихо подходит, оглядывается на дверь, садится на край постели.

— Ах, буду об вас скучать... — говорит она грустно, перебирая край одеяла в пальцах. — Привыкла я к вам, Тоничка... Да что!...

Она вскакивает с кровати и начинает прибирать в комнате. Ставит на столик ландыши. Смотрит на меня как-то странно, —

и вот, начинает опускаться, опускаться, хватает мою руку, стискивает ее...

— Ах, милый... Тоничка мой... покажите глазки... посмотрю... — в слезах говорит она, сжимая мою руку. — Идет кто-го?... Нет, обедня долгая...

Она тычется головой в мою подушку, я вижу ее косу, щекочет мои ресницы. Сегодня она в косе. Я украдкой ее целую, ее косу...

— Можно в душку поцеловать?... — спрашивает она робко, тихо.

Я открываю рубашку, оттягиваю голову, даю "душку". Мне приятно-щекотно, когда она целует. Я сам целую ее, в душистые волосы, вижу белый, как ниточка, проборчик. Меня не волнует это: я же люблю духовно. Она подымается, берет мою руку и начинает заматывать косою. Зама-тывает и так, и так, — играет. Глаза ее печальны, начинает моргать, моргать. Она опускает голову, смотрит себе под локоть... — Паша, почему ты плачешь? какие-нибудь неприятности у тебя?...

Мне больно слышать, как она всхлипывает и давится.

— Так... — говорит она изнутри, с усилием. — Вспомнилось... сирота я... Троицын День... и веночка-то никогда не завивала... — говорит она взрыдами, чуть слышно. — Будете скучать по мне?...

Я хочу ответить, но она вскакивает, не дает сказать. Она опять начинает убирать в комнате.

— А на дачу так и не поедем, поздно... А что, если обещалась чего, накажет Бог, если не сделать? Я знаю, что накажет. И наш Степан говорит... и сны я вижу, что надо... белой себя видала. А что я вам, Тоничка, скажу... Вот как вы совсем помирали, у образов... в тот вечер монашка к нам из Хотькова заходила... собирают они для Бога... ужинала у нас, ночевать оставили... Она мне чего сказала!... Я ей сказываю, вот у нас мальчик-вьюнош помирает... третью неделю себя не узнает, а я Богу молюсь за него... даст Бог?... А она: "Даст Бог, молись — и даст Бог, обещай чего по душе!..." А Марья Михайловна скатилась к нам на кухню, кричит: "У него голова крутится под спину, кончается!" Я и пообещалась... при ней, при монашке той... мать Маргарита, хорошая такая. Она и перекрестила меня... "Вот смотри, говорит, он встанет!" Вот и вышло, встали, Тоничка...

— Вот и сходи, конечно... — сказал я Паше, любуясь ее глазами: смотрела она, как Богородица!...

— А то накажет Господь... тем человеком и накажет. Монашка сказывала. Это — как испытание. Не шутка...

234

— Каким — "тем человеком"? — не понял я.

— А который... за которого обещалась!... Может, чего опять случится... заболеть смертной болезнью. Так много раз бывало, будто...

— Ну, конечно... сходи... — суеверно подумал я, и стало мне почему-то стыдно: столько из-за меня хлопот!

— Люди везде живут... — кротко сказала Паша. — Для Бога... И Степан тоже говорит; "Живите с духом!"

Она подошла к березке, остановилась, — будто стоит в лесу. Она показалась мне светлой-светлой, как белая невеста. Почему-то я вспомнил Пасху, как она подарила мне яичко, как прыгала "сорокой"...

— Пашечка... — вырвалось у меня невольно, — покажи "сороку"!...

Она встряхнулась, радостно на меня взглянула...

— Ну!... — мотнула она косою, — смотрите, ладно!... Она отбежала к двери, подняла до колен платье, сдвинула ножки, тонкие, в черных чулочках с голубыми полосками, подобрала юбку хвостиком. Завертела головкой, как самая настоящая сорока! Скакнула боком...

— Вот сорока летела... хвостиком вертела... села... Да что я, чумовая!... — спохватилась она и опустила платье, — обедня еще идет.

И жалобно на меня взглянула.

— Лучше я "зайчика" покажу?...

Она села под березкой и стала "умываться". Но и "зайчик" у ней не вышел.

— Приехали от обедни!... — сказала она, заслышав, как стукнули ворота. — Побегу я...

Это было последнее свиданье с Пашей. Ранним утром Духова Дня пошла она на богомолье, странницей. Провожала ее до ворот кухарка. Потом Катерина рассказывала часто:

— Это она загодя еще удумала, готовилась. Сухариков ржаных насушила, сумочку сама пошила, лапотки напротив в лавчонке выбрала, надела самое-то плохонькое платьишко, белым платочком повязалась... по-шла! "Прощай, говорит, Катеринушка... не суди меня, я за вас Богу молиться стану..." Да... — начинала всхлипывать Катерина, утираясь передником, — "Богу, говорит, молиться... за вас... что ж мне, говорит, мыкаться-то сироте... из-за меня сколько горя было..." Это она все из-за того... что Степан-то не своей смертью помер! Она сколько раз поминала, что из-за нее он. А наш-то Степан, глупый, ее нахваливал, потрафлял все... "Надо о Боге думать да об душе... посвяти свою красоту на святое дело... пожертвуй!..."

235

И за Тоничку при монашке обещалась... — уйду и уйду, если жив будет! Вот и ушла... Ну, Господь с ней, не на плохое дело...

Когда это узналось, — а узналось через неделю, когда приехала из Хотькова старушка монахиня за Пашиными вещами и сказала, что в трудницы Паша определилась к ним, и — "пожалуйте зажитое, паспорт ее и укладочку с платьями и добром, Бога ради", — меня это потрясло ужасно. Я был уже на ногах и даже выходил в садик. Сказал мне в садике Гришка:

— Про-пала наша Пашуха! — и засмеялся. — В монашки постриглась!...

Я так и сел на дорожке, под яблонькой.

— Вот дура-то полосатая... добилась! Ездить на ней там будут. Я энти дела все знаю, чего в монастырях делают. Попам разжива... наскочит на какого протудеякона...! Эх Тоничка... что я вам предупреждал?... Малин-ка была, прямо, а!...

Я насилу, дошел до комнаты. И так я плакал, как никогда не плакал!... "Паша... Пашечка моя... зачем ты так?!... — взывал я, ломая руки. — Не сказала... ни словечка мне не сказала... не попрощалась!..."

Я рыдал в подушку, я оплакивал первую любовь, первую, самую чистую, детскую любовь... первую радость жизни. Я вспоминал страшную страницу из недавно прочитанной книги Мельникова-Печерского — "На Горах", любимой книги, где такой же, как я, несчастный потерял Фленушку, ушедшую на его глазах из "мира". Я вспоминал "Юрия Ми-лославского"... — и рыдал, рыдал...

"Но я же могу написать ей... я ей докажу, я приведу ей ужасные случаи, трагедии и драмы, когда люди сжигают чужое сердце из пустяков! Я могу же добраться до Хотькова... найти случай встретить ее украдкой... и я сумею ее вернуть!!!"

И я сладостно рисовал себе:

...Мы — я и вернейший друг Женька, — перелезаем через монастырскую стену, проникаем к ней в келью... Она стоит на ночной молитве. Ее милая бедная головка, под черной шапочкой, бьется о каменные плиты пола. Ее бледные губы, — монастырские камни уже успели высосать розы с ее лица и губок, — ее бледные губки шепчут молитвы? воспоминания? может быть, милое чье-то имя, незабвенное имя человека, который когда-то их целовал так нежно? Кто узнает монашескую тайну?! Только немые стены суровой кельи. С благоговением я взираю, как вздрагивают ее плечи, слушаю сдавленные рыданья, вздохи. Она отдалась молитве. Сзади торопит Женька: "Спешим, скоро рассвет! Если она откажется, мы обязаны применить даже силу, но мы вырвем ее из этого

236

каменного мешка... из этой могилы жизни!" Я прикладываю к губам палец: "Тише... мы не смеем нарушить ее молитву!" Скрестив на груди руки, я замираю в нише, у порога. Розовая лампада бледно озаряет бедное убранство кельи. На голой, белесоватой стене, над самым изголовьем девственной ее постели, где голые доски едва прикрыты бедным, но белоснежным одеяльцем, рядом с потемневшим образком "Казанской", — висевшим когда-то в другом месте! — я узнаю в веночке из незабудок карточку молодого человека, не совсем для меня чужого. Серая гимназическая куртка, открытое, мужественное лицо, светлые, радостные глаза... "Боже! она любит?! — сладчайшей болью пронзает мое сердце, — она не в силах забыть!!!" Она медленно поднимается с колен, вешает у аналоя четки и долго-долго, задумчиво смотрит в окно с геранями, за которым уже начинает синеть рассвет. Я готов кинуться к ней, упасть перед нею, обнять ее слабые колени, прижаться к черному одеянию, к этому ужасному покрову смерти... — но что-то сдерживает меня. Женька взволнован, — я это чувствую по его нервному покашливанию, — но не дерзает войти, нарушить священное свидание. Вот она поворачивает головку... ее глаза широко открыты, в безумном ужасе... она протягивает трепетную руку, как бы хочет оттолкнуть от себя видение, другою хватается за сердце... "Вы?! — чуть шепчут помертвевшие ее губы, — вы... здесь?!" — "Да, я — здесь! — шепчу я безумно, в муке. — Но, Паша, жизнь моя... не могу без тебя, вернись!!! Заклинаю всеми муками ада души моей!..." Она в бессилии опускает голову. Я вижу, как она, в мучительной борьбе с собою, отрицательно качает ею. "Увы... — лепечут ее губы, — поздно... вчера... был постриг... и вы ошиблись... я не знаю вас... перед вами сестра Пульхерия!..." — "Зачем ты разрываешь мое сердце... а, Паша! — умоляю я. — Ты любишь меня и здесь... есть данные!... Смотри!... — показываю я на карточку в веночке. — Этот печальный отзвук прошлого!" Она закрывает мертвенное лицо, борясь с собою. Страшная минута колебаний. — "Вы ошиблись. Умоляю вас... уйдите... не смущайте израненное сердце... последний мой покой... в святой обители..." — шепчет она с мольбою, смотрит... и я... я узнаю чудесные глаза, как незабудки, на них дрожат слезинки! Только миг. Она вдруг выпрямляется, ее лицо бесстрастно, — холод, лед. — "Той, кого вы ищете... нет здесь! Есть только сестра Пульхерия... дайте мне покой..." — Голос ледяной, бесстрастный. И, не замечая, как я убит, склоняется у аналоя. Женька стучится в келью: "Спешим, иначе нас захватят! Я вижу, как звонариха плетется к колокольне... и занимается

237

заря!..." Я бросаюсь к коленопреклоненной, обнимаю, и после кратковременной борьбы я с силой разжимаю холодные уста и запечатлеваю последний, братский поцелуй... и убегаю. В цветнике, среди цветов печали — георгин и астр, я оборачиваюсь, вижу... Тихо отворяется окошко, и чья-то бледная рука благословляет предрассветный мрак... как будто говорит — "прощай!"...

Я рыдал, рисуя себе сладкие картины мук. Меня застала Лида.

— Тон...? Что это значит, почему ты плачешь, Тоник?! — спросила она в тревоге. И тут, уже не в силах удержаться, я ей открылся. Она задумалась и заглянула в мои глаза.

— Ах, братишка... какой ты странный мальчик! Ужасно, какая у тебя мечтательная душа. Но почему же это у тебя... так рано? Кажется, еще ни в одном романе...! Ну, успокойся. Во-первых, твоя Паша... — как это у тебя все быстро! — не постриглась, а просто послушница, ушла в монастырь поработать... и, смотри, годика через два еще замуж выскочит, не за тебя, понятно, потому что ты еще мальчик, хоть и с наклонностями... Не делай такие глаза, пожалуйста... А во-вторых, столько еще ты встретишь разных "глазок", в твоих мечтах, конечно... да еще с этими глупыми глазищами... Не щурься, пожалуйста, не кокетничай... — похлопала она меня по глазам нежно-нежно, что меня очень удивило. — Вот, глупый... ну, чего ты опять, плакать?... А твои "розовые письма" я тебе как-нибудь отдам, годика через три. Впрочем, ты сам даже можешь написать не хуже... А для отвлечения прочти-ка "Дворянское гнездо". Там есть про одну Лизу, которая тебе что-то напомнит... может быть, даже Пашу... но — не про мальчугана!

Она поцеловала меня мечтательно и пошла, что-то напевая. Я слышал, как она, выйдя за дверь, сказала:

— Вот мальчишка!...

Прошло с месяц. Как-то в июле, проходя сенями, я услыхал, как Лида переговаривалась с кем-то. Кто-то был наверху, на лестнице, на третьем этаже, и спрашивал хрустально-чистым, девичьим голоском, от которого у меня насторожилось сердце:

— А скажите... в вашем саду можно гулять?...

— Разумеется, можно... можете гулять, читать... — хозяйски важно сказала Лида.

— Благодарю вас.

Только. Но сердце мое насторожилось.

— А мы уже здесь, с ухом?... — сказала Лида насмешливо, заметив, как я остановился. — Не успели еще познакомиться?

— И не собираюсь даже! Что это... новые жильцы приехали?...

— Ну, пожалуйста... не разыгрывайте "все безразлично"! Да, новые жильцы... можете познакомиться. Барышня, и очень миленькая... как раз по вас. Ну, смотри, Тон!...

Она поймала меня за начинавший подрастать вихорчик.

"Барышня... и очень миленькая"? Конечно, Лида в насмешку просто. Какая-нибудь дурнушка... И я не обратил внимания. Я прочитал "Асю", "Дворянское гнездо"... Они пробудили тоску о Паше.

Как-то, под вечер, я шел из сада, и у самой калитки столкнулся с прелестной девушкой, подростком. Она?... Тоненькая, стройная... бледное личико, робкие, узенькие плечи, совсем детские локотки, стягивающие вязаный платочек, словно ей холодно. Она взглянула, пытливо-скромно. Бойко закинутые бровки, умные, синеватые глаза. Они опалили светом... Залили светом — и повели за собой, в далекое.

1926 — 27 гг.
Ланды

www.ingramcontent.com/pod-product-compliance
Lightning Source LLC
Chambersburg PA
CBHW011353010726
47494CB00008B/2298